Gestión operativa de tesorería

Francisco Javier Montaño Hormigo

Miguel Ángel Sánchez Maza

ic editorial

Gestión operativa de tesorería

1ª Edición

Editado por: IC Editorial
c/ Cueva de Viera, 2, Local 3
Centro Negocios CADI
29200 Antequera (Málaga)
Teléfono: 952 70 60 04
Fax: 952 84 55 03
Correo electrónico: iceditorial@iceditorial.com
Internet: www.iceditorial.com

ISBN: 978-84-1184-551-9
Depósito Legal: MA 71-2025

Impresión: PODiPrint
Impreso en Andalucía - España

Nota de la editorial: IC Editorial pertenece a Innovación y Cualificación S. L.

Presentación del manual

El **Certificado de Profesionalidad** es el instrumento de acreditación, en el ámbito de la Administración laboral, de las cualificaciones profesionales del Catálogo Nacional de Cualificaciones Profesionales adquiridas a través de procesos formativos o del proceso de reconocimiento de la experiencia laboral y de vías no formales de formación.

El elemento mínimo acreditable es la **Unidad de Competencia.** La suma de las acreditaciones de las unidades de competencia conforma la acreditación de la competencia general.

Una **Unidad de Competencia** se define como una agrupación de tareas productivas específica que realiza el profesional. Las diferentes unidades de competencia de un certificado de profesionalidad conforman la **Competencia General,** definiendo el conjunto de conocimientos y capacidades que permiten el ejercicio de una actividad profesional determinada.

Cada **Unidad de Competencia** lleva asociado un **Módulo Formativo,** donde se describe la formación necesaria para adquirir esa **Unidad de Competencia,** pudiendo dividirse en **Unidades Formativas.**

El presente manual pertenece al Módulo Formativo **MF0979_2: Gestión operativa de tesorería,**

asociado a la unidad de competencia **UC0979_2: Realizar las gestiones administrativas de tesorería,**

del Certificado de Profesionalidad **Actividades de gestión administrativa.**

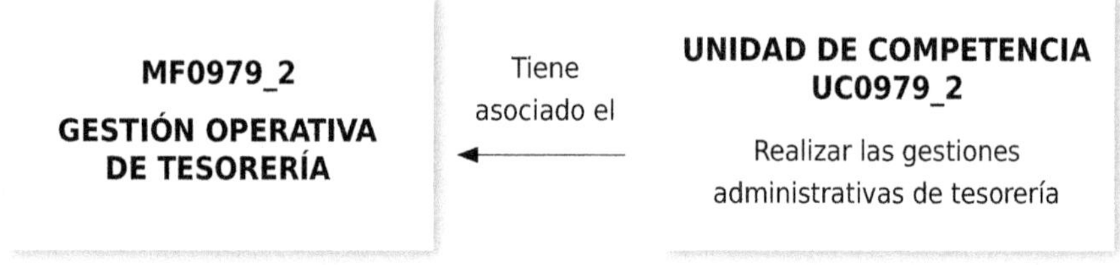

FICHA DE CERTIFICADO DE PROFESIONALIDAD			
(ADGD0308) ACTIVIDADES DE GESTIÓN ADMINISTRATIVA (R. D. 645/2011, de 9 de mayo)			
COMPETENCIA GENERAL: Realizar las operaciones de la gestión administrativa de la compraventa de productos y servicios, tesorería y personal, así como la introducción de registros contables predefinidos, previa obtención y procesamiento y archivo de la información y documentación necesaria mediante los soportes convencionales o informáticos adecuados, siguiendo instrucciones definidas, en condiciones de seguridad, respecto a la normativa vigente y atendiendo a criterios de calidad definidos en la organización.			
Cualificación profesional de referencia	Unidades de competencia		Ocupaciones o puestos de trabajo relacionados
ADG308_2 ACTIVIDADES DE GESTION ADMINISTRATIVA (R. D. 107/2008, de 1 de febrero)	UC0976_2	Realizar las gestiones administrativas del proceso comercial.	· 4309.1029 Empleados/as administrativos, en general. · 4111.1011 Empleados/as administrativo de contabilidad, en general. · 4122.1011 Empleados/as administrativos comerciales, en general. · 4223.1017 Empleado/as administrativo de servicios de personal. · 4500.1019 Empleados/as administrativos con tareas de atención al público no clasificados bajo otros epígrafes. · 4111.1011 Auxiliar administrativo de cobros y pagos. · 4111.1011 Auxiliar administrativo de contabilidad. · 4111.1011 Auxiliar administrativo de facturación. · 4122.1011 Auxiliar administrativo comercial. · 4122.1011 Auxiliar de apoyo administrativo de compra y venta. · 4223.1017 Auxiliar administrativo del departamento de Recursos Humanos. · Auxiliar administrativo de las distintas Administraciones Públicas.
	UC0979_2	Realizar las gestiones administrativas de tesorería.	
	UC0980_2	Efectuar las actividades de apoyo administrativo de Recursos Humanos.	
	UC0981_2	Realizar registros contables.	
	UC0973_1	Introducir datos y textos en terminales informáticos en condiciones de seguridad, calidad y eficiencia.	
	UC0978_2	Gestionar el archivo en soporte convencional e informático.	
	UC0233_2	Manejar aplicaciones ofimáticas en la gestión de la información de la documentación.	

Correspondencia con el Catálogo Modular de Formación Profesional		
Módulos certificado	**Unidades formativas**	**Horas**
MF0976_2: Operaciones administrativas comerciales	UF0349: Atención al cliente en el proceso comercial	40
	UF0350: Gestión administrativa del proceso comercial	80
	UF0351: Aplicaciones informáticas de la gestión comercial	40
MF0979_2: Gestión operativa de tesorería		90
MF0980_2: Gestión auxiliar de personal		90
MF0981_2: Registros Contables	UF0515: Plan General de Contabilidad	90
	UF0516: Aplicaciones informáticas de contabilidad	30
MF0973_1: Grabación de datos		90
MF0978_2: Gestión de archivos		60
MF0233_2: Ofimática	UF0319: Sistema operativo, búsqueda de la información: internet/intranet y correo electrónico	30
	UF0320: Aplicaciones informáticas de tratamiento de textos	30
	UF0321: Aplicaciones informáticas de hojas de cálculo	50
	UF0322: Aplicaciones informáticas de bases de datos relacionales	50
	UF0323: Aplicaciones informáticas para presentaciones gráficas de información	30
MP0111: Módulo de prácticas profesionales no laborales		80

Índice

Unidad de Aprendizaje 3

Métodos básicos de control de tesorería

Unidad de Aprendizaje 4

Operaciones de cálculo financiero y comercial

Unidad de Aprendizaje 5

Medios y plazos de presentación de la documentación

OBJETIVOS GENERALES

Esta Unidad de Aprendizaje se encuentra dentro del Módulo formativo **MF0979_2: Gestión operativa de tesorería (transversal)**, cuyo objetivo general es:

- Realizar las gestiones administrativas de tesorería.

Unidad de Aprendizaje 1

Normativa fiscal y mercantil que regula los instrumentos financieros

Contenido

1. Introducción
2. Intermediarios financieros y agentes económicos
3. Características y finalidad de los instrumentos financieros al servicio de la empresa
4. Identificación de operaciones financieras básicas en la gestión de cobros y pagos
5. La Ley Cambiaria y del Cheque. El cheque
6. La letra de cambio
7. El pagaré
8. Otros medios de cobro y pago. Características y finalidad
9. Identificación de tributos e impuestos
10. Resumen

Objetivos

Los objetivos específicos de esta Unidad de Aprendizaje son:

→ Conocer los intermediarios económicos y agentes financieros.

→ Conocer los instrumentos financieros al servicio de la empresa.

→ Interpretar la normativa mercantil del cheque, la letra de cambio, el pagaré y otros instrumentos financieros.

→ Interpretar la normativa fiscal de los instrumentos financieros que intervienen en las transacciones de la empresa.

1. Introducción

El sistema financiero de un país, definido en sentido general, está formado por el conjunto de instituciones, medios y mercados, cuyo fin primordial es canalizar el ahorro que generan las unidades de gasto con superávit hacia las unidades de gasto con déficit. Por lo tanto, dicho sistema comprende tanto los instrumentos financieros como las instituciones y los mercados financieros.

De esta forma, se puede establecer la siguiente relación entre los mencionados integrantes: las instituciones financieras compran y venden los instrumentos en los mercados financieros.

Serán las características generales y finalidades de dichos integrantes del sistema financiero las que se desarrollarán en esta unidad de aprendizaje. Se hará un recorrido por los diferentes intermediarios financieros y agentes económicos que actúan en el sistema financiero, así como por los distintos instrumentos financieros que están en la actualidad al servicio de las empresas y demás instituciones. Estos están regulados por la Ley Cambiaria y del Cheque.

El sistema financiero cumple una misión fundamental en una economía de mercado, como es la de captar los recursos monetarios excedentes de los oferentes o ahorradores y canalizarlos hacia los prestatarios públicos o privados. Ofrece a los ahorradores condiciones satisfactorias de seguridad, liquidez y rendimiento, y a los inversores condiciones adecuadas de cantidad, plazo y precio.

Para abordar toda esta problemática nos vamos a basar en la gestión financiera de la delegación barcelonesa de Blasoptical, situada en Paseo de Gracia y llevada a cabo por Pau Colmado.

2. Intermediarios financieros y agentes económicos

HILO CONDUCTOR

Pau Colmado es el gestor financiero de la delegación barcelonesa que tiene Blasoptical en el Paseo de Gracia. Está considerada por la sede central, como una de las ópticas mejor gestionada, ya que sus resultados así lo demuestran.

Continúa en página siguiente >>

<< Viene de página anterior

En los últimos meses, la delegación ha tenido altibajos en su gestión financiera y es por este motivo por el que Pau ha recibido la visita del director financiero. Este quería anunciarle que habían decidido obtener financiación a través de los distintos instrumentos y operaciones financieras que el mercado ofrece. Ante este nuevo reto, Pau necesita, en primer lugar, información actual de la estructura de nuestro sistema financiero y de los agentes que intervienen en él. ¿Cuál será dicha configuración?

Los **instrumentos financieros** son títulos imprescindibles para la movilización del ahorro en la economía, poniendo en contacto a prestamistas y prestatarios de la misma.

NOTA

Aunque tradicionalmente se han denominado estos instrumentos financieros como títulos, cada vez es más frecuente denominarlos como simples **anotaciones contables,** debido a que no suelen tener un soporte físico.

Pero esta función, tan importante en la economía, no sería posible sin la existencia de la intermediación financiera, la cual **captará dicho ahorro y lo canalizará hacia la inversión.**

Para lograr entender cómo funciona el sistema financiero y sus diferentes componentes, se muestra, de forma simplificada, el siguiente esquema:

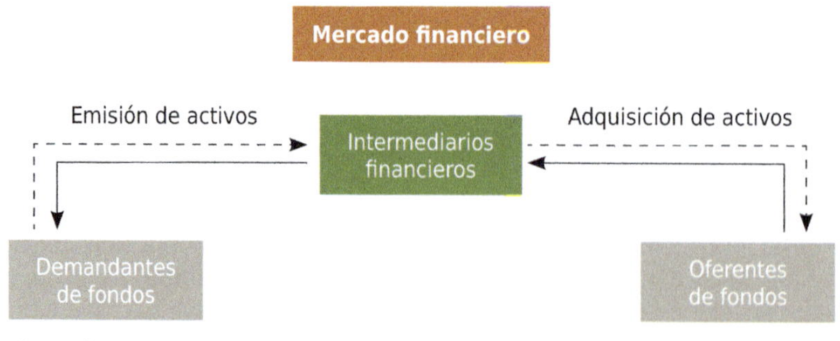

Sistema financiero y sus componentes

2.1. Definición y papel

Los **agentes económicos** son los encargados de realizar la actividad económica, es decir, son los **integrantes de todo sistema económico** y se pueden clasificar según sean unidades económicas de gasto que **presentan déficit** en su gestión o unidades económicas de gasto que **presentan superávit.**

DEFINICIÓN

Déficit
Situación económica en la que los ingresos son inferiores a los gastos.

Superávit
Situación económica en la que los ingresos son superiores a los gastos.

Los **agentes económicos** que intervienen en la economía de un país pueden ser agrupados en tres grupos:

Familias
- Son las unidades elementales de consumo y las propietarias de los recursos productivos.

Empresas
- Son las encargadas de, con estos recursos productivos cedidos por las familias a cambio de rentas, producir los bienes y servicios que posteriormente serán dispuestos en el mercado.

Estado
- Es el agente económico que posee recursos productivos que ofrece al mercado, también produce bienes y servicios como las empresas, interviene en el sistema económico para regularlo, y, además, recauda impuestos.

SABÍAS QUE...

Aunque tradicionalmente se han considerado como agentes económicos a las familias las empresas y el Estado, hay autores que especifican más y diferencian cinco grupos: las familias, las empresas, el sector público, sector exterior (dedicado al ámbito internacional) y el Estado.

Los ahorradores acuden al mercado financiero para adquirir los activos financieros que emiten las unidades económicas de gasto con déficit. Aunque dichos instrumentos pueden obtenerse directamente, a medida que la economía se desarrolla y aumenta su complejidad, se hace necesaria la aparición de instituciones que medien entre los prestamistas y los prestatarios últimos de la economía.

Sin embargo, cuando se habla de **mediación o intermediación financiera,** es preciso, aunque parezcan términos similares, hacer una distinción entre ambos.

La **mediación financiera** tiene por objeto poner en contacto a los ahorradores con los inversores, cobrando una comisión por dicho servicio. Habitualmente se distinguen dos tipos de mediadores:

Agentes comisionistas *(Brokers)*	Agentes mediadores *(Dealers)*
- Actúan según las órdenes que les son transmitidas por sus clientes, a cambio de una comisión por los servicios prestados, y siempre actuando por cuenta ajena, no asumiendo riesgos con las operaciones efectuadas.	- Pueden actuar tanto por cuenta propia como por cuenta ajena, por lo que además de ejecutar órdenes por cuenta de terceros, también podrán realizar operaciones en nombre propio.

La **intermediación financiera** es un servicio clave dentro del sistema económico, que tiene como finalidad proporcionar y gestionar los medios de pago de la economía, transformar activos y diversificar el riesgo, sin olvidar su labor principal de mediar entre ahorradores e inversores.

A rasgos generales las **funciones** principales de dichas instituciones, aparte de la principal, mediar entre ahorradores e inversores, son las siguientes:

- Diversificación del riesgo.
- Transformación de activos.
- Reducción de los costes de información y de contratación.
- Proporciona y gestiona los medios de pago de la economía.

2.2. Clasificación según las directrices de la CEE

En España, tradicionalmente, se han diferenciado tres grupos de intermediarios financieros:

a. Los **intermediarios bancarios:** son agentes económicos que generan activos financieros que sirven de medios de pago al resto de agentes económicos, además de captar recursos para luego prestarlos a otros clientes. Está formado por bancos comerciales, cajas de ahorro y cooperativas de crédito.
b. Los **intermediarios crediticios no bancarios:** son un tipo de financiadores parecido al anterior, con la principal diferencia de que no pueden asesorar fondos reembolsables. Dentro de este grupo, se pueden incluir los establecimientos financieros de créditos, las sociedades de garantía recíproca y las entidades de dinero electrónico, entre otros.
c. Los **intermediarios aseguradores:** son agentes que, a diferencia de los anteriores, solo pueden limitarse al ofrecimiento de cobertura de riesgos. Aquí se incluyen las compañías de seguros, mutuas, cooperativas de seguros, y planes y fondos de pensiones.

SABÍAS QUE...

La Comunidad Económica Europea fue una organización internacional creada en 1957 con la finalidad de crear un mercado común europeo. Estuvo vigente hasta 1992 y a partir de este año, después del Tratado de Maastricht, se le cambió el nombre y pasó a llamarse, como se conoce oficialmente hoy Unión Europea.

Según las **directrices de la CEE** (UE actualmente), se reconocen tres tipos de intermediarios financieros:

Instituciones de depósito	Instituciones de carácter contractual	Instituciones de inversión colectiva
- Estarán incluidas instituciones como los bancos comerciales, las cajas de ahorro y las asociaciones de carácter mutualista.	- Las constituyen las compañías de seguros, los fondos de pensiones y la propia Seguridad Social.	- Lo conforman las sociedades y fondos de inversión, los bancos hipotecarios, los fondos mutuos, etc.

A continuación, trataremos cada una de las instituciones reconocidas por la UE.

2.3. Banco de España

Para conocer el lugar que ocupa el Banco de España dentro del sistema financiero y conocer sus funciones y características, observa cómo se estructura dicho sistema:

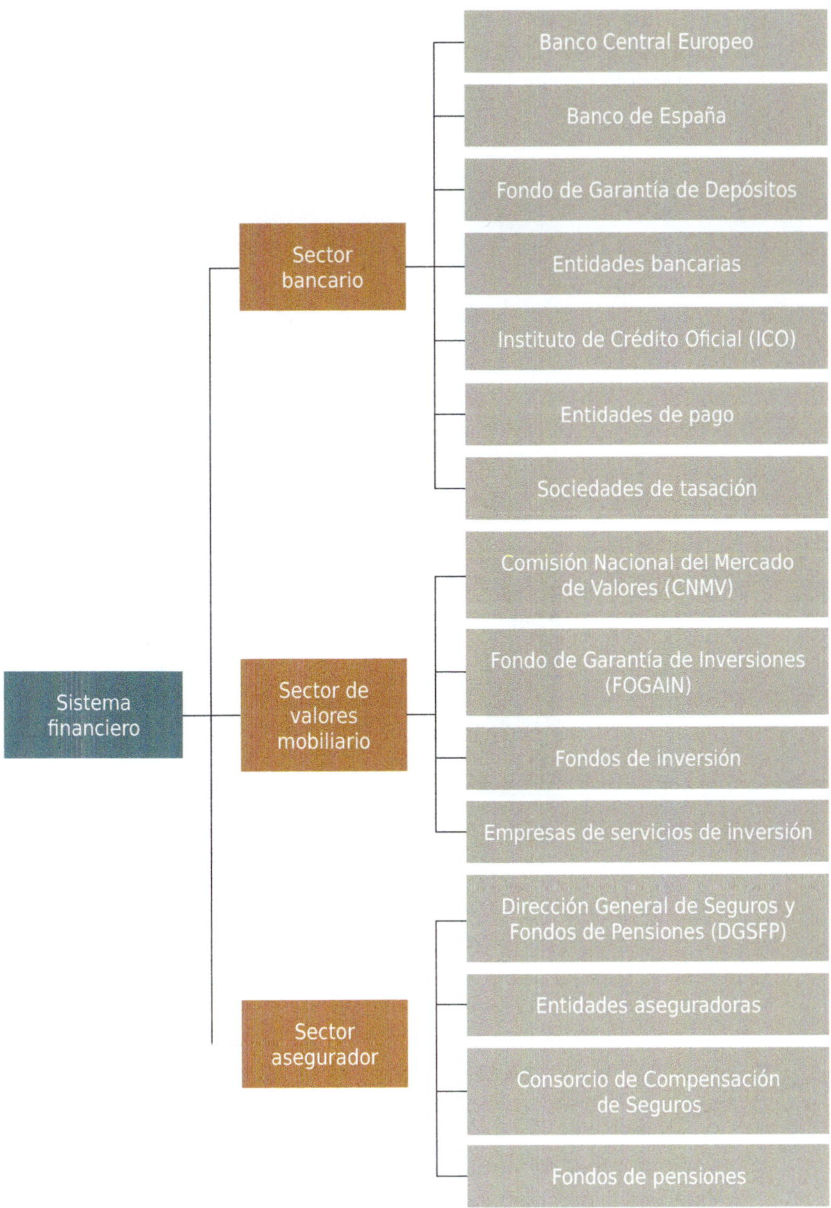

A la cabeza del sistema financiero se encuentra el **Banco Central,** es decir, el **Banco de España.** Es una entidad de derecho público, y se establece como organismo autónomo con personalidad jurídica propia, siendo su capital propiedad del Estado. Es el banco del Estado, que suministra el efectivo y custodia las reservas exteriores. Además, es parte integrante del Sistema Europeo de Bancos Centrales (**SEBC**), y está sometido a sus estatutos y a las disposiciones del Tratado de la Unión Europea (**TUE**).

El Banco de España, junto con el Banco Central Europeo y los Bancos Centrales Nacionales de los Estados miembros que han adoptado el euro, forma parte del Eurosistema.

El Banco de España es considerado la entidad supervisora fundamental en España. Entre sus **funciones** están las siguientes:

- Supervisar el sistema crediticio y los mercados monetarios.
- Promover el buen funcionamiento y la estabilidad en el sistema financiero nacional.
- Participar en el desarrollo de las funciones básicas atribuidas al SEBC, relativas a la ejecución y aplicación de la política monetaria y cambiaria en territorio español.

NOTA

Las instituciones que, de forma especializada, están actualmente supervisando en España el Sistema Financiero son el Banco de España, la Comisión Nacional del Mercado de Valores (CNMV) y la Dirección General de Seguros y Fondos de Pensiones (DGSFP).

El Banco de España, organizado por **órganos rectores,** está estructurado de la siguiente forma:

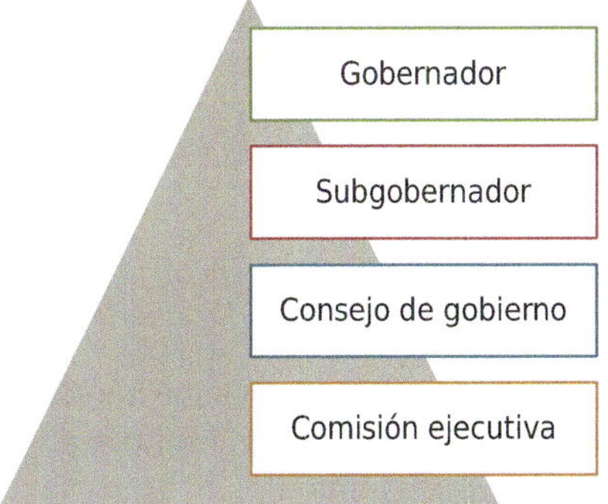

Gobernador

Se encuentra a la cabeza de la organización. Este dirige el banco, preside su consejo de gobierno y la comisión ejecutiva y lo representa.

Subgobernador

Es la figura que suple al gobernador en los casos de vacante o ausencia y asume las competencias que el reglamento del banco fije o el gobernador le delegue.

Consejo de gobierno

Su función es aprobar las directrices generales de actuación del banco. Este consejo estará formado por el gobernador, el subgobernador, seis consejeros, el secretario general del tesoro y política financiera y el vicepresidente de la CNMV.

DEFINICIÓN

Comisión Nacional del Mercado de Valores (CNMV)
Es el organismo encargado de la supervisión e inspección de los mercados de valores españoles y de la actividad de cuantos intervienen en los mismos. Su finalidad es velar por la transparencia de los mercados de valores españoles y la correcta formación de precios, así como la protección de los inversores.

Comisión ejecutiva

Organismo que instrumenta la política monetaria, resuelve las autorizaciones administrativas concedidas, formula a las entidades de crédito las recomendaciones y requerimientos, y acuerda medidas de intervención y sustitución de administradores y otras cuyo ejercicio es encomendado por ley al Banco de España.

2.4. Banca privada

HILO CONDUCTOR

Pau, con el objetivo de solventar la situación financiera actual de la delegación de Blasoptical, de la cual es gestor financiero, confía en la banca privada, ya que en su larga trayectoria en este cargo, tiene diversos contactos que le darán asesoramiento financiero de calidad.

Continúa en página siguiente >>

<< Viene de página anterior

Se pone en contacto con su banco habitual para plantearle la situación y que este le oriente hacia los instrumentos y operaciones más adecuadas. Sin embargo, ante la respuesta recibida, pide información de otras entidades que no se encuentran en el ámbito de la banca privada, para conocer otras que puedan serle útiles.

Esta podría definirse como el **grupo de entidades financieras de propiedad particular** que realizan funciones de captación y financiamiento, ofreciendo servicios de asesoramiento y gestión financiera, así como un servicio integral de gestión del patrimonio, tanto a particulares como a empresas, y con la única finalidad de obtener un beneficio.

De esta definición se extraen tres **características básicas:**

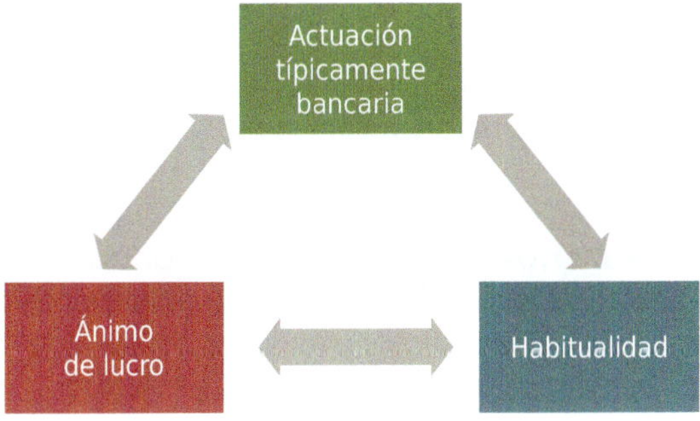

IMPORTANTE

Las características anteriormente señaladas diferencian a la banca privada de otros tipos de entidades financieras, como, por ejemplo, las cajas de ahorro, las cuales, entre otras características, no poseen ánimo de lucro.

La banca privada es considerada en nuestro sistema financiero como el componente más relevante. Esta goza en España de la ventaja de organizarse libremente, de acuerdo con sus necesidades, aunque con una cada vez mayor supervisión y vigilancia del Estado.

Se puede hablar de una fecha clave en el nacimiento a gran escala de la privatización de la banca española, que es 1998, con la privatización total de Argentaria. Desde aquel momento, todos los bancos españoles son privados, tienen la forma jurídica de Sociedades Anónimas y pertenecen a la Asociación Española de Banca Privada.

Aunque es difícil hacer una clasificación de la banca privada, tradicionalmente se ha venido clasificando a estas instituciones según las operaciones realizadas en **comerciales, industriales y mixtas.**

Puesto que actualmente la mayoría de bancos de todo el mundo desarrollan una actividad similar y realizan el mismo tipo de operaciones, es más correcto clasificarlos según el tamaño. Así, se distingue entre **grandes bancos o grandes grupos bancarios, bancos medianos y bancos pequeños.** Estos se clasificarán de una forma u otra según número de sucursales, número de trabajadores, países donde operan, etc.

2.5. Cajas de ahorros y fundaciones bancarias

Las **cajas de ahorros** son **entidades de crédito de carácter fundacional y con finalidad social**, cuya actividad financiera se orienta principalmente a la captación de fondos reembolsables y a la prestación de servicios bancarios y de inversión para clientes minoristas y pymes.

Las **características principales** de estas organizaciones son las siguientes:

Destinatarios de la obra social
- La obra social que ejercen puede tener como destinatario a impositores, empleados de la propia caja y colectivos necesitados, así como dedicarse a fines de interés público de su ámbito territorial.

Ámbito de actuación
- Su ámbito de actuación no puede exceder del territorio de una comunidad autónoma, excepto cuando se actúe con un total de 10 provincias limítrofes entre sí.

Continúa en página siguiente >>

<< Viene de página anterior

Activo total consolidado

- No pueden tener un activo total consolidado, según el último balance auditado, que supere los 10.000 millones de euros, o una cuota en el mercado de depósitos de su ámbito territorial de actuación que supere el 35 % del total de los depósitos.

Órganos de gobierno

- Los órganos de gobierno que llevan a cabo la administración, gestión, representación y control son: asamblea general, consejo de administración y comisión de control. Es necesario que todos los miembros del consejo de administración cuenten con conocimientos y experiencia específicos para el ejercicio de sus funciones.

Las cajas de ahorros se encuentran reguladas por la Ley 26/2013, de 27 de diciembre de cajas de ahorros y fundaciones bancarias.

SABÍAS QUE...

A finales del año 2009 existían en España 45 cajas de ahorros. Como consecuencia de la crisis financiera y de la reducción de los fondos destinados a la Obra social, a partir del año 2010 el número de estas se fue reduciendo drásticamente al fusionarse, privatizarse y transformarse en entidades bancarias.

Por su parte, las **fundaciones bancarias** son aquellas que mantienen una **participación en una entidad de crédito que alcance, directa o indirectamente, como mínimo el 10 %** del capital o de los derechos de voto de la entidad, o que le permita nombrar o destituir algún miembro de su órgano de administración. Tienen **finalidad social** y su actividad principal se orienta a la atención y desarrollo de la obra social y adecuada gestión de participación en una entidad de crédito. En su denominación debe aparecer la expresión "fundación bancaria".

IMPORTANTE

Las cajas de ahorros que superen los límites de activo total consolidado y cuota de mercado de depósitos deberán traspasar todo el patrimonio afecto a su actividad financiera a una entidad de crédito y habrán de transformarse en fundación bancaria si cumplen sus requisitos, o en fundación ordinaria si no es así.

La **Confederación Española de Cajas de Ahorros** (CECA) está formada por las cajas de ahorros, las fundaciones bancarias y determinadas entidades de crédito.

2.6. Compañías de seguros

Con el fin de dar cobertura a la incertidumbre que genera esta imposibilidad de controlar completamente el desarrollo de las actividades, ha surgido y se ha desarrollado el sector asegurador. Este sector proporcionará a los agentes económicos una serie de productos de previsión, y lo realizará a través de las compañías de seguros.

NOTA

Las compañías aseguradoras son las entidades financieras encargadas de cubrir los riesgos de particulares y empresas.

El sector asegurador también forma parte del grupo de intermediarios financieros de nuestro sistema financiero. A diferencia de otros sectores, para acometer su actividad, necesita un capital fijo relativamente más pequeño, y su capital circulante se lo prestan los propios clientes a cuenta de su producto, **la seguridad.**

En España, la actividad aseguradora solo puede ser ejercida por sociedades anónimas, sociedades mutuas de seguros, sociedades cooperativas y mutualidades de previsión social.

La normativa que regula este sector es la Ley 20/2015, de 14 de julio, de ordenación, supervisión y solvencia de las entidades aseguradoras y reaseguradoras.

El **sector asegurador** está formado, sin tener en cuenta la Seguridad Social, por cinco grandes bloques de empresas:

Entidades aseguradoras privadas

Estas podrán revestir la forma de sociedades anónimas, mutuas, cooperativas o delegaciones en España de sociedades aseguradoras extranjeras.

Mutualidades de previsión social

Son entidades que ejercen una modalidad aseguradora de carácter voluntario complementaria al sistema de Seguridad Social obligatoria. Se rigen por la misma ley que las entidades aseguradoras privadas.

Entidades de depósitos que realicen operaciones de seguro

Se trata fundamentalmente de cajas de ahorro que realizan, entre otras, operaciones de seguros de vida. En sus operaciones de seguro deben someterse a todas las normas específicas reguladoras de la actividad aseguradora.

Cooperativas de seguro

Son asociaciones autonómicas de personas que se han unido de forma voluntaria para satisfacer sus necesidades y aspiraciones económicas, sociales y culturales en común mediante una empresa de propiedad conjunta, de gestión democrática y ejerciendo la actividad aseguradora. Aunque deben cumplir los requisitos establecidos en la legislación del seguro, están sujetas a la Ley de Cooperativas. Son sociedades no mercantiles.

Consorcios de compensación de seguros

Son entidades de derecho público, cuya finalidad es cubrir riesgos especiales, como pueden ser los riesgos extraordinarios sobre las personas y los bienes.

2.7. Fondos de pensiones

El fondo de pensión se puede definir como un **contrato donde se establece el derecho de las personas, a cuyo favor se constituye, a percibir rentas o capitales** por jubilación, supervivencia, orfandad e invalidez, así como las obligaciones de contribución a los mismos.

La Dirección General de Seguros y Fondos de Pensiones supervisa y controla la actividad de las entidades gestoras de fondos de pensiones.

Las **entidades gestoras de fondos de pensiones** son instituciones encargadas de la administración y gestión de los bienes que integran los fondos de pensiones, que son el instrumento utilizado para dar cumplimiento a los planes de pensiones. Según la legislación vigente, solo podrán acceder a la condición de gestoras las entidades aseguradoras autorizadas para el ramo de vida y sociedades anónimas creadas específicamente para dicho fin.

En la actualidad, la variedad de fondos de pensiones ofrecidos por las entidades financieras es bastante amplia. Los **tipos de fondos de pensiones** más habituales son los siguientes:

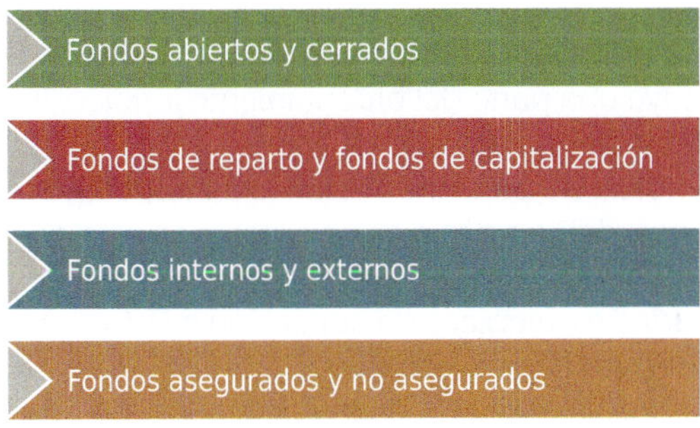

Por último, es importante recalcar la distinción entre **fondos y planes de pensiones,** ya que son **productos complementarios** y suelen considerarse erróneamente como términos sinónimos.

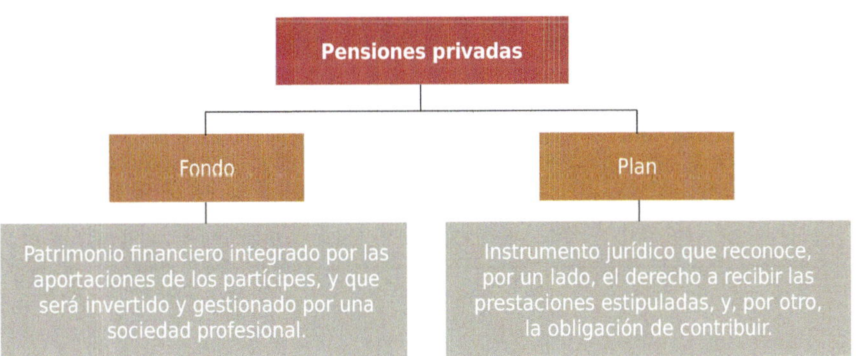

2.8. La Seguridad Social

La Seguridad Social es un **sistema público** que garantiza a las personas que se encuentren dentro de su campo de aplicación la protección adecuada en las contingencias que la ley establezca. Está regulada por el Real Decreto Legislativo 8/2015, de 30 de octubre, por el que se aprueba el texto refundido de la Ley General de la Seguridad Social.

Este sistema, general y homogéneo de prestaciones de derecho público, presenta las siguientes **características:**

- Es un sistema de cobertura de riesgos o necesidades sociales.
- Constituye una parte del ordenamiento jurídico, integrándose en el sector público del Derecho.
- Se diferencia de otras instituciones afines, como puede ser el fondo de pensiones, debido a que es un sistema concreto, general y homogéneo de prestaciones.
- Su finalidad es, mediante la concesión de prestaciones individualizadas, aumentar el bienestar colectivo.
- Como consecuencia de esta última, este sistema tiende a ser un plan corrector de desigualdades.

La **estructura** del sistema de Seguridad Social implica la existencia de diferentes tipos de regímenes, según las características del afectado. Estos son:

Régimen General	Regímenes Especiales
- Constituye el núcleo central del sistema, y se aplica a todos los trabajadores por cuenta ajena que no estén incluidos en el régimen especial.	- Se establecerán para aquellas actividades profesionales en las que, por su naturaleza, sus peculiares condiciones de trabajo y lugar o por la índole de sus procesos productivos, se hiciere preciso tal establecimiento, para la correcta aplicación del sistema. Por ejemplo, autónomos, los trabajadores del mar, de la minería del carbón, etc.

La **finalidad** de la Seguridad Social es **otorgar prestaciones económicas según determinadas condiciones presentadas por los particulares.** En el siguiente cuadro se muestra de forma esquemática la cobertura de dicha acción protectora:

VÍDEO

La Seguridad Social es una de las instituciones más relevantes de nuestro país. Escanea el siguiente código y podrás visualizar un vídeo sobre sus características y funciones.

https://redirectoronline.com/mf09790506

2.9. Sociedades y fondos de inversión

Las sociedades y fondos de inversión se encuadran dentro de las **instituciones de inversión colectiva.** Estas entidades, que pueden presentar diversas formas jurídicas, se dedican a la captación de fondos públicamente de inversores individuales para gestionarlos de forma profesional.

Este tipo de intermediarios pueden revestir la forma de sociedades o fondos de inversión, y a su vez, pueden ser:

Financieros	No financieros
- Tienen por objeto la inversión en activos e instrumentos financieros (sociedades y fondos de inversión mobiliaria).	- Tienen como finalidad principal la inversión en bienes inmuebles de naturaleza urbana para su arrendamiento (sociedades y fondos de inversión inmobiliaria).

A continuación puedes ver las características de cada uno de ellos.

Sociedades de inversión mobiliaria

Adoptan la forma jurídica de sociedades anónimas y tienen como finalidad exclusiva la adquisición, tenencia, disfrute, administración en general y enajenación de valores mobiliarios y otros activos financieros, para compensar, por una adecuada composición de sus activos, los riesgos y los tipos de rendimiento.

Fondos de inversión mobiliaria

Constituyen patrimonios pertenecientes a numerosos inversores, que agrupan sus ahorros con el objeto de constituir una cartera lo suficientemente grande como para que pueda ser gestionada por profesionales, proporcionando liquidez a los diferentes partícipes. Dichos fondos, según la inversión realizada, pueden clasificarse en fondos de inversión mobiliaria (FIM), fondos de inversión en activos del mercado monetario (FIAMM) y fondtesoros.

DEFINICIÓN

Fondtesoros
Los fondtesoros son una modalidad especial de Fondos de Inversión en los que se invierte gran parte de un patrimonio en deuda pública del Estado o de las CC. AA.

Fondos de inversión inmobiliaria

Son instituciones no financieras cuya finalidad es captar fondos públicos para destinarlos a la compra de viviendas, oficinas, aparcamientos, etc., con el objetivo de explotarlos en régimen de alquiler.

Sociedades de inversión inmobiliaria

Son también instituciones no financieras y tendrán la misma finalidad que los fondos. A diferencia de las sociedades de inversión mobiliaria, estas solo podrán adoptar la forma de capital fijo.

2.10. Bancos hipotecarios

El sistema financiero español no cuenta entre sus instituciones con un banco hipotecario como tal; sin embargo, las entidades financieras sí ofertan a sus clientes un producto relacionado, el préstamo hipotecario. Estos se conceden bajo un derecho real de garantía, la hipoteca.

DEFINICIÓN

Derecho real de garantía
Es un derecho real que faculta a su titular a la enajenación de un bien y la obtención del valor del mismo. Se considera un derecho accesorio porque no conlleva el disfrute de la cosa gravada y puede provocar la extinción de la propiedad.

Estos préstamos son solicitados, en su mayoría, por clientes interesados en adquirir, construir, ampliar, reformar o conservar inmuebles urbanos o rurales. El banco les proporciona la liquidez necesaria para realizar la operación a cambio de una hipoteca (préstamo). El cliente deberá satisfacer una renta periódica al banco según las condiciones especificadas en el contrato.

SABÍAS QUE...

En 1872 se creó en nuestro país el Banco Hipotecario de España (BHE) con una aportación de capital de 50 millones de pesetas. Con los años adquirió importancia, fue nacionalizado en 1960 e incorporado al Instituto de Crédito Oficial posteriormente. En 1991 desapareció tras su integración en la corporación Argentaria.

ACTIVIDAD 1

A continuación se muestran las características de distintas organizaciones, entidades y empresas financieras. Pero, ¿sabrías distinguir cada una de estas organizaciones en función de sus características? Relaciona cada característica con su organización, entidad o empresa correspondiente.

a. Grupo de entidades financieras de propiedad particular que realizan funciones de captación y financiamiento.
b. Es la entidad que supervisa el sistema crediticio y los mercados monetarios.
c. Su actividad financiera es, entre otras, la prestación de servicios bancarios y de inversión para minoristas y pymes.
d. Son instituciones no financieras que captan fondos públicos para destinarlos a la compra de bienes inmuebles con el fin de explotarlos en régimen de alquiler.
e. Tienen como finalidad exclusiva la adquisición, tenencia, disfrute, administración en general y enajenación de valores mobiliarios y otros activos financieros.

1. Banca privada.
2. Cajas de ahorros.
3. Sociedades de inversión mobiliaria.
4. Fondo de inversión inmobiliaria.
5. Banco de España.

3. Características y finalidad de los instrumentos financieros al servicio de la empresa

HILO CONDUCTOR

Para escoger la financiación más adecuada a las características de la óptica, Pau necesita información sobre los distintos instrumentos, operaciones y servicios financieros que actualmente ofrece el mercado.

Así, en base a ellos, podrá proponer al director financiero la opción más adecuada.

La innovación financiera se ha convertido, hoy por hoy, en uno de los fenómenos más relevantes de la vida empresarial mundial. En las últimas décadas, el volumen de transacciones financieras realizadas entre las empresas ha sufrido un crecimiento vertiginoso, a la vez que tanto la oferta como la demanda de los instrumentos financieros se ha multiplicado.

DEFINICIÓN

Instrumentos financieros
Activos comercializables establecidos mediante contratos, cuyo nacimiento da lugar a un activo financiero en una empresa y, simultáneamente, a un pasivo financiero en otra empresa.

Son numerosos los activos financieros que utilizan las empresas en su actividad diaria.

3.1. Préstamos

Entre los productos que ofrecen las instituciones bancarias para la **financiación de las empresas,** los más utilizados son el descuento de papel (el más habitual a corto plazo) y los préstamos y créditos (más frecuentes a medio y largo plazo).

DEFINICIÓN

Préstamo

Contrato en virtud del cual la entidad financiera entrega al cliente (puede tratarse de un particular o una empresa) una cantidad de dinero, obligándose este último a devolverlo según el calendario de amortización fijado, así como a pagar los intereses y los gastos de la operación pactados.

Las principales **características** de los préstamos son las que se muestran a continuación:

CARACTERÍSTICAS	PRÉSTAMO
Finalidad	Suele ser la adquisición de activos.
Capital	Se entrega el importe total menos las comisiones, a la firma del contrato.
Intereses	Se pagan intereses por todo el capital prestado.
Amortización	Se realizan según el cuadro de amortización establecido.
Condición	No suele ser renovable.
Flexibilidad	Menos flexible que el crédito.

Para comprender cómo funciona una operación de préstamo, lo primero que debes conocer son los conceptos que entran en juego:

- **Capital:** es la cuantía de dinero que entrega la entidad financiera al beneficiario como financiación.
- **Prestamista:** es la entidad financiera que presta el dinero.
- **Prestatario:** es el beneficiario, es decir, el que recibe el dinero.
- **Intereses:** son la retribución que exige el banco al prestatario por el uso del dinero.
- **Tiempo:** es el plazo en el que se compromete el prestatario a devolver el dinero.
- **Amortización:** determina la forma de devolución del dinero recibido como capital.

- **Cuota:** representa la cantidad que se paga al prestamista, compuesta por una parte de amortización y otra de interés. Las cuotas se determinan según el sistema de amortización elegido, que puede ser francés o de cuotas constantes; alemán o con amortización constante; americano o con una sola amortización de capital y cuotas de intereses.
- **Período de carencia:** el préstamo admite un período de tiempo durante el cual no se pagan las cuotas, o bien no se pagan las amortizaciones financieras, pero sí los intereses.
- **Subrogación del préstamo:** esta consiste en sustituir al deudor por otra persona, con la autorización de la entidad financiera.

PARA SABER MÁS

El cuadro de amortización de los préstamos concedidos a las empresas es una herramienta útil en la gestión financiera, ya que da una idea de cuál puede ser el gasto en cada periodo.

Cuadro de amortización de un préstamo

El cuadro de amortización de un préstamo está formado por una serie de elementos, en cuyos cálculos intervienen las siguientes variables:

- **Capital inicial (C_0):** importe anticipado por el prestamista al inicio de la operación financiera.
- **Término amortizativo (a_i):** importe pagado periódicamente por el prestatario.
- **Periodo de tiempo (n_1, n_2, n_3,..., n_n):** momento en el que se hacen efectivos los correspondientes términos amortizativos.
- **Cuota de amortización (A_i):** parte del término amortizativo destinado a devolver el capital prestado.
- **Cuota de intereses (I_i):** parte del término amortizativo destinado a pagar los intereses.
- **Tipo de interés de cada periodo (i_1, i_2, i_3,..., i_n):** tipo de interés, fijo o variable, de los períodos en los que se divide el préstamo.
- **Capital pendiente de amortizar (C_i).**
- **Capital amortizado (A_i):** importe amortizado en cada periodo de tiempo.

La vida de un préstamo se representa gráficamente de la siguiente forma:

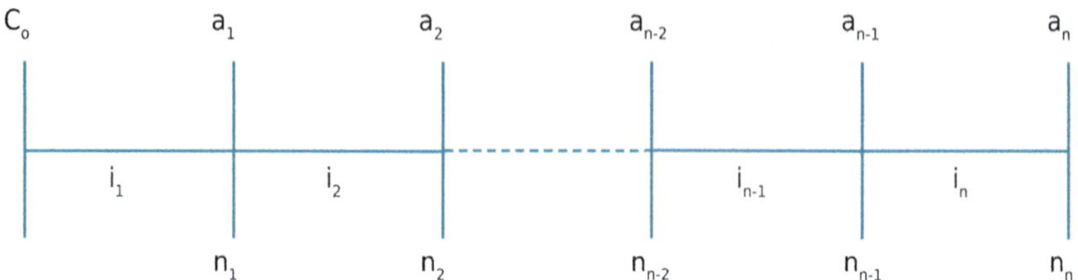

El prestatario recibe el capital inicial (C_0) de una sola vez al inicio de la operación y desde ese momento debe al prestamista el importe recibido más los correspondientes intereses. La devolución o amortización de la cantidad anticipada y el pago de los intereses se efectúan mediante la entrega, en cada uno de los períodos estipulados (n_i), del correspondiente término amortizativo (a_i). Cada uno de estos términos será la suma de la cuota de amortización (A_i) y la de intereses (I_i) que a su vez dependerá del tipo de interés aplicado (i_i) en cada uno de los períodos en los que se divide la operación.

Observa este ejemplo práctico sobre la creación del cuadro de amortización de un préstamo liquidado mediante el **sistema francés.**

EJEMPLO

Una empresa obtiene de su banco un préstamo por importe de 50.500 € cuya devolución es durante 3 años a un tipo de interés del 7 % anual. Su amortización se realiza aplicando el sistema francés de liquidación.

El sistema francés de liquidación se caracteriza porque las anualidades son iguales en todos los periodos de tiempo y los tipos de interés constantes durante la vida del préstamo. De esta forma el cuadro de amortización se completa utilizando las siguientes fórmulas:

$a_1=a_2=a_3= C_0 / [(1- (1+i)^{-n}) / i] = 50.500 / [(1 - (1+0,07)^{-3}) / 0,07] = 19.243,11$ €

$I_n= C_n * 0,07$
$A_n = a_n - I_n$

Continúa en página siguiente >>

<< Viene de página anterior

$M_1 = A_1$; $M_2 = A_1 + A_2$; $M_3 = A_1 + A_2 + A_3$
$C_n = C_0 - M_n$

El cuadro de amortización resultante es:

Años (n)	Anualidad (a_n)	Intereses (I_n)	Cuota amortización (A_n)	Total amortizado (M_n)	Capital pendiente(C_n)
0					50.500,00
1	19.243,11	3.535,00	15.708,11	15.708,11	34.791,89
2	19.243,11	2.435,43	16.807,68	32.515,79	17.984,21
3	19.243,11	1.258,89	17.984,22	50.500,00	0,00

3.2. Créditos en cuenta corriente

El crédito puede definirse como el contrato en virtud del cual la entidad financiera pone a disposición del cliente unos fondos en una **cuenta corriente asociada al crédito,** hasta un límite predeterminado y por un plazo también acordado, obligándose el beneficiario a devolver las cuantías dispuestas en el plazo de tiempo preestablecido, así como a pagar los intereses pactados sobre lo dispuesto y los gastos de la operación.

SABÍAS QUE...

Cuando una entidad financiera pone a disposición del beneficiario los fondos, aquella no podrá disponer de ellos para otra operación. Por el contrario, el prestatario puede no disponer de los fondos, causando un perjuicio al prestamista. Para evitar esta situación, se suele establecer una comisión de indisponibilidad sobre el saldo no dispuesto, o conceder créditos que periódicamente van reduciendo su límite, según vencimientos previamente establecidos.

Las **características** principales de los créditos son las que puedes observar en la siguiente tabla:

CARACTERÍSTICAS	CRÉDITO
Finalidad	Suele destinarse a la financiación de la actividad empresarial.
Capital	La cantidad prestada se va disponiendo por el beneficiario libremente.
Intereses	Se pagan intereses solo por las cantidades realmente dispuestas.
Amortización	Se pueden hacer devoluciones totales o parciales libremente.
Condición	Normalmente, es renovable a su vencimiento.
Flexibilidad	Más flexible que el préstamo.

Una vez que has visto en qué consisten los préstamos y los créditos en cuenta corriente, se muestran una serie de aspectos comunes relevantes de ambos tipos de productos financieros (préstamos y créditos). Estos se explican a continuación.

Intereses

Los **intereses,** tanto en los préstamos como en los créditos, pueden ser fijos o variables. El tipo variable puede estar referenciado a determinados índices, como el EURIBOR, el índice de referencia de préstamos hipotecarios, etc.

Divisa

Con respecto a la **divisa,** puede ser cualquiera con cotización oficial, siendo las más habituales el euro, el dólar y el yen japonés.

Formalización

La **formalización** de ambos se suele realizar ante fedatario público mediante un contrato o póliza que especifica todas las características del préstamo o crédito.

Gastos

Los **gastos** más habituales de ambos productos suelen ser las comisiones (de apertura, de estudio, de cancelación parcial o total), el gasto de avales, las primas de seguros o los gastos de formalización por la intervención del fedatario público y, además, escritura notarial si hay garantías reales.

Concesión

La **concesión de estas operaciones de financiación** es analizada por la entidad financiera porque asume un riesgo en su concesión. Para ello, dispone de una base de datos del Banco de España, la denominada CIRBE (Central de Información de Riesgos del Banco de España), en la que puede consultar el volumen de deuda o riesgo que el titular o titulares tienen en el sistema bancario español, así como si están o no al corriente de los pagos.

Garantías

Las instituciones financieras exigen normalmente, para la concesión de ambos productos, ciertas **garantías** que le sirvan de compensación para el caso de impago por parte del prestatario. De hecho, siempre que se concede financiación hay garantías personales, pues el prestatario garantiza el préstamo con sus bienes presentes y futuros.

Registros

En relación a lo anterior, las instituciones pueden acceder a **registros de impagados,** los cuales se revisan automáticamente al pedir un préstamo. Los más conocidos son el RAI (Registro de Aceptaciones Impagadas) y el ASNEF (Asociación Nacional de Establecimientos Financieros de crédito).

DEFINICIÓN

RAI

Es un registro de incumplimientos de obligaciones dinerarias de titularidad privada cuyo objetivo es contribuir al saneamiento del sistema financiero y

Continúa en página siguiente >>

<< Viene de página anterior

mejora del tráfico mercantil, informando, a través de sistemas informáticos centralizados, de los incumplimientos de pago.

ASNEF
Es un fichero de morosos cuya finalidad es la puesta a disposición de información a las entidades autorizadas, sobre el estado de morosidad de una empresa o persona.

3.3. Descuento comercial

Este instrumento supone una operación en virtud de la cual una **entidad financiera anticipa a la empresa el importe de un efecto de comercio** que documenta generalmente las ventas o servicios realizados por las empresas y que todavía no ha cobrado.

Su finalidad es que la empresa disponga inmediatamente del líquido de la operación, sin tener que esperar al vencimiento, pudiendo estar representado por facturas, letras de cambio, pagarés, recibos... La entidad financiera, por su parte, recibirá el principal (nominal) al vencimiento de la deuda. En el supuesto de que el cliente incumpla la obligación de pago, la entidad financiera devolverá el efecto a la empresa y reclamará el importe anticipado más los gastos de devolución.

Este tipo de operación financiera puede adoptar dos **modalidades** básicas:

Descuento comercial
- En este tipo de descuento, la entidad financiera admite el descuento de un efecto o de una remesa de efectos sin que presuponga el descuento de otros futuros.

Línea de descuento
- En este caso, se fijan las condiciones entre la institución y la empresa para todo el descuento de su papel. Se establece un límite, garantías adicionales, etc. Una vez que la línea está contratada, el titular no tiene ninguna obligación de presentar efectos al descuento con periodicidad alguna, ni de un importe determinado, sino que presentará efectos al cobro, ateniéndose a las limitaciones establecidas en dicha póliza. La vigencia de la línea de descuento suele ser anual y se prorroga automáticamente para períodos similares, aunque se renegocian sus condiciones periódicamente.

3.4. Descuento bancario

Constituye, al igual que el descuento comercial, el **contrato por el cual una entidad financiera se obliga a anticipar a una determinada empresa el importe de un activo financiero,** que está pendiente de cobrar. Así mismo, su finalidad es también la obtención, por parte de la empresa, de recursos de forma inmediata.

Entre los documentos más habituales presentados al descuento por las empresas, destacan los cheques bancarios, contratos, pólizas, títulos de deuda amortizable, cupones de valores públicos, certificaciones de obras, etc.

La única diferencia estriba en que, en este caso, lo que cede la empresa a la entidad son **créditos contra terceros.** De igual forma, la entidad financiera percibirá unos intereses por el plazo que falta hasta el vencimiento de los créditos y unas comisiones por la gestión de presentación al pago de los mismos.

El cálculo del efectivo que recibirá la empresa por el descuento bancario es idéntico al visto en el descuento comercial, es decir, el efectivo será igual al nominal menos los gastos generados.

Las entidades financieras, a la hora de aplicar este tipo de descuentos, pueden optar por dos modalidades:

Descuento abusivo o comercial (Dc)

$$Dc = N * d * n$$

Descuento matemático o racional (Dr)

$$Dr = E * d * n$$

Donde:

- **N,** es el nominal.
- **d,** es el descuento.
- **n,** representa el tiempo de la operación.
- **E,** es el efectivo.

APLICACIÓN PRÁCTICA

Juan es propietario de una empresa dedicada a la comercialización de muebles de cocina a empresas constructoras. Durante el mes de octubre debería haber cobrado algunas letras de un cliente que se ha retrasado en el pago. Debido a ello y ante la falta de liquidez para realizar sus pagos, se ve en la necesidad de acudir a su entidad bancaria para descontar otras letras que posee, cuyo vencimiento todavía no ha llegado, para poder así conseguir algo de dinero y hacer frente a los pagos.

Juan lleva a su banco dos letras. La primera de 3.500 €, que vence dentro de 1 año, y la segunda de 4.200 €, que vence en 9 meses.

Si el banco le aplica una tasa de descuento comercial anual del 15 %, donde incluye los intereses por el descuento y los gastos de la operación, ¿cuál será el importe que recibirá Juan por dichas letras descontadas?

Solución

Los cálculos que deben hacerse para obtener el importe que recibirá Juan por el descuento de sus efectos, serán en cada caso los siguientes:

a. Letra por importe de 3.500 € con vencimiento a 1 año.

   Aplicando la fórmula del descuento:

   - Descuento comercial = N * d * n = 3.500 * 0,15 * 1 = 525
   - Efectivo = Nominal - Descuento = 3.500 - 525 = 2.975

   Juan obtendrá un efectivo por descontar esta letra de 2.975 €.

b. Letra por importe de 4.200 € con vencimiento a 9 meses.

   Para el cálculo del descuento de esta letra, al tener un vencimiento inferior al año, se debe modificar el porcentaje de descuento y adaptarlo al mismo plazo. Para ello, se divide el descuento entre los doce meses del año y se multiplica por los meses que restan para su vencimiento.

   d = 0,15 / 12 = 0,0125; 0,0125 * 9 meses = 0,1125 (11,25 %)

Continúa en página siguiente >>

<< *Viene de página anterior*

Por lo tanto, el descuento será el siguiente:

- Descuento comercial = N * d * n = 4.200 * 0,1125 = 472,5
- Efectivo = Nominal - Descuento = 4.200 - 472,5 = 3.727,5

De esta letra, Juan conseguirá un efectivo de 3.727,5 €.

3.5. *Leasing*

HILO CONDUCTOR

Llegado a este punto, Pau se muestra muy interesado por las características y ventajas que ofrece el *leasing*. La delegación barcelonesa que gestiona financieramente tiene varias máquinas que hay que sustituir en breve, debiendo acometer, en principio, nuevas inversiones. Sin embargo, como la situación financiera de la delegación no es muy buena, Pau ha decidido optar a este instrumento financiero para la adquisición de dichas máquinas. Por ello, ha pedido asesoramiento sobre su idoneidad.

El *leasing* es una **forma de financiación que permite a las empresas que necesitan bienes de producción, la posibilidad de disponer de ellos durante un período fijo de tiempo** mediante el pago periódico de una cuota. Una vez que dicho período ha pasado, el arrendamiento dispone generalmente de tres opciones:

- Devolver los bienes a la sociedad arrendadora
- Adquirir los bienes por su valor residual, fijado al principio del contrato
- Convenir un nuevo contrato de arrendamiento

La duración mínima del *leasing* será de **10 años,** para los que tienen carácter inmobiliario; y de **2 años,** para los de carácter mobiliario.

En estas operaciones financieras intervienen las siguientes personas o instituciones:

a. Una empresa o profesional (cliente) que necesita disponer de una determinada máquina o cualquier otro elemento del activo fijo. → **Arrendatario.**
b. Una institución financiera que financia (alquila) la adquisición del equipo (empresa *leasing*). → **Arrendador.**
c. Un fabricante o proveedor de los bienes de equipo, objeto de *leasing*.

IMPORTANTE

Este tipo de operaciones financieras tienen un tratamiento fiscal que ayuda a abaratar los costes de financiación, ya que para el arrendatario tendrá la consideración de gasto deducible la totalidad de la cuota que debe satisfacer a la sociedad de *leasing* en virtud del contrato, salvo en el caso de que el contrato tenga por objeto terrenos, solares u otros activos no amortizables.

Se pueden encontrar varias **modalidades** de este instrumento financiero, siendo las más habituales las siguientes:

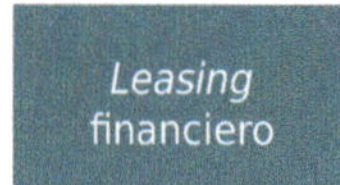

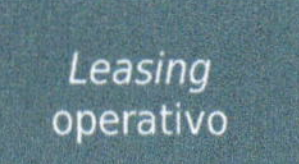

Sale and lease-back o retroleasing

A continuación analizamos cada uno de ellos.

Leasing financiero

Es el que habitualmente se realiza en España. En él la sociedad de *leasing* se compromete a entregar el bien, pero no a su mantenimiento ni a su reparación, y el usuario queda obligado a pagar el importe del alquiler durante toda la vida del contrato, sin poder rescindirlo unilateralmente. Al final del contrato, el cliente podrá o no ejercer la opción de compra. A través del siguiente esquema entenderás mejor su funcionamiento:

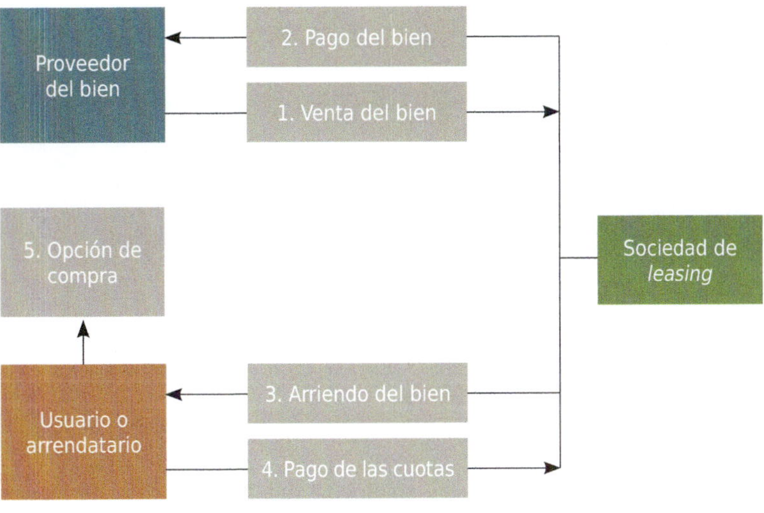

Leasing operativo

Se define como el arrendamiento de un bien durante un período corto o medio de tiempo, revocable por el arrendatario (solo empresas) en cualquier momento, previo aviso. En este caso existe mantenimiento del bien arrendado y reposición de modelos tecnológicamente más avanzados del bien. En este contrato, el arrendador no es una entidad financiera especializada en *leasing,* sino el propio fabricante o distribuidor del bien arrendado (maquinaria, vehículo o bienes de equipo).

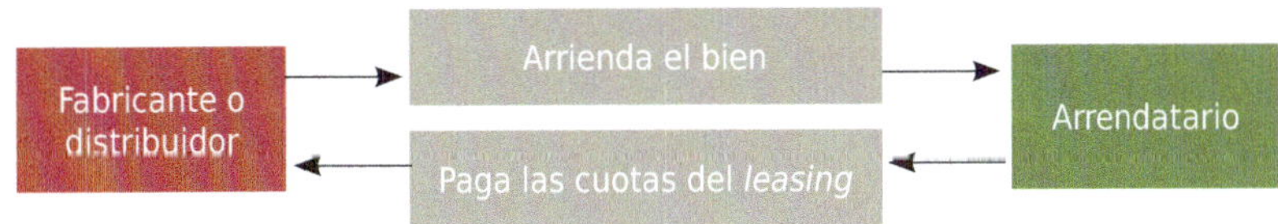

Sale and lease-back o *retroleasing*

Es aquella operación que consiste en que el bien a arrendar es propiedad del arrendatario, que se lo vende al arrendador, para que este de nuevo se lo ceda en arrendamiento. De esta manera, el arrendatario incrementa sus recursos disponibles y reduce su inmovilizado, puesto que el *leasing* es una operación *off-balance sheet*.

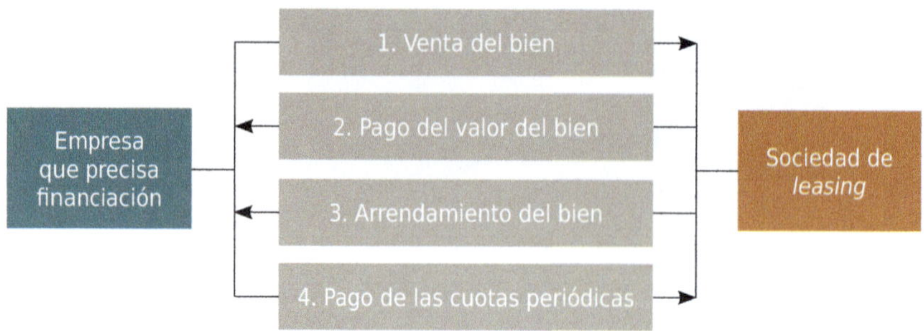

PARA SABER MÁS

Ahora que has adquirido los conocimientos teóricos de este instrumento financiero, puedes aprender cómo se calculan sus cuotas. Para ello, escanea el siguiente código:

https://redirectoronline.com/mf09790103

3.6. *Renting*

Este instrumento financiero es una evolución del *leasing* operativo, diferenciándolo de este básicamente en que **al finalizar el contrato no hay opción de compra.**

DEFINICIÓN

Renting

El *renting* es un contrato de arrendamiento mediante el cual la empresa de *renting* cede el uso de un activo, a excepción de los inmuebles, por un determinado tiempo, usualmente sin opción a compra, comprometiéndose a su mantenimiento a cambio de una renta fija y mensual.

En el contrato de *renting* no se establece ninguna opción de compra porque la finalidad de este producto financiero es la **adquisición de bienes de corta duración que serán sustituidos.** En caso de querer ejercitar la opción de compra, el precio es el valor del activo en mercado en ese momento, importe que suele ser muy superior al de una cuota mensual.

Las **diferencias** entre el *renting* y el *leasing* pueden ser:

- La compra constituye el pago por uso y mantenimiento sin tener la propiedad.
- Con respecto al alquiler, el *renting* suele tener mayor plazo, y dicho alquiler asegura el mantenimiento del bien.
- El *leasing* financiero es una fórmula para financiar la adquisición de un bien, mientras que el *renting* es un pago por el uso y mantenimiento del bien.

Este instrumento financiero proporciona tanto al cliente como a la empresa de *renting* una serie de **ventajas** tanto para la empresa como para el cliente.

Respecto a las **ventajas para el cliente** se pueden destacar:

Económicas	Contables	Fiscales
- Posibilita disfrutar de un bien sin hacer la inversión. - No inmovilizar recursos en bienes de alta obsolescencia. - Se adecua mejor a la evolución tecnológica del mercado y la propia empresa.	- Su administración es muy sencilla, ya que consiste en una sola factura periódica.	- El alquiler es cien por cien deducible. - El cliente fracciona el pago del IVA en las cuotas.

Respecto a las **ventajas del *renting* para la empresa** se pueden destacar las siguientes:

- Posibilita un crecimiento de las ventas sin bloquear las líneas de financiación a los clientes.
- Evita anticipar el IVA en el momento de la transacción.
- Fideliza al cliente al darle una opción preferente en el momento de sustituir los equipos.
- Se asegura la venta del servicio de mantenimiento y el cobro del mismo.

RECUERDA

El *renting* se puede considerar como un pago por uso, incluyendo mantenimiento.

3.7. *Factoring*

El *factoring* es el servicio financiero al que recurren las sociedades para **ceder a las empresas especializadas o entidades financieras sus derechos de cobro, facturas,** etc. La empresa especializada podrá solicitar el cobro por adelantado de esas facturas, al mismo tiempo que incurre en un ahorro.

El *factoring* ofrece sus servicios sobre todo a la pequeña y mediana empresa, convirtiendo sus ventas a corto plazo en ventas al contado. Existen dos modalidades:

Con recurso
- La empresa *factoring* se encarga de la gestión y cobro de las facturas de su cliente, no respondiendo en caso de impago.

Sin recurso
- La empresa de *factoring* asume todo el riesgo de la operación efectuada entre el cliente y el proveedor.

Entre los servicios ofrecidos por la **sociedad de *factoring*,** destacan los siguientes:

- Una garantía de cobro al cien por cien.
- El control y cobro de las facturas, con todos los gastos inherentes.
- La investigación de clientes.
- El control de los riesgos.
- La contabilidad de las ventas.
- La financiación de facturas o créditos, mediante anticipo de su importe antes del vencimiento.
- Operaciones tanto nacionales como internacionales.

Los dos componentes del coste de la operación de *factoring* son:

- **Comisión:** suele oscilar entre el 1 y el 3 por cien del volumen de los negocios efectuados, depende de estos, del valor medio de la factura, del plazo de vencimiento y de la diversificación del riesgo transferido.
- **Intereses:** suelen ser de alrededor de un 1 por ciento y siempre calculados sobre la parte financiada.

Este producto financiero tiene **aspectos positivos y negativos** que cabe destacar:

Positivos	Negativos
- La externalización de servicios, al disminuir el trabajo y costes administrativos. - Permite obtener liquidez a través del descuento de los créditos pendientes de cobro. - Utiliza el servicio de análisis de riesgos de los clientes potenciales. - Elimina las dotaciones para la previsión de riesgos de los créditos aceptados.	- Tiene un coste elevado, ya que el factor recibe comisión por varios servicios. - Se produce una intromisión del factor en la relación que la empresa mantiene con sus clientes, teniendo acceso a la información contable y financiera. - Existe la posibilidad de pérdida de clientes por la rigurosidad del proceso impuesto por el factor.

El *factoring*, como instrumento de movilización de créditos a corto plazo, **mejora la liquidez del balance al convertir activos exigibles en activos disponibles,** puesto que la sociedad factor no presta dinero, sino que compra deudas a corto plazo. Además, **permite una movilización inmediata de las ventas,** ya sean efectuadas bajo el sistema de factura, recibo, letra o en régimen de reposición, y extiende su acción a compañías cuya situación no les permitiría soportar una línea de crédito.

Por último, hay que destacar las distintas **obligaciones** que nacen con el contrato del *factoring* siendo algunas de ellas las siguientes:

- **Para la sociedad de *factoring:*** cobrar las deudas con corrección comercial, respetar las fechas de vencimiento de las facturas para proceder al cobro y asumir el riesgo de insolvencia.
- **Para la empresa cliente:** ceder todos los créditos que originen sus ventas, notificar a su clientela la firma del contrato con la sociedad factor, facilitar a la sociedad factor informes sobre determinados aspectos relevantes para el ejercicio de su actividad, retribuir a la sociedad factor por los servicios prestados, etc.

APLICACIÓN PRÁCTICA

Una determinada empresa quiere ceder su cartera de clientes y obtener los cobros antes de que llegue el vencimiento de los mismos. Para ello, acude a una sociedad especializada para contratar un *factoring* sin recurso para su cuenta de clientes.

Lo primero que realizará el factor será estudiar uno por uno los clientes de dicha empresa, viendo todas sus características (como consecuencia de este estudio, comunicará a la empresa qué clientes admite y cuáles no. Habrá casos en los que el factor admitirá la totalidad de la cartera de clientes de una empresa y otros en los que tan solo admitirá parte de ellos).

Una vez determinados los clientes admitidos por el factor y comunicado tanto a la empresa como a dichos clientes, a quienes, a estos últimos, además les indicará que a partir de ese momento el pago deberán realizarlo al propio factor, la empresa comenzará a ceder la totalidad de las facturas que vaya emitiendo la empresa con los clientes seleccionados.

Sin embargo, la empresa tiene dudas entre contratar un *factoring* o utilizar el descuento comercial que le ofrece su entidad bancaria.

Las premisas generales del contrato de *factoring,* así como del descuento comercial con su banco, son las siguientes:

- **Nominal de efectos: 30.000 €**
- **Plazo de vencimiento: 90 días**
- **Número de efectos: 5**

Continúa en página siguiente >>

<< Viene de página anterior

- **Tipo de interés de descuento y de anticipo del factor: 6,5 % anual**
- **Comisión del factor: 1 ‰**
- **Comisión de descuento: 6 € por efecto**
- **Comisión por efecto sin recurso: 18 € por efecto**
- **Comisión por devolución del descuento: 5 %**

Ante tal disyuntiva, y sabiendo que el objetivo de la empresa es elegir el que menos coste le genere, ¿cuál sería la mejor opción para la empresa?

Solución

Seguramente, lo habitual es contratar el *factoring* que será más costoso para la empresa. Sin embargo, el *factoring* le ofrecerá otro tipo de ventajas que no le ofrecerá su entidad bancaria con el descuento comercial.

- Descuento comercial

  Comisión por efecto: 5 efectos * 6 € = 30 €
  Descuento comercial = 30.000 * 90 * (0,065 / 365) = 480,82 €
  Coste total del descuento = 480,82 + 30 = 510,82 €

- *Factoring*

  Gastos del factor: 30.000 * 0,001 = 30 €
  Comisión por deudores cedidos sin recurso = 5 efectos * 18 € = 90 €
  Intereses por anticipo = 30.000 * 90 * (0,065 / 365) = 480,82 €
  Coste del factoring = 600,82
  (30 + 90 + 480,82)

  Como se puede observar, y considerando que todos los efectos son atendidos al vencimiento, es más caro el *factoring.*

  Sin embargo, si hubiera una devolución de los efectos de, por ejemplo, un 50 % de los mismos, se hubiese preferido elegir el *factoring.* En el caso de la modalidad sin recurso, es el factor quien asume la insolvencia y quien debe renegociar con el deudor. En el caso del descuento, se tendría que abonar la siguiente comisión por devolución:

  (30.000 * 0,5) * 0,05 = 750 €

  En este caso, el saldo se sitúa a favor del *factoring.*

VÍDEO

Una vez has visto todas las características del *factoring*, puedes acceder al siguiente enlace para visualizar un vídeo donde se explica de una forma sencilla y mediante un ejemplo en qué consiste este producto financiero.

https://redirectoronline.com/mf09790104

4. Identificación de operaciones financieras básicas en la gestión de cobros y pagos

HILO CONDUCTOR

Además de los instrumentos financieros vistos hasta el momento, Pau se ha interesado por las operaciones que gestionan los cobros y los pagos que se pueden producir en su delegación.

Para recibir información fiable, acude a un asesor financiero que le explica detalladamente cuáles son estas operaciones y cuáles son las más adecuadas a su gestión.

Las operaciones financieras básicas en la gestión de cobros y pagos, inmersas en la gestión de tesorería y que abordamos a continuación, son las que más se utilizan en las empresas.

La libre competencia que predomina en el sistema financiero español provoca que tanto empresas como entidades financieras busquen nuevos productos financieros que mejoren las alternativas financieras tradicionales.

Así, en los últimos años han surgido dos modalidades, *factoring* y *confirming*, que combinan la gestión de cobros y pagos de la empresa con fórmulas de financiación y seguros.

Anteriormente, ya has visto el *factoring*, pero desde la perspectiva de su conceptualización, características, modalidades, etc. A continuación se va a tratar, pero desde el punto de vista de la operación financiera en sí.

El ritmo actual de la sociedad ha llevado a pensar en nuevas modalidades de financiación en las empresas.

4.1. Operaciones de *Factoring*

Recuerda que el *factoring* consiste en la cesión de un crédito comercial de su titular a una empresa especializada o factor, que asume el riesgo de insolvencia y se encarga de su gestión y cobro.

La figura siguiente representa el esquema de una operación de *factoring*.

Pasos a considerar en la operación de *factoring*

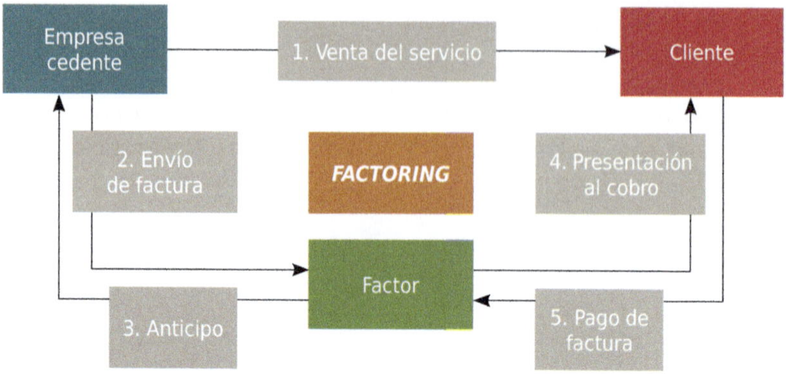

Empresa cedente
1. Venta del servicio
Cliente
2. Envío de factura
FACTORING
4. Presentación al cobro
Factor
3. Anticipo
5. Pago de factura

Tal y como puedes apreciar, el *factoring* es un contrato por el cual una empresa cede a otra (factor) sus créditos comerciales o facturas frente a un tercero, para que el factor realice ciertos servicios, que serán convenientemente remunerados.

Las **operaciones de *factoring*** se pueden resumir en tres bloques:

Servicios administrativos	**Servicios de financiación**	**Servicios de cobertura del riesgo**
- Constituye la gestión del cobro de las facturas cedidas, la preparación de la información contable de la evolución de los cobros y la clasificación de solvencia de su cartera de clientes.	- Se produce el anticipo de fondos sobre la cartera cedida. Normalmente se anticipa el 80 o 90 % de la cartera y, al vencimiento, se produce el pago de la parte restante.	- El contrato de *factoring* incluye la cobertura de la insolvencia de los clientes de la empresa, y se asegura el cobro de hasta el 100 % de las facturas cedidas.

Una vez que la empresa interesada en la contratación del factor ha recibido la información sobre el servicio que presta la entidad financiera y acepta las condiciones, esta podrá optar por utilizar los simuladores que suelen ofrecer dichas entidades para mostrar el coste de los servicios de *factoring*.

Puedes ver el funcionamiento de este servicio financiero accediendo al siguiente enlace:

https://redirectoronline.com/mf09790405

4.2. *Confirming* de clientes

El *confirming* (control integrado de pagos) es un **contrato de servicio entre una empresa y una entidad financiera,** mediante el cual la primera entrega a la segunda una relación de facturas que han sido conformadas para su pago, poniéndose en contacto con los proveedores para comunicarles la **posibilidad de descontar dichas facturas a un tipo de interés determinado.**

Para ver con más claridad el sistema de pagos, puedes visualizar el siguiente esquema:

Sistema de pagos bajo la modalidad *confirming*

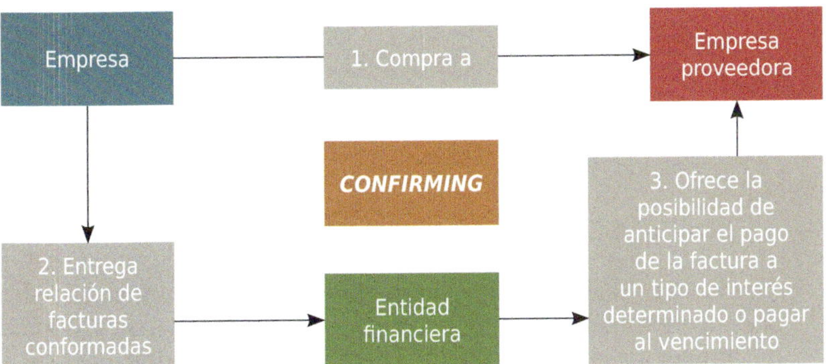

En caso de acogerse, el banco transfiere los fondos a una cuenta indicada por el proveedor. Si no se acoge al descuento, el banco pagará al vencimiento al proveedor de forma habitual mediante, por ejemplo, el envío de un cheque bancario.

Tanto las cantidades anticipadas a los proveedores como las que estos han percibido de la entidad confirmadora en el plazo pactado con el cliente serán adeudadas a este a los vencimientos a que estaban concertadas con los proveedores, por la entidad de crédito con la que tiene concertado el *confirming*.

Las principales **ventajas e inconvenientes** del *confirming* son las que se indican a continuación:

Ventajas	Desventajas
La empresa deudora se descarga de operaciones administrativas. Solo informa a los proveedores del nuevo procedimiento y facilita a la entidad financiera los datos de las facturas emitidas y conformadas.	El proveedor solo puede descontar sus facturas con el cliente a través de la entidad financiera que presta el *confirming*. Se evita así que pueda descontarlas en la entidad de mejores condiciones contractuales.
Establece una fuente de financiación automática para el proveedor. Al documentarse como una cesión de crédito, el proveedor puede eliminar el crédito de su balance, mejorando de este modo sus ratios de solvencia y liquidez.	
Genera *float* para el deudor en el caso de las facturas no descontadas, cuando el banco emita un cheque bancario a su vencimiento para realizar el pago.	

DEFINICIÓN

Float

Es el tiempo que transcurre desde que se inicia el pago o cobro hasta que este es cargado o abonado en cuenta.

Para la empresa proveedora, las ventajas serían las mismas que ofrecen las operaciones de *factoring*, por cuanto el *confirming*, desde el punto de vista del proveedor, no es más que una operación de *factoring*. Por esta causa, el *confirming* se denomina ***factoring* a la inversa,** dado que la operación nace a partir del obligado al pago.

4.3. Gestión de efectos

Cuando se hace referencia a la confección de **remesas de efectos,** los **efectos comerciales** constituyen el **instrumento utilizado en el caso de operaciones comerciales con pago aplazado.** Existen dos tipos de efectos mayoritariamente utilizados: la letra de cambio y el pagaré o cheques, aunque también se pueden incluir los recibos.

Las entidades financieras, entre los servicios que ofrecen a sus clientes, previo pago de una comisión por cada efecto gestionado, está el de gestionar los cobros de efectos y recibos de sus propios clientes, a través de dos modalidades distintas: **la gestión de cobro y el descuento.**

Gestión de cobros

- Consiste en la intermediación ofrecida por una entidad financiera para el cobro de efectos. En este caso, esta no anticipa a su cliente el importe de dichos efectos, sino que únicamente se limita a cobrar los que previamente le han sido entregados, cuando llega el momento del vencimiento. Una vez ocurrido esto, se abonará en la cuenta del cliente el importe recibido menos una comisión correspondiente a los servicios prestados. Si la entidad no puede cobrar el efecto, por impago del deudor, esta cargará igualmente al cliente las comisiones establecidas.

Descuento bancario

Es una operación financiera similar a la gestión de cobros. La diferencia más importante entre ambas es que, en el caso del descuento, lo que la empresa persigue con la presentación de los efectos en su entidad financiera es que esta le anticipe el importe de los mismos. Al igual que en la anterior modalidad, la entidad también gestionará el cobro de los efectos al vencimiento. Por este servicio, la entidad cargará a la empresa unos gastos e intereses por el plazo pendiente hasta el vencimiento.

Este tipo de operaciones financieras son muy similares a los préstamos, siendo la garantía el propio efecto comercial, ya que el responsable último del pago de dicho efecto es la empresa emisora. En caso de impago, el banco cargará el importe nominal más los gastos de devolución.

Para llevar a cabo la gestión de los efectos, las empresas solo deben entregar estos a su entidad financiera gestora, tanto en soporte físico como a través de internet, mediante los servicios telemáticos que ofrecen dichas entidades.

TAREA 1

Perteneces al Departamento Financiero de una empresa y esta tiene necesidad urgente de financiación, ¿qué productos y servicios financieros pueden serte útiles?

Realiza un mapa conceptual en el que se vean reflejados dichos productos y servicios, detallando sus principales características y finalidad.

5. La Ley Cambiaria y del Cheque. El cheque

HILO CONDUCTOR

Una vez conocida la estructura de nuestro sistema financiero, y los distintos servicios de financiación existentes en el mercado, Pau ha tomado la decisión de utilizar algunos de ellos para obtener los recursos que necesita. Esto implica un aumento de los documentos de cobro y pago en los que se materializan las operaciones que va a realizar.

En este sentido, ¿qué deberá conocer Pau sobre estos documentos para gestionarlos adecuadamente?

En España, los instrumentos financieros están regulados por la Ley 19/1985, de 16 de julio, Cambiaria y del Cheque. La aparición de esta ley consiguió en España adaptar el ordenamiento sobre determinadas figuras como la letra de cambio, el cheque o el pagaré.

Esta ley incorporó numerosas novedades, encaminadas a facilitar la circulación de este tipo de documentos sin imponer al adquirente la carga de examinar, además de la regularidad formal de los endosos, la validez intrínseca de todas las declaraciones procedentes.

El Banco de España, en su portal oficial, define el **cheque** de la siguiente manera:

DEFINICIÓN

Cheque
Documento por el cual una persona (la que lo expide o emite y lo firma), es decir, el librador, ordena a una entidad bancaria (el librado) en la que tiene dinero que pague una determinada suma a otra persona o empresa (el beneficiario o tenedor).

Observa, en la siguiente imagen, la estructura de un cheque:

ENTIDAD DE CRÉDITO
(OFICINA PAGADORA)

Dirección
Localidad - Código Postal

Código Cuenta Cliente (C. C. C.)			
Entidad	***Oficina***	***DC***	***Número de cuenta***
1 2 3 4	1 2 3 4	1 2	1 2 3 4 5 6 7 8 9 0

IBAN ES01 1234 1234 12 1234567890

Euros__________________**€**

PÁGUESE POR ESTE CHEQUE A ______________________________

EUROS ____

LOCALIDAD __________ *DE* ______ *DE* ____

(La fecha debe consignarse en letra)

SERIE AN N.º 0.000.000 | 1 | 42XX-X

ESPACIO PARA INDICAR EL TITULAR DE LA CUENTA

ESPACIO DESTINADO A LA FIRMA DEL LIBRADOR

ZONA PARA IMPRESIÓN MAGNÉTICA

Cheque

En la parte superior izquierda se encuentra la **identificación de la entidad y sucursal librada,** mientras que en la parte superior derecha se encuentra la **identificación de la cuenta librada.** La **cantidad** viene expresada en dos lugares diferentes, una de ellas en número y otra en letra (la cantidad que prevalece en caso de diferencia es la letra). Por último, en la parte inferior izquierda aparece la **identificación del cheque** como documento único que es.

Las principales **características** del cheque son las siguientes:

- El cheque representa un documento pagadero, siempre que haya dinero en la cuenta asociada en el momento de su entrega, y debe hacerse efectivo sin restricciones de ningún tipo.
- En el caso de que, cuando se presenta el cheque para realizar un pago, los fondos de la cuenta asociada a dicho documento no sean suficientes para cubrir la totalidad del importe, la entidad deberá hacer efectivo el pago parcialmente.
- Con respecto a su presentación para el cobro, para los cheques emitidos o pagaderos en España ha de realizarse en quince días desde su fecha de emisión, para los emitidos al resto de Europa será de veinte días y, por último, sesenta días para los emitidos en el resto del mundo, siempre que hayan de pagarse en España.

5.1. Requisitos formales

Como has podido ver en su definición, son varias las figuras que aparecen en el cheque, cada una con su función específica:

- **Librador:** persona legitimada para firmar el cheque y domiciliar el pago del mismo en la cuenta librada.
- **Librado:** entidad bancaria donde está contratada la cuenta librada y obligada al pago del cheque en el momento de su correcta presentación al cobro.
- **Tomador:** persona que tiene el derecho a cobrar, ya que es designada por el firmante para ello.
- **Tenedor:** persona legitimada para exigir el cobro del cheque contra la cuenta del librador en la entidad librada.
- **Endosante:** es el tenedor o tomador del cheque, que mediante declaración expresa incorporada en el documento, se establece que el pago deberá hacerse a favor del endosatario.
- **Endosatario:** es quien recibe el cheque mediante endoso del endosante.
- **Avalista:** si el cheque posee un avalista, este garantizará el pago del mismo si no lo hace efectivo el principal obligado.
- **Avalado:** se refiere al librado, cuyo pago estará garantizado por la figura del avalista, que hará frente al pago si el primero no lo hace.

APLICACIÓN PRÁCTICA

Mateo Palma es el gerente de una empresa y emite un cheque para pagarle a su proveedor Pepe García. Cuando este lo recibe, se lo transmite a su vez al proveedor Carmen Pérez, para liquidar una deuda pendiente. A Pau nunca le han quedado claras determinadas figuras que intervienen en el cheque, ¿sabrías diferenciarlas? Relaciona cada figura de la operación comercial, con su papel en el cheque.

a. Mateo
b. Pepe
c. Carmen

1. Tomador-endosante
2. Librador
3. Endosatario

Solución

a. 2
b. 1
c. 3

Además, en relación a los cheques, hay que tener en cuenta una serie de requisitos que le dan validez. La Ley Cambiaria y del Cheque establece los siguientes:

- En el texto del **título** debe aparecer claramente la denominación de "cheque", expresada en el idioma que se ha utilizado para redactar el mismo.
- Deberá contener el mandato de pagar una **cantidad** determinada de dinero expresada en moneda admitida a cotización oficial.
- Debe indicarse el **nombre del librado,** es decir, el que debe pagar el cheque, que será necesariamente una entidad bancaria.
- El documento contendrá el **lugar de pago, así como la fecha y lugar de la emisión** del título. Esta fecha de emisión es necesaria para computar el plazo de presentación al cobro.
- Será imprescindible que el título esté **firmado** por el librador, es decir, el que expide el cheque.

5.2. Cheques nominativos "a la orden", cheques nominativos "no a la orden" y cheques al portador

Los **cheques nominativos** son aquellos en los que **se designa a una persona determinada como titular.** El importe indicado en el documento se pagará a la persona que en el mismo se designe o a otra a su orden. Esta forma de circulación se denomina **endoso,** y consiste en que el beneficiario original escribe en el texto del documento el nombre del nuevo beneficiario, junto a su firma. En este tipo de cheques debe aparecer el nombre de una determinada persona y las palabras **"a la orden".** Solo este tipo de cheques permitirá su endoso o traspaso a otra persona.

En estos documentos, el nombre del legítimo tenedor deberá figurar en el anverso del mismo. Esta persona es quien debe cobrarlo, salvo que haya transmitido el derecho de cobro a un tercero, quien lo hará por él.

Así, un cheque nominativo que vaya acompañado de las palabras **"no a la orden",** con carácter general, no podrá transmitirse mediante endoso.

Endosar un cheque consiste en ceder el valor del mismo al banco. La firma del portador del cheque es lo que se denomina endoso, siendo el endosante el que firma y endosatario el que lo recibe.

Los **cheques al portador** son los más simples de los mencionados. Cuando en el texto de un cheque aparecen las palabras "al portador" o las coletillas "o al portador" o término equivalente, significa que este título **podrá ser cobrado por la persona que tenga el documento.** Es decir, podrá ser cobrado por cualquier persona, con el único requisito de poseerlo. También se considerarán como tales aquellos que, en el momento de su presentación para hacer efectivo su cobro, carezcan de indicación de tenedor.

RECUERDA

Los cheques se pueden transmitir mediante la entrega del mismo (cheque al portador) o mediante el endoso (cheque nominativo a la orden).

ACTIVIDAD COMPLEMENTARIA

1. Busca ejemplos de los distintos tipos de cheques vistos, y compararlos. ¿Qué diferencias y similitudes has encontrado entre ellos?

5.3. Fecha de emisión y vencimiento

Uno de los requisitos necesarios para que el cheque sea considerado como tal y no pierda su validez es que el texto contenga el **lugar de pago,** así como la **fecha y lugar de emisión,** ya que, a partir de ella, se podrá computar el plazo de presentación al cobro.

El cheque será **pagadero a la vista,** es decir, será pagadero en el momento de la presentación para su cobro. A pesar de esto, el vencimiento es un dato que suele aparecer en este tipo de títulos, e indicará la fecha en la que el tenedor o tomador podrá cobrarlo.

Con respecto a las **modalidades de vencimiento,** la ley las señala para determinados documentos cambiarios (la letra de cambio o el pagaré), siendo estas las siguientes:

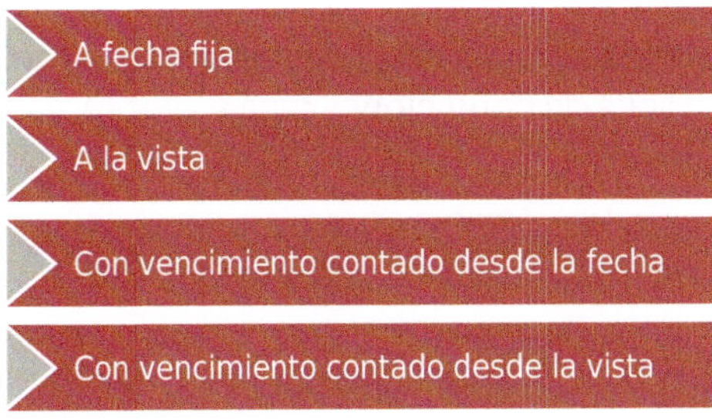

Otro de los aspectos importantes a tener en cuenta con respecto a los cheques es la **presentación y el pago** de los mismos. La presentación del cheque deberá hacerse, como bien marca la ley, en el lugar indicado como lugar de pago en el propio documento.

NOTA

El cheque será siempre pagadero a la vista si es presentado en un plazo de 15 días desde la fecha de emisión (emitido y pagadero en España), en un plazo de 20 días (emitido en Europa), o en un plazo de 60 días (emitido fuera de Europa).

Durante dichos plazos, aunque el librador del cheque ordenara a su banco la denegación del pago del título, esto no surtiría efecto y el cheque sería pagado, es decir, **el cheque no puede ser revocado.**

5.4. Conformación, cruzado y transmisión

Con respecto a la **transmisión del cheque,** si este se ha emitido al portador, su transmisión se efectuará con la mera entrega del documento, sin necesidad de más requisitos.

Por el contrario, si el cheque ha sido emitido nominativo, el título podrá transmitirse por medio de endoso, si existe o no la indicación de "a la orden".

Cuando el cheque contiene las palabras "no a la orden", podrá transmitirse por endoso pero carecerá de efectos cambiarios. Es decir, el endosatario podrá presentarlo al cobro, con la única excepción de que si resulta impagado, total o parcialmente, no podrá iniciar acciones judiciales con él.

Existen otras modalidades que son consideradas como especiales, ya que incluyen una serie de condiciones para su cobro, estas son las siguientes:

Cheques conformados

- Son aquellos documentos que ofrecen una garantía de cobro ya que la entidad bancaria pagadora asegura a su beneficiario que el librador tiene fondos. Para ello, esta anotará en el documento la expresión "conforme" u otro término similar, junto a la firma de la misma.
  En el momento de la emisión del cheque, la entidad retiene al librador la cantidad necesaria para poder hacer frente al pago, además de una comisión por prestarle tal servicio.

Cheques cruzados

- Son aquellos que contienen dibujadas dos barras en el anverso del documento, cuyo objetivo es otorgar mayor seguridad al documento, solo pueden cobrarse a través de una entidad bancaria. Existen dos modalidades: el general, que normalmente no contiene ningún término entre las barras (si contiene alguno será el de "banco" o similar); o el especial, que incluye el nombre de alguna entidad determinada entre sus barras.

5.5. Conocimiento de su poder ejecutivo y su fiscalidad

Puede darse el caso que se produzca el **impago de un cheque.** Lo normal es que sea porque el librador no cuente con fondos en la cuenta asociada al cheque, aunque también puede ocurrir que este sea presentado en tiempo y forma en la entidad librada, y no sea pagado al portador legítimo. Ante este caso, este último puede optar por la **acción de regreso.**

DEFINICIÓN

Acción de regreso

Acción por la cual se exige judicialmente el pago del cheque impagado, contra la persona que lo expide, así como los endosantes y avalistas si los tuviera.

Esta falta de pago deberá acreditarse mediante un protesto notarial; a través de una declaración de la entidad bancaria, anotada en el mismo cheque; o por una declaración de alguna institución de compensación.

Protesto notarial

Es un acto notarial en el que se indica que el cheque se ha puesto al cobro en la fecha específica, pero no se ha logrado cobrar.

Para realizar estas acciones, el interesado tendrá un plazo máximo de **6 meses,** a contar desde que termina el período de presentación del cheque, ya que, pasada esa fecha, el ejercicio de las mismas prescribirá.

Cuando se producen este tipo de reclamaciones, por la totalidad o parte del importe del cheque, esta se extenderá, además de dicho importe, a los intereses devengados desde la presentación del documento para su cobro.

Observa el proceso a seguir en el impago del cheque:

Cómo actuar ante el impago del cheque

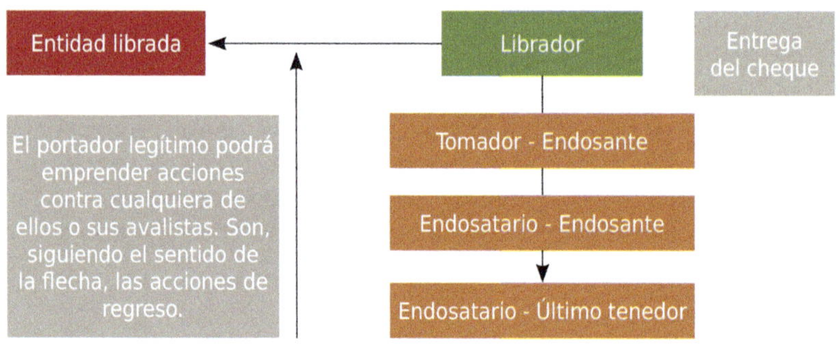

En cuanto a su **fiscalidad,** la emisión de cheques, ya sea a la orden o endosados, está sujeta al Impuesto sobre Actos Jurídicos Documentados (AJD), el cual se regula a través del Real Decreto Legislativo 1/1993, de 24 de septiembre, por el que se aprueba el Texto Refundido de la Ley del Impuesto sobre Transmisiones Patrimoniales y Actos Jurídicos Documentados.

El **sujeto pasivo del impuesto** se corresponde con la persona que lo emite o la que lo endosa, es decir, el endosante. Por su parte, la **base imponible** será la cantidad consignada en el cheque, la cual tributará según la escala prevista en la Ley para la letra de cambio. La tributación por este impuesto se produce con el libramiento del cheque o con su endoso.

6. La letra de cambio

 HILO CONDUCTOR

Ahora le toca el turno a las letras de cambio. Pau considera que es importante adquirir el máximo de conocimientos sobre ellas, porque el director financiero le ha indicado que son uno de los documentos más utilizados en el mercado.

La letra de cambio es un **documento de pago negociable** emitido por una persona (librador) que manda a otra persona o entidad (librado) que, en una fecha determinada, **al vencimiento, pague una cantidad de dinero a la persona o entidad indicada** en la letra de cambio (tenedor).

De esa definición se pueden extraer algunas de las **figuras que intervienen** o pueden intervenir en una letra de cambio, que son el librador, el librado y el tenedor o tomador. Aunque pueden existir además otras figuras:

- **Librador:** es la persona que ordena que se haga efectivo el pago, es decir, la que emite la letra de cambio.
- **Librado:** es la persona obligada a pagar la letra de cambio, ya que es el aceptante del documento.
- **Tenedor o tomador:** es la persona que tiene el derecho a cobrar, es decir, es el beneficiario de la operación. La letra no podrá ser considerada como tal sin la figura del tomador.
- **Avalista:** garantizará el pago de la letra de cambio en caso de que no se haga efectivo por el principal obligado.
- **Endosante:** al igual que en el cheque, es la persona que transmite la letra a un tercero como medio pago.
- **Endosatario:** es la persona que recibe la letra mediante endoso, como medio de cobro.

NOTA

Cuando el librado acepta la letra de cambio y se obliga con ello a efectuar el pago, se le denomina ***aceptante.*** La aceptación en este tipo de documentos consiste en que el librado asume incondicionalmente la obligación de pagar la letra a su fecha de vencimiento. Por ello, si no existe esta aceptación, es decir, el librado no reconoce su obligación de realizar el pago, este no lo hará efectivo, y por tanto, se invalida la existencia de la letra de cambio.

Para hacer efectivo el cobro de una letra de cambio, el tenedor deberá, el día hábil después de su vencimiento, presentar en la entidad de crédito el documento para ello.

A continuación puedes ver un ejemplo del modelo oficial que se puede adquirir en cualquier estanco como un efecto timbrado, y cuyo importe dependerá de aquel por el que se pretenda librar dicho documento.

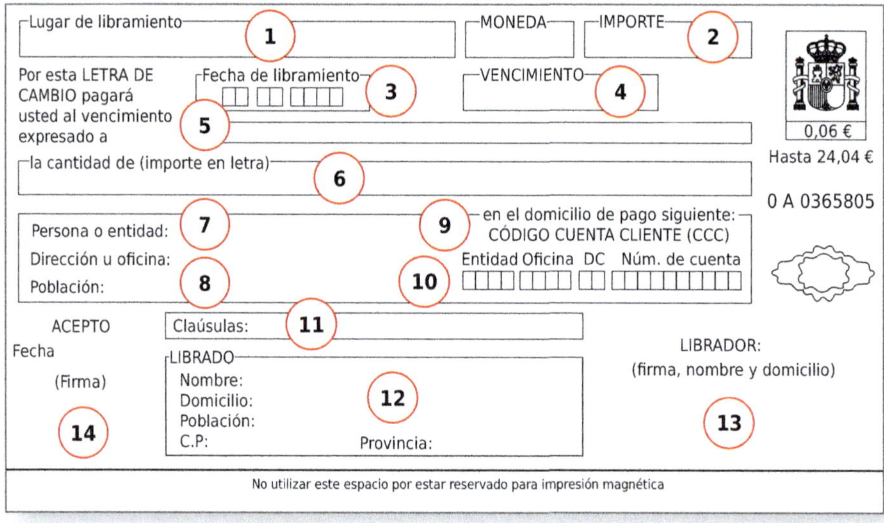

Lugar de libramiento (1)
MONEDA
IMPORTE (2)
Por esta LETRA DE CAMBIO pagará usted al vencimiento expresado a (5)
Fecha de libramiento (3)
VENCIMIENTO (4)
la cantidad de (importe en letra) (6)
0,06 €
Hasta 24,04 €
0 A 0365805
Persona o entidad: (7)
Dirección u oficina:
Población: (8)
(9) en el domicilio de pago siguiente:
CÓDIGO CUENTA CLIENTE (CCC)
Entidad Oficina DC Núm. de cuenta (10)
ACEPTO
Fecha
(Firma) (14)
Claúsulas: (11)
LIBRADO
Nombre:
Domicilio: (12)
Población:
C.P: Provincia:
LIBRADOR:
(firma, nombre y domicilio) (13)
No utilizar este espacio por estar reservado para impresión magnética

A continuación podrás relacionar cada uno de los números de la imagen con sus características:

1. **Lugar de libramiento:** se indicará la plaza en que la letra se emite por el librador. No tiene que coincidir necesariamente con el domicilio del librador.
2. **Importe:** se expresará, en cifra, la cantidad cuyo pago ordena el librador y la clase de moneda de que se trate. El importe debe coincidir con la cantidad y signo monetario que figure en el espacio número 6. En caso de discrepancia, prevalecerá lo contenido en dicho espacio.
3. **Fecha de libramiento:** se especificará, en número o en letra, el día, mes y año en que se gira la letra por el librador.
4. **Vencimiento:** cuando la letra se emita a fecha fija, se especificará, en número o en letra, el día, mes y año, en que el tenedor de la letra podrá exigir su pago al librado. En otros supuestos, menos habituales, se expresará "a la vista", "a tantos días de la vista", o "a tantos días desde la fecha".
5. **Designación del tomador:** se indicará el nombre y apellido o razón social de la persona a la que el librador gira la letra. No es necesario que figure la expresión "a la orden de", pues la transmisibilidad por endoso es consustancial a la letra. Cabe excluir la posibilidad del endoso, escribiendo "no a la orden" a continuación del nombre o razón social del tomador.
6. **Importe:** se expresará, en letra, la cantidad cuyo pago ordena el librador y la clase de moneda de que se trate.
7. **Persona o entidad:** cuando exista domiciliatario, en la línea 7 se le identificará por su nombre y apellido o por su razón social. Habitualmente el domiciliatario es una entidad bancaria, por lo que, en el número 7 se suele indicar la razón social del banco en que la letra queda domiciliada.
8. **Dirección:** se expresará por población, calle o plaza y número. De ordinario, será la dirección de la sucursal u oficina bancaria de domiciliación de la letra.
9. **C.C.C.:** este espacio está destinado a anotaciones contables.
10. **N° de la cuenta:** se expresará el número de la cuenta bancaria con cargo a la cual el banco deberá abonar el importe de la letra. Normalmente se tratará de una cuenta abierta a nombre del librado.
11. **Cláusulas:** se consignarán en este espacio las declaraciones cambiarias que carecen de lugar específico. Por ejemplo, la expresión de devengar intereses, y su porcentaje, en las letras giradas a la vista, la cláusula de "devolución sin gastos" o "sin protesto", cuando lo establezca el librador, etc. Las últimas declaraciones citadas, "sin gastos" o "sin protesto", que necesariamente deben estar firmadas por quien las disponga, cuando sea el librador, es conveniente que se formulen en la parte inmediatamente superior a la destinada a la firma de dicho librador.
12. **Nombre y domicilio del librado:** se identificará por su nombre o razón social a la persona a quien se dirige el mandato de pago, así como la población, calle o plaza y número del domicilio del librado. El pago se hará normalmente en el domicilio que figure junto al nombre del librado,

excepto cuando se haya domiciliado su pago, en cuyo caso el domiciliatario aparecerá en el espacio número 8.

13. **Firma, nombre y domicilio del librador:** se consignará el nombre y apellidos, tratándose de personas físicas o la razón social, tratándose de personas jurídicas. El lugar del libramiento del espacio número 1 no tiene por qué coincidir con el domicilio del librador, que se indica en este espacio 13. La firma del librador es requisito inexcusable para la existencia misma de la letra de cambio.
14. **Acepto:** este espacio podrá emplearse para limitar la aceptación a parte de la cantidad o importe de la letra. En caso de pluralidad de aceptantes, es indiferente completar la expresión "acepto" con el plural "aceptamos".

- Fecha de la aceptación: se expresará día, mes y año.
- Firma del aceptante: la identidad del aceptante tiene que coincidir con la del librado, consignada en el espacio número 12.

A continuación se muestra el **reverso** de la letra de cambio:

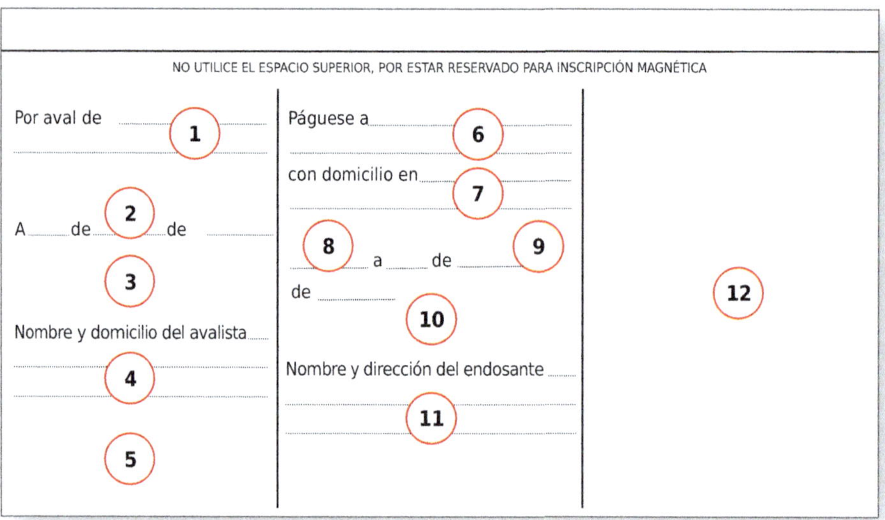
NO UTILICE EL ESPACIO SUPERIOR, POR ESTAR RESERVADO PARA INSCRIPCIÓN MAGNÉTICA

Por aval de ...... (1)

A ...... de ...... (2) de ...... (3)

Nombre y domicilio del avalista ...... (4)

(5)

Páguese a ...... (6)

con domicilio en ...... (7)

(8) ...... a ...... de ...... (9)

de ...... (10)

Nombre y dirección del endosante ...... (11)

(12)

A continuación podrás relacionar cada uno de los números de la imagen con sus características:

1. En este espacio se identificará con nombre y apellidos o razón social la persona del avalado. Si se quedara en blanco, se entenderá por avalado el aceptante y, si el librado no aceptare la letra, el librador.

2. Se expresará el día, mes y año en que se presta el aval.
3. Firma del avalista. El avalista es la persona que se compromete como garante en un préstamo y que asume la responsabilidad del pago en caso de que el titular no haga frente a la deuda o a sus intereses. Esto entraña riesgos importantes de los que el avalista debe ser consciente.
4. Nombre y apellidos o razón social de quien preste el aval, y domicilio del mismo.
5. Este espacio puede utilizarse para incluir otro aval, con los requisitos a que se alude en los números 15 a 18. Eventualmente, podrá utilizarse, también, para consignar un endoso, con los requisitos de los números 20 a 25.
6. Nombre y apellidos o razón social del endosatario.
7. Domicilio de la persona a quien se endosa la letra.
8. Lugar en que se realiza o firma el endoso.
9. Expresión del día, mes y año en que se realiza el endoso.
10. Firma del endosante, que, en este primer endoso, solo podrá ser el tomador de la letra que se identifica en el número 5.
11. Nombre y apellidos o razón social y domicilio de quien realiza el endoso, es decir, de quien hasta entonces es tomador de la letra, a cuyo nombre está girada.
12. Estos espacios pueden utilizarse para consignar otros avales o endosos.

Es importante que aparezcan todos los elementos citados en la letra de cambio, para que esta sea válida.

APLICACIÓN PRÁCTICA

A Pau le ha presentado su proveedor de lentillas Oxi una letra de cambio para liquidar una deuda. Antes de firmarla y aceptar dicha forma de pago, Pau se da cuenta de que el importe escrito en letra es distinto del escrito en número, ¿qué será lo correcto? Selecciona la opción correcta.

a. Importe escrito en número.
b. Importe escrito en letra.
c. Importe menor.
d. Importe mayor.

Continúa en página siguiente >>

<< Viene de página anterior

Solución

En el caso planteado donde los importes en letra y en número son distintos, la Ley Cambiaria y del Cheque regula en su articulado que se deberá considerar correcto siempre lo consignado en letra, por lo que el importe en número y el criterio de menor o mayor, no se consideran en la situación planteada.

Las **características** de la letra de cambio según la Ley Cambiaria y del Cheque son las siguientes:

- Se expide en un **impreso oficial o timbre,** emitido por el Estado. El coste del impreso depende de la cuantía de la letra, ya que, a mayor nominal, mayor tarifa.
- Cuando se gira una letra contra **dos o más librados,** se dirigirá de forma indistinta a cada uno de ellos, para que cualquiera de ellos pague el importe.
- El librador puede establecer que la **letra de cambio genere intereses** solo en aquellas que sean pagaderas a la vista o a un plazo a la vista.
- Si el **importe de la letra escrito en letra es distinto del escrito en número,** será válida la cantidad escrita en letra.
- Si el **importe de la letra está escrito varias veces** (en letra o en número), será válida la cantidad menor.
- La letra podrá ser **pagadera en el domicilio de un tercero,** pudiendo coincidir o no con la localidad del domicilio del librado.
- Cuando las **firmas de una letra sean falsas o estén hechas por personas incapaces o imaginarias,** las obligaciones de los demás firmantes seguirán siendo válidas.
- Cuando una **persona firme en nombre de otra una letra** sin tener poder para representarla, quedará obligada con lo firmado.
- Si una **letra se emite de forma incompleta** y, posteriormente, se completara contradiciendo el acuerdo establecido, el incumplimiento de esta no podrá manifestarse contra el tenedor de la letra, siempre y cuando no se hubiera adquirido de mala fe.
- Todas las **firmas que figurasen en la letra** como representante de otro deberán estar autorizadas para ejercer este poder.
- La **letra podrá llevar adherida una hoja** cuando la extensión de lo que tiene que contener así lo requiera.
- La **fecha de vencimiento** tiene que ser posible y cierta.

- La letra de cambio puede **librarse en varios ejemplares idénticos,** que deben estar numerados en el propio título, indicando, además, el número total de ejemplares emitidos.
- El **tenedor de la letra de cambio puede obtener copias de ella,** debiendo reproducir exactamente el original con los endosos y demás menciones que figuren en él. También deberá indicar dónde termina la copia. Las copias pueden ser endosadas y avaladas de igual manera que el original y con los mismos efectos.

6.1. Requisitos formales; defectos de forma

Para que la letra de cambio pueda ser considerada como un documento mercantil aceptado como medio de pago, este deberá contener una serie de **requisitos formales.** Según la Ley Cambiaria y del Cheque, estos requisitos son los siguientes:

- El primer requisito es que el documento contenga en su texto la denominación de "letra de cambio".
- Deberá contener el mandato de pagar una cantidad determinada de dinero expresada en moneda admitida a cotización oficial. Dicha cantidad de dinero estará expresada tanto en letra como en números, prevaleciendo la primera en caso de contradicción entre el importe indicado en número y el indicado en letra.
- Aparecerá escrito el nombre del librado, es decir, el nombre de la persona que ha de pagar el cheque.
- El documento debe indicar la fecha de vencimiento, considerándose "cheque pagadero a la vista", siempre y cuando no se indique el vencimiento.
- Deberá contener también el lugar en que se ha de efectuar el pago. Además del nombre del beneficiario o tomador, es decir, la persona a quien se ha de efectuar el pago.
- Se indicará claramente la fecha y el lugar donde el documento se libra.
- Por último, la letra de cambio deberá estar firmada por la persona que emite la letra, es decir, el librador.

En el supuesto de que alguno de estos requisitos no se cumplan, el documento no se considerará letra de cambio, y se establecerá como un **defecto de forma.** Ante este defecto de forma, la letra perderá su fuerza ejecutiva, la cual consistirá fundamentalmente en que, ante un impago, exista la posibilidad de que el titular legítimo del documento pueda exigir el cobro por vía judicial (juicio cambiario).

6.2. Libramiento

El libramiento hace referencia a la **emisión de la letra de cambio.** Esta se considera emitida o librada siempre que nazca con ella un contrato formalizado, denominado **subyacente.** Sin embargo, esta afirmación no es del todo correcta, ya que existen determinadas letras cuya formalización no se debe a la existencia previa del contrato mencionado.

Para hacer efectivo el libramiento de una letra de cambio entre dos sujetos, es necesario que exista la aceptación. Así, uno de ellos libra la letra a cargo del otro, y este último se compromete a su pago, produciéndose por tanto la ya mencionada aceptación.

Una vez que el acuerdo de pago se ha hecho efectivo mediante el contrato formalizado, el librador de la letra deberá tomar una serie de **precauciones:**

- **Comprobación de datos:** en primer lugar, deberá comprobar que en el contrato de la letra librada se indiquen, con la debida claridad, la cuantía de la operación y la fecha de vencimiento, así como el número de serie del efecto y su clase.
- **Expresión de acuerdo a la ley:** que en el contrato se expresen correctamente y cumpliendo todas sus menciones especiales, tal y como indica la ley, los requisitos imprescindibles para la conservación de su carácter legal, sin que aparezcan errores o tachaduras.
- **Aceptación del librado:** aunque la ley permite que la letra de cambio se libre sin su aceptación, para posteriormente llevarse a cabo tal aceptación, lo aconsejable es que la letra sea aceptada por el librado en el momento de formalizar el contrato.
- **Lugar de pago/domicilio del librado:** deberá indicarse en el lugar correspondiente, siempre que el librado lo desee así, que la presentación al cobro de la letra sea en una entidad bancaria en la que este posea cuenta. Aunque se indique la presentación al cobro en dicha entidad bancaria, también se indicará el domicilio del propio librado, para que exista así un domicilio legal en caso de que la letra no fuese pagada a su presentación en la entidad.

6.3. Fecha de emisión y vencimiento

La **fecha de emisión,** tal y como has visto anteriormente, se considera un requisito de forma establecido por la Ley Cambiaria y del Cheque.

En relación al **vencimiento,** como uno de los requisitos formales de la letra de cambio, la ley indica que debe indicarse en el documento. Hay cuatro **modalidades** de vencimiento diferentes; son las siguientes:

A fecha fija
- Es el vencimiento habitual, el que indica la fecha exacta en la que debe realizarse el pago, la cual estará debidamente expresada en la letra.

A la vista
- Es aquel documento que deberá presentarse para efectuar el cobro justo dentro del año siguiente al que fue librado. Se considerará pagadera al tiempo de su presentación.

A un plazo desde la fecha
- Se refiere a aquellas letras cuyo vencimiento se indicará en un plazo determinado, normalmente referido a meses, a contar justo después de su emisión.

A un plazo desde la vista
- Deberá hacerse efectiva en el momento en el que haya transcurrido el plazo establecido desde su aceptación, o desde la ejecución de acciones para su cobro.

6.4. Cláusulas

Los documentos cambiarios, tales como las letras de cambio o el pagaré, suelen contener una serie cláusulas reguladoras para el ejercicio de sus operaciones. Entre otras, se pueden encontrar las siguientes:

- **Devuelta sin gastos o sin obligación de protesto:** si se produce la no aceptación o el impago de la letra, el tenedor no tiene la obligación de levantar protesto o declaración equivalente.
- **Con gastos:** en el supuesto de impago de la letra, el tomador está obligado a levantar protesto notarial o declaración equivalente, correspondiendo los gastos que se originen al librador.
- **De domiciliación:** la domiciliación del pago se realiza en una entidad de crédito. El domicilio de pago será el indicado expresamente en la letra, aun cuando esté asignado el domicilio del librado.
- **A la orden:** la letra será transmisible por endoso.

- **No a la orden:** la transmisión se realizará a través de cesión ordinaria de créditos y no por endoso.
- **Prohibido nuevo endoso:** no se podrá realizar un nuevo endoso por prohibición expresa del último endosante.
- **Con protesto:** no se podrá utilizar la declaración equivalente para documentar la falta de aceptación o pago.
- **De intereses:** el librado paga, además del importe de la letra, los intereses que se devenguen desde la fecha de emisión hasta el pago de la misma. Esta cláusula está permitida cuando se trate de letras a la vista o a un plazo desde la vista, expresando, en su caso, el interés aplicable.
- **Sin mi responsabilidad:** en la aceptación, tanto en la emisión inicial como en el endoso, no se podrán ejercer acciones de regreso anticipadas contra el librador o endosante. En el pago, el endosante no responde frente a ningún sujeto.

Declaración Equivalente

Consiste en la cumplimentación, por parte de la entidad financiera que pretende cobrar la letra de cambio, de la anotación en el reverso del mismo con el impago producido.

6.5. Aceptación, aval, transmisión (endoso y cesión)

La **aceptación** de una letra de cambio, se refiere a la **declaración cambiaria del librado del título,** la cual queda manifestada al plasmar este su firma en el documento. Al firmar el título, el librado se compromete automáticamente, quedando obligado por ello, a pagar la letra de cambio en la fecha estipulada, es decir, a pagarla a su vencimiento.

La aceptación se escribe en el texto del documento, junto a la firma del librado, a través del término "acepto" u otro equivalente, e irá en el anverso de la letra. Para que la aceptación se produzca es indispensable que el tenedor del título presente el documento a tal efecto ante el librado.

Otro de los aspectos asociados a las letras de cambios y al resto de documentos cambiarios es la **transmisión,** aunque en este tipo de documentos, más bien se denominarán **endoso.**

DEFINICIÓN

Endoso
Declaración cambiaria llevada a cabo por el tenedor de la letra, en el propio título, por la cual transmite a otra persona el derecho a recibir el cobro.

El endoso deberá ser total, puro y simple, considerándose nulo el endoso parcial. El endosante (quien tramite la letra) deberá firmar la letra.

El **endoso de la letra de cambio** produce tres **efectos,** que son:

1. Transmite al endosatario (quien recibe la letra) los derechos resultantes del título.
2. Debido a la incorporación de su firma, el endosante garantizará con la aceptación el pago frente a los posteriores tenedores. Esto será así siempre que no exista una cláusula que lo contradiga.
3. El tenedor de la letra estará legitimado para exigir, cuando llegue la fecha estipulada, el pago de la letra. Los exigirá al vencimiento siempre que no haya existido ninguna irregularidad en la cadena de endosos.

La letras de cambio no podrán endosarse cuando en el documento haya sido incorporada la cláusula "no a la orden" o expresión similar, o que se trate de letras protestadas (aquellas en las que se ha levantado acta notarial para dar fe del impago de la letra).

Por último, otra de las figuras que pueden recogerse en las letras de cambio, que puede también estar presente en los cheques, es el **aval** o el avalista. El aval es una declaración cambiaria incorporada al título que **garantiza el cumplimiento total o parcial del pago.**

Si el documento posee un avalista, este garantizará que el pago se lleve a cabo. El avalista es la persona obligada a realizar el pago del título, siempre y cuando la persona que emite dicho título no haga frente al mismo.

VÍDEO

El aval es otra de las figuras importantes que pueden intervenir en la letra de cambio. Si deseas conocer algo más sobre esta figura, accede al siguiente enlace donde podrás visualizar un video sobre ella.

https://redirectoronline.com/mf09790106

6.6. Fiscalidad de la letra de cambio

El libramiento de una letra de cambio, al igual que el cheque, y de la misma forma para el pagaré, está sujeto al Impuesto sobre Actos Jurídicos Documentados, que se encuentra regulado por el Real Decreto Legislativo 1/1993, de 24 de septiembre, en el que además también queda regulado el Impuesto sobre Transmisiones Patrimoniales.

La normativa regula lo siguiente con respecto a la **fiscalidad de las letras de cambio:**

1. El sujeto obligado será la persona que expide el título, es decir, el propio librador, a excepción de que la letra haya sido librada en el extranjero, en cuyo caso el contribuyente será el primer tenedor en España.
2. Si la letra no tiene el timbre debido o este es inferior al requerido pierde su fuerza ejecutiva, pero mantiene su acción ordinaria.
3. Los efectos timbrados extendidos en la letra tributarán dependiendo de la cuantía fijada en la letra, pero si dicha letra vence en un período superior a los 6 meses, el timbre corresponderá al doble de la cantidad girada.
4. Si un mismo negocio origina varias letras, el timbre será el correspondiente a la suma de las cuantías giradas en la suma de las letras emitidas, no el correspondiente a cada letra, salvo que entre sus vencimientos medie un plazo superior a 15 días o cuando en el contrato se pactó el cobro

a plazos. En estos casos, las letras no pierden su fuerza ejecutiva, pero sí incurren en responsabilidad fiscal.

5. Si se emiten varios ejemplares de una letra, pero no se indica el número de ejemplares emitidos, cada uno de ellos será una letra, por lo que, si no se timbraran todos los ejemplares habría un incumplimiento de la obligación fiscal. El pago del timbre del original cubre a los auténticos duplicados y a las copias.
6. Respecto a la satisfacción del tributo, de la misma forma que para los cheques, la ley establece que "el tributo se satisfará mediante cuotas variables o fijas, atendiendo a que el documento que se formalice, otorgue o expida, tenga o no por objeto cantidad o cosa valuable en algún momento de su vigencia".

APLICACIÓN PRÁCTICA

Una determinada compañía dedicada a la comercialización de ultramarinos (A) adquiere mercancías de su proveedor (B) por valor de 9.000 €, dando una señal de 2.000 € en efectivo y el resto dejándolo a deber, firmando para ello 2 letras mensuales de 3.500 € cada una.

Deben tenerse en cuenta las siguientes premisas:

- **La venta se produce el 14 de junio de 20X0.**
- **Las letras son aceptadas al día siguiente, cuyo vencimiento será el 15 del mes siguiente.**
- **La compañía deudora transmite a su entidad financiera la gestión de las letras, cuya operación queda avalada por una tercera empresa (C), propiedad de la primera.**

¿Cómo será el funcionamiento de las letras, así como las acciones de cada uno de los integrantes de la operación?

Solución

En esta operación típica de compraventa con la presencia de letras de cambio, la compañía B es el librador de las letras y quien las elabora. Este las presenta a la aceptación del librado, la empresa A, y las transmite. El librado acepta las letras y, si no hay ningún problema, las paga a su vencimiento.La entidad financiera representa al tenedor de la operación, quien recibe la transmisión del librado y las paga en la fecha de vencimiento.

Continúa en página siguiente >>

<< Viene de página anterior

En la operación de transmisión de las letras a la entidad financiera, se adjunta a la misma un avalista, quien garantizará dicha operación.

El funcionamiento de las letras de cambio será el siguiente:

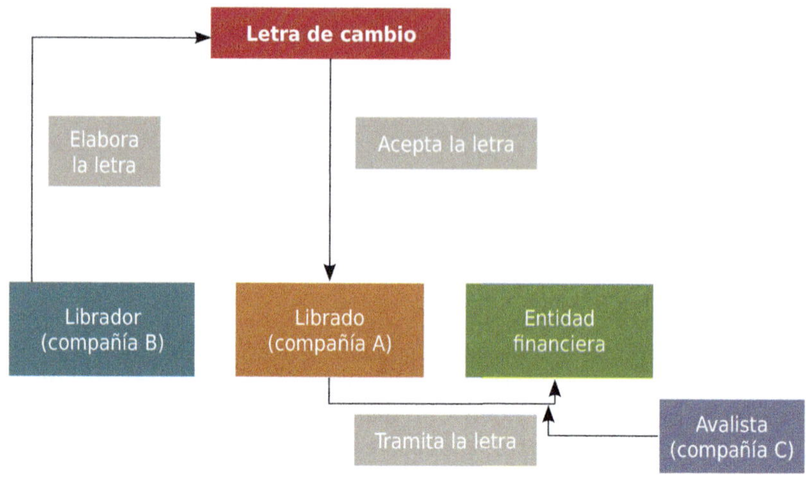

7. El pagaré

HILO CONDUCTOR

Pau considera que una vez visto el cheque y la letra de cambio, las características del pagaré son iguales, pero esto no es del todo correcto, porque tiene similitudes y diferencias con este documento y alguno más.

¿Cuáles serán las características de cada uno de ellos?

El pagaré es un medio de pago muy similar a la letra de cambio, comparten muchas de sus características, y la Ley Cambiaria y del Cheque las regula de igual manera.

A continuación, puedes ver un ejemplo de un típico pagaré, con su anverso y reverso:

ENTIDAD DE CRÉDITO
(OFICINA PAGADORA)

Dirección
Localidad - Código Postal

Código Cuenta Cliente (C. C. C.)			
Entidad	***Oficina***	***DC***	***Número de cuenta***
1 2 3 4	1 2 3 4	1 2	1 2 3 4 5 6 7 8 9 0

IBAN ES01 1234 1234 12 1234567890

Vencimiento___________ de _____de 20______ **EUR** _____________€

Por este pagaré me comprometo a pagar el día de vencimiento indicado:

A ____________________

EUROS ____________________

LOCALIDAD __________ *DE* ______*DE* ___

(La fecha debe consignarse en letra)

PAGARÉ

SERIE AN N.º 0.000.000 | 1 | 42XX-X |

ESPACIO PARA INDICAR EL TITULAR DE LA CUENTA

(firma)

ZONA PARA IMPRESIÓN MAGNÉTICA

Comprobada la firma y el saldo.
Visado

Páguese

ENTIDAD DE CRÉDITO
Domicilio Social, CIR, Registro Mercantil, ...

Como puedes comprobar, en el anverso en la parte superior izquierda se encuentra la **identificación de la entidad y sucursal librada,** y en la parte superior derecha, la **identificación de la cuenta librada.** Por otro lado, en la parte inferior izquierda aparece la **identificación del pagaré** como documento único que es. Con respecto a la **cantidad,** esta viene expresada tanto en número como en letra, siendo esta última la que prevalecerá en caso de diferencia entre ambas.

En el reverso se habilita un espacio tanto para el **endoso** como para el **aval.**

Por último, como ya viste en los requisitos formales que todo pagaré debe contener, en el anverso del mismo debe aparecer la palabra **"pagaré",** pues, en caso contrario, será un documento no amparado por la Ley Cambiaria y que, por tanto, no es un documento ejecutivo.

7.1. Definición de pagaré

El pagaré es otro de los **instrumentos financieros** utilizados en el mercado, aunque cada vez en menor medida.

DEFINICIÓN

Pagaré
Documento en el cual la parte deudora, se obliga contra otra, la parte acreedora o beneficiaria, a pagarle una cantidad de dinero en una fecha determinada. Es un documento cambiario con la incorporación única de una promesa pura y simple que realiza el deudor o firmante de pagar, en una fecha y en un lugar fijado, una determinada cantidad de dinero a otra persona, denominado tomador.

De dicha definición se desprenden las siguientes **figuras:**

- **Firmante:** el firmante es quien extiende el pagaré, quedando obligado a pagar una cantidad de dinero acordada en el documento, en la fecha y en el lugar establecido. Sin la firma de este en el documento, el pagaré no tendrá validez.
- **Tomador:** el tomador es la persona que tiene el derecho a cobrar, ya que es designada por el firmante para ello.
- **Tenedor:** el tenedor, en caso de haberlo, es el beneficiario de la operación, y es legitimado para ello por el tomador. El pagaré no podrá ser considerado como tal sin esta figura. Tomador y tenedor podrán ser la misma persona.
- **Endosante:** el endosante es el tenedor o tomador, que, mediante declaración expresa incorporada en el documento, establece que el pago deberá hacerse a favor del endosatario.

- **Endosatario:** el endosatario es la persona que tiene el derecho de recibir el pago, ya que es designado como tal por el endosante.
- **Avalista:** el avalista, si el pagaré posee tal figura, garantizará, mediante declaración cambiaria, el pago total o parcial de la cantidad establecida en el documento, en caso de que no se haga efectivo el pago por el principal obligado, es decir, el firmante.

El pagaré es una **promesa de pago no garantizada,** según lo define la Ley Cambiaria y del Cheque, es decir, es una promesa simple, hecha por el firmante del documento, de pagar una cantidad determinada de dinero en moneda nacional o extranjera convertible.

IMPORTANTE

No se debe confundir la definición de ***pagaré*** con la de los denominados "pagarés de empresas". El pagaré es un medio de pago más, utilizado en el mercado comercial, y que sustituye al dinero físico en el propio pago. Los ***pagarés de empresas,*** en cambio, son valores de renta fija negociables, cualquiera que sea su instrumentación, seriados o no, con vencimiento a corto plazo, emitidos típicamente a descuento por grandes empresas, con la finalidad de diversificar sus fuentes de financiación y conocidos internacionalmente como papel comercial.

7.2. Reconocer sus características

El pagaré necesita cumplir una serie de requisitos para que tal documento no carezca de validez. Dichos requisitos están debidamente especificados en la ley, de la misma forma que los cheques y las letras de cambio. Estos **requisitos** son los que se muestran a continuación:

- En cuanto a la denominación del título, se indica que la denominación de **"pagaré"** deberá estar incluida en el texto del documento.
- Deberá contener la **promesa pura y simple** de pagar una cantidad determinada de dinero expresada en moneda admitida a cotización oficial.
- El documento debe indicar la **fecha de vencimiento,** considerándose "pagaré pagadero a la vista", siempre y cuando no se haga indicación especial de tal fecha.

- Indicará el **lugar en que se ha de efectuar el pago,** entendiéndose como lugar de pago el mismo que el de emisión o el del domicilio del firmante, siempre que no exista indicación expresa del lugar.
- Aparecerá escrito en el documento el **nombre del firmante,** es decir, el nombre de la persona que ha de efectuar el pago.
- Se indicará la **fecha** y el **lugar en el que se firma el pagaré.** Si no se indica expresamente el lugar de emisión, se considerará como tal el que figure junto al nombre del firmante.
- Deberá estar **firmado por el firmante,** es decir, el que emite el título. El firmante queda obligado de igual forma que el aceptante de una letra de cambio.
- El impago de un pagaré se puede documentar mediante el **protesto o la declaración equivalente.**

RECUERDA

Protesto es el acto notarial en el que se indica que el pagaré se ha puesto al cobro en la fecha especificada, pero no se ha logrado cobrar; mientras que la ***declaración equivalente*** es la cumplimentación, por parte de la entidad financiera que pretende cobrar el pagaré, de la anotación en el reverso del mismo con el impago producido.

Al igual que otros documentos cambiarios, el pagaré comporta una serie de **cláusulas facultativas y prohibitivas.** Estas se pueden resumir en tres:

Cláusula facultativa	Cláusula prohibitiva	Cláusula de interés
- Cualquier disposición expuesta en el documento del pagaré, siendo esta distinta de las anteriormente mencionadas en los requisitos formales, se considerará facultativa, obligando únicamente a las partes firmantes del título. Un ejemplo de esta cláusula podría ser la indicación expresa de "devolución sin protesto".	- El pagaré considera prohibitivas, por ser incompatibles con las características del mismo, aquellas disposiciones que exoneren de responsabilidad al firmante o al avalista, si existiera tal figura en el título.	- Este tipo de cláusula puede ser dispuesta por el firmante únicamente si el pagaré es a la vista o a un plazo desde la vista. El tipo de interés se indicará expresamente y de forma clara en el documento.

7.3. Fecha de emisión y vencimiento

Tanto la fecha de emisión como la de vencimiento son indispensables para poder determinar la fecha exacta en que será exigible el pago del pagaré, por ello ambas han de indicarse de manera expresa en el propio documento.

Como ya ocurría en la letra de cambio y en el cheque, el pagaré podrá librarse a través de cuatro **modalidades de vencimiento:**

- **A fecha fija:** este vencimiento indica la fecha exacta en la que debe realizarse el pago. Por lo tanto, vencerá el día señalado en el título.
- **A un plazo contado desde la fecha:** para este tipo de vencimientos, es esencial que esté expresada de forma clara la fecha de emisión del pagaré, ya que este tipo de pagarés vencerán en el plazo señalado, a contar desde la mencionada fecha.
- **A la vista:** los pagarés con vencimiento a la vista deberán presentarse para su cobro dentro del año siguiente a su fecha de emisión. Este plazo se podrá alargar si el firmante lo fija así o acortar si este o cualquier endosante así lo acuerdan.
- **A un plazo contado desde la vista:** el pagaré deberá hacerse efectivo en el plazo establecido, el cual deberá contarse desde la fecha del "visto", o desde la acción de protesta, siempre que el firmante se haya negado a poner su visto en el título. Será en el plazo de un año a contar desde la fecha de emisión del documento.

En cuanto a la **forma del libramiento,** se pueden señalar las siguientes:

A la orden
- Son títulos que designan directamente a una persona como titular del derecho, a favor de la cual y únicamente a ella habrá de satisfacerse. Estos realizan siempre una función de giro.

Nominativos
- Sin inclusión de la cláusula "a la orden". Designan el nombre de la persona a la que habrá que hacer el pago.

Nominativos no a la orden
- Es una excepción de la norma general del pagaré a la orden. Mediante esta fórmula, el firmante expresa la prohibición de que el título sea transmisible mediante endoso a terceras personas.

Continúa en página siguiente >>

<< Viene de página anterior

En blanco

- Estos hacen en muchas ocasiones la función de documento al portador, debiendo completarse con el nombre del tomador antes de proceder al pago. Hay que tener presente que los pagarés al portador no tienen cobertura dentro de la Ley Cambiaria y del Cheque.

7.4. Diferencias y analogías con la letra de cambio

Este documento cambiario, que en cuanto a su aspecto físico suele confundirse con los cheques o talón de cuenta corriente que ofrecen las entidades de crédito, cumple realmente una función muy similar a la letra de cambio.

A continuación se muestran en la siguiente tabla, las diferencias y las similitudes entre el pagaré y la letra de cambio:

Diferencias	Similitudes
El pagaré solo significa una promesa directa de pago hecha por el firmante del documento. Únicamente incorpora la promesa pura y simple del deudor de pagar una determinada suma de dinero. Por ello, la letra de cambio otorga mayores garantías de cobro que el pagaré.	Representan medios de pago creados como tal para el cumplimiento de obligaciones de entrega de determinadas cantidades de dinero, en contraprestación de la entrega de bienes o prestación de servicios.
La ley que regula al pagaré no exige en ninguna disposición legal un modelo oficial de pagaré, a diferencia de lo dispuesto para la letra de cambio en su Orden Ministerial correspondiente. Además, en algunos supuestos, para la letra de cambio será necesario su timbrado.	Ambos títulos son eminentemente formales. De hecho, la ley, para otorgarle cierta protección y el mencionado carácter cambiario, dispone una serie de requisitos formales para unos u otros, los cuales serán indispensables para que tales títulos no pierdan su validez.
Los pagarés son títulos mucho más simples y con menos formalidades que las letras de cambio, ya que estas sí presentan ventajas operativas y fiscales.	Tanto el pagaré como la letra de cambio, necesitan de un contrato inicial en el que queden estipuladas las obligaciones de pago de dinero, para cuyo cumplimiento se expide el título.

NOTA

El timbrado de documentos se refiere a la autorización de documentos. Este supone, por ejemplo, en el caso de un pagaré, un procedimiento mediante el cual se legaliza dicho título para poder disponer de ellos en la actividad económica.

Entre los documentos que pueden ser timbrados están las letras de cambio, la liquidación de facturas, las boletas de prestación de servicios de terceros, notas de débito, etc.

7.5. Fiscalidad del pagaré

Al igual que ocurre con la letra de cambio y el cheque, los documentos que realicen función de giro, como son los pagarés a la orden o sin mención, están **sujetos al Impuesto sobre Actos Jurídicos Documentados** (IAJD), es decir el conocido como **timbre.**

Está regulado en el Real Decreto Legislativo 1/1993, de 24 de septiembre y desarrollado en su Reglamento, Real Decreto 828/1995, de 29 de mayo, por el que se aprueba el Reglamento del Impuesto sobre Transmisiones Patrimoniales y Actos Jurídicos Documentados.

NOTA

Se entenderá que un documento realiza función de giro cuando acredite remisión de fondos o signo equivalente de un lugar a otro o implique una orden de pago, aun en el mismo en que esta se haya dado; o en él figure la cláusula «a la orden».

Por el contrario, no cumplen función de giro los documentos que se expidan con el exclusivo objeto de probar el pago de una deuda, informar de la cuantía de la misma o con cualquiera otra finalidad análoga.

Deberán estar emitidos en serie, por plazo no superior a dieciocho meses, ser representativos de capitales ajenos, por los que se satisfaga una contraprestación establecida por diferencia entre el importe satisfecho por la emisión y el comprometido a reembolsar al vencimiento.

ACTIVIDAD 2

Isabel es alumna de un curso de dirección financiera. Hoy su profesor ha decidido presentar en la pizarra electrónica la imagen de un pagaré y de una letra de cambio para que identifique en dichos documentos determinados aspectos relevantes de su cumplimentación, regulados en la Ley Cambiaria y del Cheque, y facilitados por él.

1. Partiendo del supuesto dado, identifica en la siguiente imagen de una letra de cambio dichos aspectos. Relaciona cada parte del documento con su lugar correspondiente.

Lugar de libramiento
MONEDA
IMPORTE
Por esta LETRA DE CAMBIO pagará usted al vencimiento expresado a
Fecha de libramiento
VENCIMIENTO
0,06 €
Hasta 24,04 €
la cantidad de (importe en letra)
0 A 0365805
en el domicilio de pago siguiente:
Persona o entidad:
Dirección u oficina:
Población:
CÓDIGO CUENTA CLIENTE (CCC)
Entidad Oficina DC Núm. de cuenta
ACEPTO
Fecha
(Firma)
Claúsulas:
LIBRADO
Nombre:
Domicilio:
Población:
C.P: Provincia:
LIBRADOR:
(firma, nombre y domicilio)
No utilizar este espacio por estar reservado para impresión magnética

a. Persona o entidad que emite la letra.
b. Persona o entidad que paga la letra, previa aceptación.
c. Fecha a partir de la cual se puede cobrar el documento.
d. Lugar en el que se emite.

Continúa en página siguiente >>

<< *Viene de página anterior*

2. Partiendo del supuesto dado, identifica en la siguiente imagen de un pagaré dichos aspectos. Relaciona cada parte del documento con su lugar correspondiente.

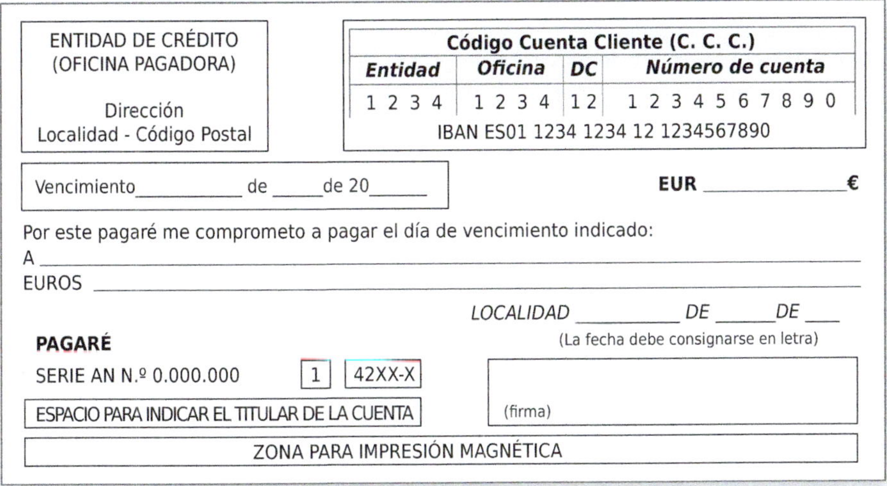

ENTIDAD DE CRÉDITO
(OFICINA PAGADORA)

Dirección
Localidad - Código Postal

Código Cuenta Cliente (C. C. C.)			
Entidad	***Oficina***	***DC***	***Número de cuenta***
1 2 3 4	1 2 3 4	1 2	1 2 3 4 5 6 7 8 9 0

IBAN ES01 1234 1234 12 1234567890

Vencimiento__________ de _____de 20______

EUR ____________€

Por este pagaré me comprometo a pagar el día de vencimiento indicado:
A ______________________________
EUROS ______________________________

LOCALIDAD _________ *DE* ______*DE* ___
(La fecha debe consignarse en letra)

PAGARÉ
SERIE AN N.º 0.000.000 | 1 | 42XX-X

ESPACIO PARA INDICAR EL TITULAR DE LA CUENTA

(firma)

ZONA PARA IMPRESIÓN MAGNÉTICA

a. Fecha de emisión.
b. Quien emite el documento.
c. Quien paga el importe.
d. Denominación del documento.

3. ¿Qué modalidad de vencimiento es aquella que vence cuando el tenedor presenta la letra al pago, teniendo un año de límite desde el libramiento?

a. A fecha fija.
b. A un plazo desde la fecha.
c. A la vista.
d. A un plazo desde la vista.

8. Otros medios de cobro y pago. Características y finalidad

HILO CONDUCTOR

Pau ha visto ya los documentos de cobro y pago más habituales e importantes en las operaciones comerciales llevadas a cabo en el ámbito empresarial. Sin embargo, considera que existen otros medios que también merecen su atención, tales como los recibos, las transferencias y las remesas electrónicas, ya que más de una vez ha tenido problemas en la gestión de estos documentos.

Además de los medios de cobro y pago que se han analizado, quizás los más habituales en las operaciones comerciales entre empresas, en la actividad diaria de las mismas aparecen otros instrumentos puestos a disposición por las entidades financieras para movilizar los saldos de sus cuentas. Entre estos servicios cabe destacar:

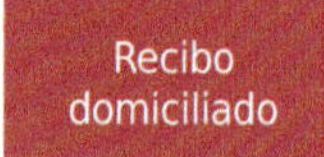

8.1. El recibo domiciliado

El recibo domiciliado o recibo bancario es un **instrumento puesto a disposición de particulares y empresas,** por las entidades bancarias, y al que acostumbramos a ver **materializado en los recibos de determinados suministros habituales.**

NOTA

El recibo domiciliado es un medio de cobro y pago que tanto empresas como particulares utilizan por ser su gestión simple y ágil.

En cuanto a la operatoria de estos medios de pago y cobro, consiste en la cesión de los distintos créditos generados por la empresa contra sus clientes, para la realización de la gestión de cobro por parte de una entidad. En este sentido, no se trata, como en el *factoring,* de la venta de dichos créditos, sino de su cesión para su procesamiento.

Cuando se utilice este sistema para realizar los cobros, los clientes deberán autorizar el cargo de los mismos en las cuentas que especifiquen, a través de la **domiciliación bancaria.** Hay que tener en cuenta que un recibo no es un título ejecutivo por sí mismo, no implica una obligatoriedad de pago por parte de los clientes.

Los **recibos domiciliados SEPA** requieren la utilización de un código IBAN, disponer de una orden de domiciliación de los clientes deudores (o mandato); y un formato de fichero específico, que depende del esquema utilizado.

En la presentación de los recibos domiciliados mediante los **esquemas SEPA** se distinguen los siguientes:

Esquema Básico	Esquema B2B
- Operaciones de cobro de forma electrónica y automatizada entre empresas y/o particulares	- Transacciones de cobro solo para personas jurídicas (empresas o autónomos)

El **recibo domiciliado básico** se caracteriza por ser un esquema obligatorio para las entidades financieras que operen con adeudos; el formato del fichero es Cuaderno 19 XML Core; los adeudos se pueden presentar con un día de anticipación; y los plazos de devolución son: 5 días independientemente de la causa, 8 semanas por orden del cliente o 13 meses on pagos no autorizados.

Por su parte, el **recibo domiciliado B2B** cuenta con las siguientes características: es un esquema opcional que no utilizan todas las entidades financieras, el formato del fichero es Cuaderno 19 XML B2B; los adeudos se pueden presentar con 3 días de anticipación; el cargo en cuenta del deudor requiere de autorización previa; y el plazo de devolución es de 3 días.

A continuación puedes observar un **modelo de recibo domiciliado:**

BANCO			**ADEUDO POR DOMICILIACIÓN SEPA**	
FECHA	CLAVE OFIC.	OFICINA	REFERENCIA DOMIC.	REFERENCIA SEPA
ORDENANTE			TITULAR	
OBSERVACIONES			IMPORTE IMPORTE COMISIÓN IMPORTE IVA **TOTAL**	
			IBAN	

Ejemplo de recibo domiciliado

En ausencia de normativa mercantil que lo regule, son las instrucciones de la Asociación Española de Banca (AEB) y las prácticas bancarias y comerciales las que lo amparan.

PARA SABER MÁS

Accede al siguiente enlace de la Asociación Española de Banca para conocer las principales normas AEB:

https://redirectoronline.com/mf09790107

8.2. La transferencia bancaria

La transferencia bancaria es una de las modalidades que ofrecen las entidades de crédito para la movilización de los fondos que están depositados en las cuentas.

Básicamente, equivale al reintegro de una cantidad de dinero de una cuenta y al ingreso en la cuenta del destinatario, tenga este último la cuenta en la misma entidad, en una entidad distinta, en la misma ciudad o en otra ciudad.

SABÍAS QUE...

De entre las modalidades de transferencias bancarias existentes, están las órdenes de movimiento de fondos u OMF (también conocidas como transferencias vía Banco de España). Estas se utilizan cuando el usuario bancario requiera que una transferencia se realice de forma urgente, en un breve plazo de tiempo. Las entidades financieras que quieran operar con este tipo de transferencias necesitan tener una cuenta de tesorería en el Banco de España, requisito que cumplen la mayoría de entidades que operan en el sistema bancario español.

A continuación puedes ver un ejemplo de un modelo de una transferencia bancaria:

BANCO **ORDEN DE TRANSFERENCIA**

Fecha de emisión	Código transferencia	Oficina	Clave oficina

DATOS DEL ORDENANTE C. C. DE CARGO

IBAN

ENTIDAD OFICINA D.C. N.º DE CUENTA

DATOS DEL BENEFICIARIO C. C. DE CARGO

IBAN

ENTIDAD OFICINA D.C. N.º DE CUENTA

CONCEPTO

IMPORTE NOMINAL	GASTOS Y COMISIONES	IMPORTE TOTAL

ENTIDAD BENEFICIARIA

Solicito el trámite de la transferencia detallada, cuyo importe más los gastos originados se cargarán en el depósito especificado.

(firma)

EL SOLICITANTE: ____________________

Modelo transferencia bancaria

Lo habitual es la realización de **transferencias de cuenta a cuenta,** aunque también se pueden realizar transferencias que vayan dirigidas a una entidad concreta, una localidad concreta, o que sean cobradas por caja.

Otra modalidad puede ser **la que tiene su origen en un país y su destino en otro,** cuya operatoria es muy sencilla. Desde el punto de vista del ordenante (el que envía el dinero), la transferencia se puede realizar de diversas formas: remitiendo una carta a la entidad donde está depositada su cuenta, personalmente o por vía telefónica. La utilización de este último medio necesita del establecimiento de alguna medida de seguridad, que garantice la autenticidad del titular de la cuenta ordenante.

Sea cual sea el medio por el que se transmita la orden a la entidad, es necesario facilitar a esta todos los datos del destinatario (el que recibirá el dinero de la transferencia). Así, cuando se trate de transferencias cuenta a cuenta, será preciso que el ordenante de la misma conozca la numeración de la cuenta de destino, además de la clave bancaria de la entidad y de la sucursal de destino.

NOTA

Esto será especialmente importante cuando la entidad emisora de la transferencia no coincide con la entidad receptora, e incluso cuando tiene por destino un país diferente al de origen.

Con respecto a los **plazos** existentes en toda transferencia, cabe señalar dos:

Como puedes apreciar, el plazo total desde el momento en que se ordena la transferencia hasta el momento en que la recibe el beneficiario en su destino puede variar sustancialmente.

1. Emisión → Tratamiento	**2. Tratamiento → Recepción**
El plazo desde su emisión hasta el tratamiento por la entidad de origen variará en función del medio que se utilice para la transmisión de la orden.	En el caso de transferencias entre la misma entidad, la recepción se produce el mismo día de su tratamiento. Cuando el destino es otra entidad, el plazo de recepción es de 2 días, y si se trata de enviarla al extranjero, el plazo se puede alargar hasta los 5 días.

IMPORTANTE

En las transferencias cuenta a cuenta de ámbito nacional, aunque las entidades sean distintas y estén situadas en ciudades distintas, serán abonadas en la cuenta beneficiaria en un plazo máximo de dos días hábiles (norma impuesta por el Banco de España), lo que significa que al tercer día hábil de haber sido emitida la transferencia, aunque todavía no aparezca abonado el dinero en la cuenta beneficiaria, su titular podrá disponer de él.

La **fecha** en la que se realizará el cargo en valor en la cuenta bancaria del ordenante será aquella en la que efectivamente se transmita la orden. En el caso de haberse remitido la orden a la entidad por medio de una carta de correo ordinario, la fecha en la que se cargará el importe de la transferencia en la cuenta corriente será aquella en la que, efectivamente, se realice la operación, y no la fecha de envío de la orden.

Con respecto a las **transferencias SEPA,** se puede decir que se trata de instrumentos para efectuar abonos en euros, sin límite de importe, entre cuentas bancarias en el ámbito de los estados miembros de la Unión Europea (UE), así como seis países más, de forma electrónica y automatizada. Se caracterizan por lo siguiente:

1. Las cuentas están identificadas mediante el código IBAN, facilitado por el ordenante, sin verificaciones adicionales por parte de las entidades.
2. El plazo máximo de abono de las transferencias es de 1 día hábil siguiente a la fecha de emisión por la entidad ordenante.
3. Cada parte asume las comisiones aplicables por su entidad, y la entidad ordenante transferirá el importe íntegro de la transferencia.
4. El concepto o información de la transferencia puede tener una extensión máxima de 140 caracteres.

8.3. Remesas electrónicas

El comercio electrónico, al igual que el comercio convencional, se basa fundamentalmente en la existencia de un **contrato.** Este **obligará a una de las partes a ejecutar el pago,** y, a diferencia del comercio tradicional, dicho pago se realizará mediante **dinero electrónico.**

Son numerosos los medios de pago y cobro que están disponibles, y son habitualmente usados por las empresas en sus negocios. Gracias a los avances tecnológicos, muchos de los instrumentos mencionados pueden ser gestionados en la actualidad a través de la banca electrónica, cada vez más usada por las empresas. Quizás, uno de los más utilizados es la remesa electrónica.

El **dinero electrónico** o, como se reconoce internacionalmente, *e-money*, se define como el **dinero intercambiado a través del comercio y de forma electrónica.** Es posible usar el dinero electrónico y, por ejemplo, realizar pagos mediante este medio, siempre y cuando comprador y vendedor puedan disponer de entidades con sistemas de valores digitalmente almacenados.

A través del sistema de pago electrónico, es posible realizar transferencias entre comprador y vendedor para adquirir bienes y prestaciones de servicios, pero a través del comercio electrónico, sin movimiento efectivo de dinero.

Además de las transferencias electrónicas de fondos, otro de los instrumentos financieros que ofrece el comercio electrónico son las remesas electrónicas.

Las **remesas electrónicas** de efectos constituyen un sistema basado en la utilización de ficheros con la información referente a los efectos entregados por los clientes. A través de este sistema, es enviada vía telemática la remesa de efectos para su descuento. Estos sistemas también **deben adaptarse a las normas SEPA,** al igual que los recibos domiciliados. Para ello se utilizarán los formatos de ficheros establecidos en los esquemas Básico y B2B.

Mediante la remesa electrónica, el cedente envía una remesa de efectos a su entidad tomadora, la cual, tras un estudio detallado de los mismos, remite a su cliente los que han resultado admitidos, junto a todos los datos correspondientes a la liquidación efectuada. El resto de registros contenidos en el fichero, que han sido tratados por la entidad y que no han sido incluidos entre los admitidos, se considerarán rechazados, facilitando la misma a su cliente un informe detallado y justificativo de tal decisión.

La serie de normas y procedimientos bancarios para emitir adeudos directos (básico y B2B), además de transferencias y cheques en euros, de conformidad con las normas SEPA las puedes consultar accediendo a los siguientes enlaces de la AEB, CECA y Zona única de pagos en euros:

Operativa bancaria

https://redirectoronline.com/mf09790108

CECA. SEPA

https://redirectoronline.com/mf09790109

https://redirectoronline.com/mf10020305

Existen aplicaciones informáticas que tienen entre sus herramientas opciones para la creación de ficheros para utilizarlos a través de banca electrónica.

ACTIVIDAD COMPLEMENTARIA

2. Además del esquema SEPA básico y del esquema SEPA B2B, existe otra norma relacionada con las transferencias y los cheques. Consulta y analiza dicha norma para elaborar un ejemplo del procedimiento a seguir para su utilización.

TAREA 2

El día 14 de febrero, la empresa Monteoca S. A., compra varias partidas del modelo de mobiliario M1/12, a la empresa fabricante Diseño 2012 S. A. ascendiendo el importe de la operación a 5.687,99 €. El domicilio social de Monteoca, S. A. es C/ Río, 14, 37001 Salamanca; y el de Diseño 2012 S. A. es Polígono industrial nuevo, nave 20, 05160 Ávila.

Los datos bancarios de la empresa compradora son:

- Banco Montesur.
- C/ Cristobalina, 69.
- 37001, Salamanca.
- IBAN: ES01 2002 0001 4012 3456 7890

Y los de la empresa vendedora son:

- CAS.
- Avenida Morales, 55.
- 05160 Ávila
- IBAN: ES01 1111 2222 3344 4444 4444

Una vez suministrada el día 1 de marzo la mercancía y habiendo verificado la empresa Monteoca que está todo correcto, ambas partes acuerdan la forma de pago.

Continúa en página siguiente >>

<< Viene de página anterior

Analiza el supuesto anterior y responde a las siguientes cuestiones:

- ¿Cuáles serán los distintos documentos de cobro y pago mercantiles que se podrían utilizar en esta operación comercial? Describe la finalidad, el contenido y las características de cada uno de ellos.
- Por otro lado, ¿qué equivalente telemático de estos documentos se podría utilizar? Razona tu respuesta.

9. Identificación de tributos e impuestos

HILO CONDUCTOR

Finalmente, Pau aborda el ámbito fiscal en los instrumentos financieros que ha tratado en su proceso de puesta al día. De esta forma, aborda los documentos fiscales que debe generar y gestionar cuando utiliza los instrumentos financieros vistos anteriormente.

La Ley General Tributaria establece en su articulado lo que se considera como tributo.

Los **tributos** son **ingresos de derecho público,** derivados de las prestaciones pecuniarias obligatorias impuestas unilateralmente a los sujetos afectados en cada caso. Estos son exigidos a particulares y empresas por la Administración pública como consecuencia de la realización del hecho imponible identificado en la ley.

Por otro lado, los **impuestos** son **tributos prestados sin contraprestación directa,** los cuales presentan un carácter:

Coactivo
- Son impuestos unilateralmente por las Administraciones.

Continúa en página siguiente >>

<< Viene de página anterior

Pecuniario
- La obligación tributaria tiene carácter dinerario.

Contributivo
- Está destinado a la financiación del gasto público, es decir, dedicados a la cobertura de las necesidades sociales.

De entre los impuestos más relevantes en el ámbito empresarial están el Impuesto sobre la Renta de las Personas Físicas (IRPF), el Impuesto sobre Sociedades (IS), el Impuesto sobre el Valor Añadido (IVA) y el Impuesto sobre Transmisiones Patrimoniales y Actos Jurídicos Documentados (ITPAJD).

Agencia Tributaria

NOTA

La Ley 5/2020, de 15 de octubre, regula el impuesto indirecto que grava las transacciones financieras que tienen por objeto la adquisición onerosa de acciones admitidas a negociación en un mercado español y cuyo valor de capitalización sea superior a 1.000 millones de euros.

9.1. Identificación de declaraciones de IVA e IRPF

La **fiscalidad** hace referencia al **conjunto de leyes relativas a los impuestos.** Dicha fiscalidad, en las operaciones relacionadas con los instrumentos financieros, irá encaminada a gravar las transacciones comerciales realizadas por las empresas, y estará establecida en función del titular de cada operación y de la finalidad de esta.

Así, se distingue entre:

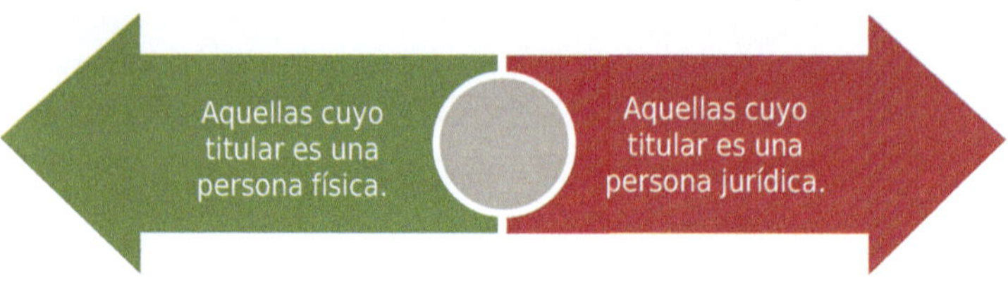

La tributación de los instrumentos financieros utilizados en las transacciones comerciales afecta a las empresas, a través del Impuesto de Sociedades, y a los particulares, por medio del IRPF (Impuesto sobre la Renta de las Personas Físicas).

El IRPF (Impuesto sobre la Renta de las Personas Físicas), en cambio, es un tributo de carácter directo, un impuesto personal y progresivo que grava la renta obtenida por las personas físicas residentes en España. Está regulado por la Ley 35/2006, de 28 de noviembre y desarrollado por su reglamento, Real Decreto 439/2007, de 30 de marzo.

Este impuesto grava los rendimientos de capital mobiliario originados en las transacciones comerciales, siempre y cuando se produzca el hecho imponible, el cual no es más que la obtención de renta por parte de una persona física residente en España en el transcurso de un período impositivo concreto.

Además, las empresas estarán obligadas al pago del **IVA** (Impuesto sobre el Valor Añadido) que algunos de los instrumentos estudiados originan. Está regulado por la Ley 37/1992, de 28 de diciembre, del Impuesto sobre el Valor Añadido. Y desarrollado por su Reglamento, Real Decreto 1624/1992, de 29 de diciembre.

DEFINICIÓN

IVA

La Agencia Tributaria española define brevemente el IVA (Impuesto sobre el Valor Añadido) como "el tributo de naturaleza indirecta que recae sobre el consumo y grava: las entregas de bienes y prestaciones de servicios efectuadas por empresarios y profesionales, las adquisiciones intracomunitarias y las importaciones de bienes".

Este tributo, aunque en un primer momento lo pagan tanto empresas como particulares, son estos últimos los que realmente lo financian, ya que **las empresas actúan como recaudadoras de este impuesto** y se lo pueden deducir en sus declaraciones.

Para determinar sobre quién recae la fiscalidad de este tributo, es necesario saber si la operación comercial trata de una entrega de bienes o una prestación de servicios, así como identificar al comprador y al vendedor. La tributación de este impuesto se lleva a cabo mediante la declaración **trimestral o mensual** del modelo 303, y el resumen anual del modelo 390.

El periodo de liquidación del IVA en su modalidad trimestral, normalmente coincide con el trimestre natural, y se corresponde con la siguiente tabla:

Periodo de liquidación	Fecha de liquidación
Enero, febrero y marzo	1 - 20 de abril
Abril, mayo y junio	1 - 20 de julio
Julio, agosto y septiembre	1 - 20 de octubre
Octubre, noviembre y diciembre	1 - 30 de enero

Si bien el criterio general es el trimestre, los períodos de liquidación del impuesto serán mensuales en los siguientes casos:

- Para las empresas o profesionales cuyo volumen de operaciones supere los 6.010.121,04 € anuales (Grandes Empresas).
- Para los sujetos pasivos del impuesto inscritos en el Registro de devolución mensual (REDEME).
- Para los sujetos pasivos que tributen en régimen especial del grupo de entidades.

El modelo 303 se regula a través de la Orden EHA/3786/2008, de 29 de diciembre. Consta de 6 hojas en las que se suministra información sobre la identificación de la empresa, datos económicos del régimen al que está acogida (general, simplificado, criterio de caja, etc.), liquidación, resultado, información complementaria, etc. Se puede presentar en papel o mediante la utilización de Cl@ve Móvil, certificado o DNI electrónico, accediendo a la página web de la AEAT.

Un ejemplo del modelo 303 de IVA, puede ser el que se muestra a continuación en el siguiente enlace:

https://redirectoronline.com/mf09790111

9.2. Identificación de declaraciones del Impuesto de Transmisiones Patrimoniales y Actos Jurídicos Documentados

El impuesto será objeto de autoliquidación por el sujeto pasivo. En lo referente a las declaraciones-liquidaciones estos deberán presentar ante los órganos competentes de la Administración tributaria, la autoliquidación del impuesto extendida en el modelo de impreso de declaración-liquidación aprobado por el Ministerio. Este impuesto está regulado por el Real Decreto Legislativo 1/1993, de 24 de septiembre.

Tienen competencia para la gestión y liquidación del impuesto las Delegaciones y Administraciones de la AEAT y las oficinas con análogas funciones a las CC. AA. (comunidades autónomas) que tengan cedida la gestión del tributo.

La **autoliquidación** deberá ir acompañada de la copia auténtica del documento notarial, judicial o administrativo, en que conste el acto que origine el tributo, y una copia simple del mismo. Cuando se trate de documentos privados, estos se presentarán por duplicado, original y copia, junto con el impreso de declaración-liquidación.

Los documentos y autoliquidaciones del Impuesto sobre Transmisiones Patrimoniales y Actos Jurídicos Documentados (ITPAJD) se presentarán ante la oficina competente de la CC. AA. correspondiente. El plazo para la presentación de las declaraciones-liquidaciones será de treinta días hábiles a contar desde el momento en que se cause el acto o contrato. Una vez practicada la autoliquidación se ingresará su importe en la entidad de depósito que presta el servicio de caja en la Administración tributaria competente o entidad colaboradora.

A continuación se presentan los **modelos** relativos a los documentos mercantiles.

Modelo 610

La entidad autorizada para colaborar en la recaudación de los tributos, que sea responsable solidaria del pago del impuesto al haber intervenido en la negociación o cobro de los recibos, pagarés, cheques y resto de documentos mercantiles, deberán utilizar este modelo para su tributación.

Su **contenido** es similar al que se detalla para el modelo 615.

Modelo 615

La ley establece que, cuando los comerciantes acuerden con sus proveedores aplazamientos de pago superiores a los sesenta días desde la fecha de entrega y recepción de las mercancías, el pago deberá quedar instrumentado en documentos que lleven aparejada acción cambiaria. En el caso de aplazamientos superiores a noventa días este documento será endosable a la orden, lo que implica la sujeción de este tipo de documentos a la modalidad de Actos Jurídicos Documentados del ITPAJD, en el momento de su emisión. Por ello, todas las entidades y personas que se encuentren dentro de este ámbito de aplicación y emitan los documentos a que se refiere el mismo, podrán optar por efectuar el pago en metálico del impuesto que grava la emisión de este tipo de documentos mercantiles, en sustitución del empleo de efectos timbrados, previa comunicación a la Administración.

El **contenido** del modelo es el siguiente:

- La Delegación de la A.E.A.T. donde se presente el documento.
- Los sujetos pasivos, que serán las entidades o personas emisoras de documentos a los que resulte de aplicación lo indicado anteriormente.
- Fecha de devengo, es decir, fecha y año de la declaración.

- Número total de recibos, pagarés, cheques y otros documentos mercantiles emitidos en el mes al que se refiere la declaración.
- La suma total de los importes de todos y cada uno de los recibos, pagarés, cheques y otros documentos incluidos.
- La cuota que se corresponderá con el resultado de sumar el impuesto correspondiente a todos y cada uno de los recibos, pagarés, cheques y otros documentos incluidos (base imponible por la escala de gravamen de la ley).
- Los datos de identificación del presentador y fotocopia del N.I.F. o del D.N.I.
- Importe del ingreso y su forma de pago.

Modelo 630

A través de este modelo se realizará la autoliquidación del ITPAJD en su modalidad de Actos Jurídicos Documentados, que deba practicarse por el exceso de letras de cambio (superiores a 192.323,87 €) y aquellas expedidas en el extranjero que surtan cualquier efecto jurídico o económico en territorio español.

El **contenido** del modelo es el siguiente:

- La Delegación de la A.E.A.T. donde se presente el documento.
- El Sujeto Pasivo que se corresponde con el librador, salvo que la letra de cambio se haya emitido en el extranjero en cuyo caso lo será su primer tenedor en España.
- La fecha de emisión de la letra de cambio, o de primera tenencia en España, si se emitió en el extranjero.
- El número del efecto y el municipio y provincia en la que se haya emitido la letra de cambio o que corresponda al domicilio fiscal de su primer tenedor en España cuando haya sido emitida en el extranjero. También se consignará el importe por el que haya sido emitida la letra de cambio, indicándose la moneda.
- La cantidad girada en euros. Si el vencimiento de la letra de cambio excede de 6 meses, se consignará el duplo de dicha cantidad.
- Los datos de identificación del presentador y fotocopia del NIF o del DNI.
- Importe del ingreso y su forma de pago.

TAREA 3

El día 8 de mayo de 20XX, la empresa Pilar Visión S. L., dedicada a la comercialización de todo tipo de lentes de contacto y con domicilio social en Avenida Portales, 9, de Málaga (29016), adquiere mercancías por importe de 45.023 € (IVA general incluido) a su proveedor habitual Grand Lents S. L., con domicilio social en C/ Miralles, 63 Polígono industrial Las Palmeras, Estepona (29680).

Para el pago de la deuda se emite el siguiente documento:

Lugar de libramiento: Estepona
MONEDA: Euro
IMPORTE: #45.023,00€#

0,06 €
Hasta 24,04 €
0 A 0365805

Por esta LETRA DE CAMBIO pagará usted al vencimiento expresado a GRAND LENTS, S. L.
Fecha de libramiento: 30 05 20XX
VENCIMIENTO: 30 de AGOSTO de 20XX

la cantidad de (importe en letra): --- CUARENTA Y CINCO MIL VEINTITRES EUROS ---

en el domicilio de pago siguiente:
Persona o entidad: CAS
Dirección u oficina: AVENIDA MORALES, 55
Población: 29015 MÁLAGA
CÓDIGO CUENTA CLIENTE (CCC)
Entidad Oficina DC Núm. de cuenta
1111 2222 33 4444444444

ACEPTO
Fecha
(Firma)
PILAR VISIÓN, S. L.
MÁLAGA

Claúsulas: Sin Gastos

LIBRADO
Nombre: PILAR VISIÓN, S. L.
Domicilio: AVENIDA PORTALES, 9
Población: MÁLAGA
C.P: 29016 Provincia: MÁLAGA

LIBRADOR:
(firma, nombre y domicilio)
GRAND LENTS, S. L.
C/ MIRALLES, 63
POL. IND. LAS PALMERAS
29680 ESTEPONA
GRAN LENTS
ESTEPONA

No utilizar este espacio por estar reservado para impresión magnética

Un mes después, ante la falta de *stock* de un tipo de lentillas concreto, la empresa Pilar Visión adquiere mercancías de su proveedor Begoña Fontiveros, S. L., por importe de 1.260 € (IVA general incluido) emitiendo para el pago el siguiente documento mercantil:

Continúa en página siguiente >>

<< Viene de página anterior

Banco MAR
Sucursal (Málaga)

Avenida Larios 41
Málaga - 29016

Código Cuenta Cliente (C. C. C.)			
Entidad	***Oficina***	***DC***	***Número de cuenta***
1 2 3 4	1 2 3 4	1 2	1 2 3 4 5 6 7 8 9 0

IBAN ES01 1234 1234 12 1234567890

Euros #1.260# **€**

PÁGUESE POR ESTE CHEQUE A EL PORTADOR

EUROS MIL DOSCIENTOS SESENTA

MÁLAGA 21 *DE* JULIO *DE* 20XX

(La fecha debe consignarse en letra)

SERIE AN N.º 0.000.000 | 1 | 42XX-X

PILAR VISIÓN

PILAR VISIÓN

ZONA PARA IMPRESIÓN MAGNÉTICA

Los ingresos obtenidos por Pilar Visión en el segundo trimestre ascienden a 60.500 € (IVA general incluido). El documento asociado al trimestre es el siguiente:

https://redirectoronline.com/mf09790115

Una vez analizado el supuesto anterior:

- Identifica cada uno de los documentos.
- Precisa la normativa que los regula.
- Explica la operación mercantil que los genera.
- Explica el contenido de cada uno de los apartados que los integran.

TAREA 4

En el ámbito de aplicación del Impuesto de Transmisiones Patrimoniales y Actos Jurídicos Documentados, ¿qué documento de autoliquidación se deberá presentar

Continúa en página siguiente >>

<< Viene de página anterior

cuando se expidan letras de cambio en el extranjero con efectos económicos en España? ¿Y para los pagarés en los que se instrumenta un aplazamiento de pago superior a 90 días?

Identifica y describe el contenido de cada uno de ellos.

10. Resumen

El sistema financiero, comprendido este por las instituciones, medios y mercados, cumple una misión fundamental en una economía de mercado. De hecho, sería imposible llevarla a cabo sin su existencia. Dicha importancia es tal debido a que son estos los encargados de canalizar el ahorro de aquellos que desean invertir su dinero sobrante hacia aquellos que necesitan de él, y que acuden a los mercados para paliar su déficit.

Son varias las entidades que conforman el sistema financiero:

- Banco de España
- Banca privada
- Compañías de seguros
- Fondos de pensiones
- La Seguridad Social
- Sociedades y fondos de inversión

Estas entidades, entre las que destacan el Banco de España, actúan como intermediarios financieros entre los ahorradores y los deficitarios.

Una vez conocidas las funciones y características principales de estas instituciones, es preciso conocer qué tipo de actividad desarrollan y qué instrumentos utilizan para llevarla a cabo. Así, es muy habitual encontrar en la actividad diaria ejercida por empresas, instituciones y particulares, instrumentos de financiación como el *leasing*, el *factoring*, los préstamos y créditos, así como medios de pago tales como los cheques, los pagarés o las letras de cambio.

Todos estos instrumentos y medios de pago, existentes en el sistema financiero de una economía, llevan aparejados una fuerte regulación, tanto mercantil como fiscal, que hace que el ejercicio del comercio entre los mencionados protagonistas sea posible.

Ejercicios de autoevaluación Unidad de Aprendizaje 1

1. **¿Para qué sirve la letra de cambio?**

    a. Para realizar un pago anticipado.
    b. Para realizar un pago al contado.
    c. Para poder firmar un efecto como el pagaré.
    d. Para documentar una orden de pago.

2. **Respecto a los agentes económicos que conforman un sistema financiero, ¿qué afirmación es correcta?**

    a. El objetivo de las unidades de gasto con déficit es maximizar el rendimiento de sus inversiones, mientras que el de las unidades de gasto con superávit es obtener fondos al menor coste posible.
    b. Las unidades de gasto con déficit y las unidades de gasto con superávit son, respectivamente, los prestatarios y ahorradores últimos de una economía.
    c. Las unidades de gasto con déficit actúan como prestamistas, mientras que las unidades de gasto con superávit como emisores.
    d. No se puede actuar como unidades de gasto con déficit y unidades de gasto con superávit de forma conjunta.

3. **Indique la clasificación de intermediarios financieros que establece la CEE, y realice una breve definición de cada grupo.**

____

____

____

____

____

____

4. En España, el sector asegurador está formado por...

a. ... entidades aseguradoras privadas y públicas, mutualidades de previsión social, entidades de depósitos que realicen operaciones de seguro, cooperativas de seguro y consorcios de compensación de seguros.
b. ... entidades aseguradoras públicas, mutualidades de previsión social, entidades de depósitos que realicen operaciones de seguro, cooperativas de seguro y consorcios de compensación de seguros.
c. ... entidades aseguradoras privadas, mutualidades de previsión social, entidades de depósitos que realicen operaciones de seguro y consorcios de compensación de seguros.
d. ... entidades aseguradoras privadas, mutualidades de previsión social, entidades de depósitos que realicen operaciones de seguro, cooperativas de seguro y consorcios de compensación de seguros.

5. Indique si las siguientes afirmaciones son verdaderas o falsas.

a. El pagaré lo firma la persona que debe pagar.

- Verdadero
- Falso

b. La transferencia supone un medio de pago bancario.

- Verdadero
- Falso

6. ¿Qué es el *sale and lease back* o *retroleasing*?

____
____
____
____
____
____

7. La intermediación financiera hace referencia a...

a. ... la intermediación conocida como vía directa.
b. ... la colocación de títulos primarios entre los agentes económicos con capacidad de ahorro.
c. ... los agentes comisionistas o *brokers* y *dealers*.
d. ... la prestación de servicios indispensables al resto de los agentes económicos.

8. Identifica si las siguientes afirmaciones son verdaderas o falsas.

a. Las operaciones bancarias se han de realizar siempre en la oficina.

- Verdadero
- Falso

b. El cheque conformado no garantiza el cobro de la cantidad en él indicada.

- Verdadero
- Falso

9. Si una empresa ha realizado un contrato de *factoring*...

a. ... no podrá ceder créditos documentados en letras o pagarés.
b. ... nunca tendrá que asumir el riesgo de impago.
c. ... asumirá el riesgo de impago si es *factoring* sin recurso.
d. Todas las opciones son incorrectas.

10. Indique de forma breve la diferencia entre el pagaré sin línea de aseguramiento y el pagaré con línea de aseguramiento.

____

____

____

____

____

____

Unidad de Aprendizaje 2

Confección y empleo de documentos de cobro y pago en la gestión de tesorería

Contenido

1. Introducción
2. Documentos de cobro y pago en forma convencional o telemática
3. Cumplimentación de libros de registros
4. Tarjetas de crédito y de débito
5. Gestión de tesorería a través de banca *online*
6. Obtención y cumplimentación de documentos oficiales a través de internet
7. Resumen
8. Ejercicios de autoevaluación

Objetivos

Los objetivos específicos de esta Unidad de Aprendizaje son:

→ Confeccionar recibos domiciliados *online*, cheques y pagarés.

→ Identificar las operaciones financieras básicas en la gestión de cobros y pagos.

→ Conocer la gestión de las tarjetas bancarias y la banca *online*.

1. Introducción

La gestión de la tesorería, incluida en la política de tesorería de toda empresa, es considerada como uno de sus aspectos más relevantes; constituye uno de los campos dinámicos de la gestión empresarial que más se han desarrollado en las últimas décadas. Esto es debido a que todos los procesos que transcurren en el interior de la empresa tienen una repercusión en términos monetarios.

Dentro del sistema presupuestario de una empresa se sitúa el denominado presupuesto de tesorería, considerado como un instrumento básico de la política de tesorería. Esta última se inserta dentro de la política de circulante, que, a su vez, es fundamental para la generación del plan financiero. De esta forma, siguiendo un enfoque sistemático, la política de tesorería ha de establecerse teniendo en cuenta las demás políticas empresariales, para así contribuir al objetivo financiero.

Una gestión activa de la tesorería engloba todas las operaciones diarias de la empresa relacionadas con el efectivo, es decir, los cobros, los pagos y la negociación de ambas con otras empresas y entidades financieras. Para todas estas operaciones, las empresas confeccionan y emplean una serie de documentos para los cobros y pagos generados en su actividad.

A lo largo de la presente unidad de aprendizaje se verá la utilización de estos documentos en la empresa, los cuales, en la mayoría de los casos, han pasado a realizarse de forma telemática. Se aprenderá a cumplimentar libros registros relacionados con las operaciones de tesorería, tales como cheques o transferencias. Por último, se tratará la gestión de tesorería a través de la banca *online*.

Para ello, nos basaremos en la gestión financiera de Pau en la delegación de Blasoptical Paseo de Gracia, a través de la creación y empleo de los documentos de cobro y pago ya estudiados en la unidad de aprendizaje anterior.

2. Documentos de cobro y pago en forma convencional o telemática

☞ HILO CONDUCTOR

El director financiero de la delegación central, le ha pedido a Pau que consulte con su entidad bancaria de confianza los instrumentos financieros que puede utilizar mediante el sistema *online*. ¿Cuáles serán estos?

Para una adecuada gestión de tesorería, es imprescindible **planificar de forma efectiva los recursos** líquidos de los que dispone la empresa, así como su posterior **seguimiento y control**; es decir, deberá controlar diariamente el saldo de caja, determinar su saldo disponible en bancos y gestionar los cobros y pagos, además de un eficaz seguimiento y control de las inversiones y financiaciones a corto plazo.

NOTA

La tesorería representa el área de la empresa en la que se gestionan las operaciones de flujos monetarios, administrándose en ella los pagos y cobros originados en la corriente real de bienes y servicios.

El acelerado desarrollo de las nuevas tecnologías ha propiciado que las empresas y las instituciones implicadas en las operaciones de tesorería reduzcan de manera considerable su operativa en la tramitación de sus medios de cobro y pago. **Se ha pasado de una gestión de la cartera de efectos de forma tradicional a una gestión telemática** de la misma. Esta se ve beneficiada por la publicación de la Ley 7/2020, de 13 de noviembre, para la transformación digital del sistema financiero.

La **gestión de cartera de los instrumentos de cobro y pago informatizados** consiste en el registro y mantenimiento de dichos medios de forma telemática, los cuales son documentados mediante letras, cheques, pagarés, recibos domiciliados, etc.

En la actualidad, las empresas se relacionan comercialmente con el resto de empresas, instituciones y particulares a través de instrumentos de cobro y pago utilizados de forma ***online.***

Algunos de los medios más habituales son los recibos domiciliados *online*, las transferencias *online*, los cheques, los pagarés o las remesas de efectos, que verás a continuación.

La gestión financiera telemática es cada vez más habitual.

2.1. Recibos domiciliados *online*

El recibo domiciliado se trata de un documento que el acreedor, previo acuerdo con el deudor, envía al banco de este para que se efectúe una transferencia a su cuenta (acreedor).

El recibo domiciliado *online* es un medio habitualmente utilizado por los servicios públicos, como teléfono y electricidad, y, en general, por las empresas con servicios periódicos a los clientes, con numerosos clientes y con cuantía de cargo fija y previamente establecida. En estos casos, resulta un instrumento bastante cómodo para el deudor, al ser posible emitir recibos domiciliados en cualquier momento y desde cualquier punto, con el único requisito de tener una conexión a internet.

Además de esta, este servicio presenta otras ventajas:

- El ahorro de costes administrativos.
- No existe la necesidad de emitir recibos físicos.
- La gestión integral de los cobros originados en la actividad empresarial.

- Se pueden realizar las gestiones sin tener que desplazarse hasta la oficina gestora, con el ahorro de tiempo que conlleva.
- La gestión de los cobros de recibos domiciliados relativos a servicios, suministros, etc.
- Envío de las remesas de recibos a la entidad financiera, gestora de las cuentas de una determinada empresa, para su cargo en cuenta.
- Consulta *online* del estado de cada remesa, así como el detalle del estado de las devoluciones.

Las entidades financieras suelen ofrecer a sus clientes (empresas o profesionales autónomos) dos **posibilidades para la domiciliación *online* de recibos,** tales como:

- Ficheros de cobro de recibos domiciliados
- Facturación *online* de recibos domiciliados

Ficheros de cobro de recibos domiciliados

Dirigido sobre todo a grandes empresas o empresas con un **volumen elevado de cobros.**

Estos ficheros están regulados por las Órdenes SEPA sobre emisión de adeudos directos, tanto en el esquema B2B como en el Básico. Ambos consisten en el envío de ficheros en formato CORE y B2B (XML o Texto) con el que el acreedor podrá presentar órdenes de adeudos directos como consecuencia de domiciliaciones.

Las figuras que participan en este servicio son las que se muestran en la siguiente tabla:

Domiciliación de recibos *online*
Acreedor: es el emisor de los adeudos directos según una orden de domiciliación previa.
Entidad del acreedor: es la receptora del fichero de adeudos directos y quién los procesa. Mantiene la cuenta de abono.
Entidad del deudor o domiciliataria: es la que recibe y gestiona el adeudo directo emitido por el acreedor para procesar el cobro. Mantiene la cuenta de cargo.
Deudor: es el que autoriza la orden de domiciliación al acreedor para que pueda emitir los adeudos directos.

Los interesados en usar este servicio deberán presentar la orden del deudor para domiciliar los pagos, utilizando formularios normalizados.

Facturación *online* de recibos domiciliados

Dirigido mayormente a pequeñas empresas o empresas con un volumen reducido de cobros.

Esta posibilidad permite a pequeñas empresas o autónomos emitir sus recibos profesionales para su presentación al cobro sin necesidad de confeccionarlos físicamente.

En este tipo de servicios, las entidades ponen a disposición de sus clientes una línea donde, mediante formularios únicos por deudor, podrán realizar varios cobros por formulario, y, a diferencia de los ficheros, sin necesidad de tener un *software* determinado.

Este servicio permitirá al cliente consultar todas sus facturaciones y cobros, dar de alta una facturación a partir de otra ya creada, modificar o dar de baja, en cualquier momento, alguna de las ya existentes, etc.

PARA SABER MÁS

El Reglamento (UE) 2021/1230, de 14 de julio de 2021 regula las disposiciones sobre las transferencias y los adeudos domiciliados en euros realizados en la Unión Europea. Accede al siguiente enlace para visualizar dicha normativa:

https://redirectoronline.com/mf09790201

2.2. Transferencias bancarias *online*

HILO CONDUCTOR

Pau se ha reunido con el gestor financiero de Blasoptical Las Ramblas para estudiar la viabilidad de implantar en ambas delegaciones la gestión de los pagos a los proveedores, mediante transferencias bancarias *online*. ¿Qué aspectos deberían tratar?

La transferencia bancaria *online* consiste en una **orden que el deudor envía a su banco de forma telemática,** a través de la banca *online,* para que traslade una cantidad de dinero desde su cuenta a la de su acreedor.

IMPORTANTE

Si deudor y acreedor operan en el mismo banco, no es necesaria la intervención de la cámara de compensación, por lo que no se estaría hablando de transferencia, sino de traspaso.

Su funcionamiento es similar al de la transferencia de la banca tradicional, sin embargo y a pesar de su rapidez y sencillez, desde el punto de vista de la gestión de tesorería, tanto un tipo de transferencia como otro, son **instrumentos muy poco utilizados por las empresas.** ¿Sabes por qué?

Los **motivos** principales de ello son los que se muestran a continuación:

1. La parte pagadora pierde las ventajas obtenidas con otros medios en los que el *float* es positivo. Además, la entidad a través de la que se realiza la transferencia le exige el pago de una comisión.
2. La parte que recibe el cobro no tiene ningún documento que demuestre que la transferencia se realizó en el momento acordado.

DEFINICIÓN

Float

Es el espacio de tiempo que va desde el vencimiento del documento de pago hasta el cargo en valor en la cuenta de la empresa.

Hoy en día, todas las entidades financieras, con las que trabajan las empresas y profesionales, ponen a disposición de estos el servicio de las transferencias *online*. Estas, a través de su banca *online* (servicio disponible a través de internet), ofrecen a sus clientes la posibilidad de usar tal servicio, siguiendo los **pasos** siguientes:

Acceder al enlace de transferencias *online*.

↓

Introducir los códigos de cuenta, tanto del emisor de la transferencia como del receptor.

↓

Introducir el importe que se desea transferir.

↓

Introducir la clave de operaciones del cliente de la entidad, para verificar la titularidad de aquel que la realiza.

VÍDEO

Si quieres conocer de una forma resumida y sencilla como se pueden realizar transferencias a través de banca móvil, accede al siguiente enlace donde podrás visualizar un video de una conocida entidad financiera española.

Continúa en página siguiente >>

<< Viene de página anterior

https://redirectoronline.com/mf09790202

ACTIVIDAD COMPLEMENTARIA

3. Busca información sobre las características y finalidad del código IBAN y obtén una clara definición explicativa de todo ello.

2.3. Preparación de transferencias *online* para su posterior firma

Otra de las modalidades muy utilizadas por las empresas con gran volumen de movilización de fondos es la preparación de transferencias *online* para su posterior firma. Así, de manera conjunta con la entidad financiera, la compañía utiliza un programa informático, a través del cual **prepara un gran número de transferencias con distintos destinatarios,** de forma que todo queda informatizado, simplificándose enormemente la tarea.

SABÍAS QUE...

Las medianas y grandes empresas lo suelen utilizar para el abono de los salarios de sus trabajadores. Pueden contar con miles de trabajadores, distribuidos por varias filiales, incluso en ciudades diferentes. A través del programa informático, quedan confeccionados todos los recibos de salarios y, a través de la entidad financiera, son enviadas las transferencias a las cuentas bancarias de cada trabajador, siendo estas, normalmente, pertenecientes a numerosas entidades financieras diferentes.

Una vez que la remesa de transferencias es preparada por la empresa y es enviada a su entidad financiera, a través del soporte informático, el contenido de dicha remesa con toda la información detallada por esta, es de nuevo enviada a la compañía para su **verificación y firma.**

Una vez firmada, la remesa de transferencias queda pendiente de llevarse a cabo por la entidad, cuando llegue el vencimiento establecido.

APLICACIÓN PRÁCTICA

El día 9 de agosto de 20X5, para pagar la compra de diverso material de oficina, Testa S. A. debe transferir 4.389 € desde su cuenta de crédito (4204 5201 57 0200054983), abierta en la oficina 5201 del Banco Marait de Logroño, a la cuenta de Papelería Industrial S. A. (5001 1203 13 0400006789), suscrita en la oficina 1203 del Banco Invereco, situado en el Número 2 de la calle Postas de Vitoria. El proveedor del material, localizado en la misma ciudad que su entidad financiera, tiene su sede en el número 10 de la Calle de la Magdalena.

¿Qué información necesitará el responsable del departamento de pagos para realizar la operación a través del servicio de banca *online* que le proporciona su entidad financiera? ¿Cuáles serán los pasos a seguir? ¿En qué fecha la transferencia se hará efectiva?

Solución

a. En primer lugar, el responsable deberá acceder al servicio de banca *online* de su entidad bancaria e introducir las claves para poder operar. Una vez dentro del servicio y seleccionada la opción de transferencias, tendrá que introducir la información necesaria para realizar correctamente la operación. Para ello, deberá seleccionar, en primer lugar, una de las cuentas propiedad de la empresa, en este caso la cuenta de crédito 4204 5201 57 0200054983; posteriormente, introducir en el apartado de "cuenta receptora" la cuenta que recibirá la transferencia, que será la de la empresa Papelería Industrial S. A. (5001 1203 13 0400006789) y, por último, indicar el importe de la operación, que será de 4.389 €.
b. Estos datos serán los únicos que deberá introducir el responsable para realizar la operación.
c. Por último, la transferencia se hará efectiva el 11 de agosto, ya que cuando esta es entre distintas entidades, dentro del ámbito nacional, el plazo de recepción es de 2 días.

2.4. Confección de cheques

HILO CONDUCTOR

El departamento financiero de Blasoptical Paseo de Gracia ha recibido una queja de un proveedor porque ha habido un problema con un cheque emitido para el pago de una remesa de mercancía.

Pau se dirige al empleado que lo ha confeccionado y le explica las pautas a seguir para hacerlo correctamente.

El **cheque** es un documento por el cual el **librador** (quien tiene que pagar y emite el documento), da una orden a su banco (**librado,** intermediario que hace efectivo el pago con cargo a la cuenta del librador), de pagar cierta cantidad de dinero a una tercera persona (**beneficiaria).**

Una vez que el cheque está en poder del beneficiario, este puede actuar de varias formas:

- Ingresar el cheque en su banco.
- Cobrar directamente el cheque del librado.
- Endosar el cheque a un tercero.

RECUERDA

Para confeccionar correctamente un cheque, hay que tener en cuenta la información que debe contener, es decir, los requisitos formales regulados por ley.

Confeccionar un cheque de forma convencional es relativamente fácil y se puede resumir el proceso en dos pasos.

Preparar el documento	Transformación en documento cambiario
- Las empresas o profesionales informan a su entidad financiera de la necesidad de disponer de cheques. Esta, con los datos proporcionados por su cliente y a través de programas informáticos, rellena los datos identificativos que deberá tener el cheque para ser emitido.	- Una vez remitido el talonario de cheques al cliente, se debe rellenar el documento con los datos necesarios para que el título sea considerado como documento cambiario. Será necesario introducir la fecha de emisión del documento, el importe que será pagado y la firma del librador. El resto de los datos suelen venir ya impresos en el documento.

Además del sistema convencional, existen determinadas entidades financieras que disponen de servicios de emisión de cheques mediante sus propias **plataformas *online*.** Estos servicios facilitan la gestión de los pagos mediante el envío de cheques con unas condiciones características, además de permitir el cobro de los mismos por medio de recursos suministrados por la propia entidad financiera.

Es importante resaltar que este servicio *online* permite la realización de operaciones de **cobro y pago en cualquier momento y lugar, ahorrando en costes administrativos y en desplazamientos.**

APLICACIÓN PRÁCTICA

Le empresa COSMOSA compra mercaderías a su proveedor LILIO S. L. por importe de 7.100 €. Ambas partes llegan al acuerdo de la expedición de un cheque para el pago de la deuda con fecha de emisión 23 de abril de 20XX.

Los datos bancarios de la empresa COSMOSA son los siguientes:

- **BANCO MASTER.**
- **Avenida de la paz, 14.**
- **28080 Barcelona.**
- **CCC: 0008 1000 22 1234567890.**
- **¿De qué forma se confeccionará el cheque?**

Continúa en página siguiente >>

<< Viene de página anterior

Solución

BANCO MASTER
OFICINA LA PAZ

Avenida la Paz, 14
28080 Barcelona

Código Cuenta Cliente (C. C. C.)			
Entidad	***Oficina***	***DC***	***Número de cuenta***
0 0 0 8	1 0 0 0	2 2	1 2 3 4 5 6 7 8 9 0

IBAN ES01 0008 1000 2212 3456 7890

Euros #7.100# **€**

PÁGUESE POR ESTE CHEQUE A LILIO, S.L.

EUROS SIETE MIL CIEN EUROS

LOCALIDAD, Veintitres *DE* Abril *DE* 20XX

(La fecha debe consignarse en letra)

SERIE AN N.º 0.000.000 | 1 | 42XX-X

COMOSA

COMOSA

ZONA PARA IMPRESIÓN MAGNÉTICA

2.5. Confección de pagarés

El pagaré es un **título de crédito formal y completo, por medio del cual una persona se compromete a pagar una suma de dinero,** en un lugar y fecha concretos, a favor de otra persona o a la orden de esta, quedando obligados solidariamente todos los firmantes.

Ante la recepción de uno de estos documentos, se plantean tres opciones:

1. Guardar el pagaré hasta su vencimiento.
2. Descontar el pagaré en la entidad correspondiente.
3. Negociar un crédito con la entidad bancaria, utilizando como garantía los pagarés.

NOTA

Al igual que en el caso del cheque, en el pagaré es necesario incluir en el texto del documento una serie de datos, que serán indispensables para su correcta confección, tales como la denominación expresa de "pagaré" y la promesa pura y simple de pagar una cantidad determinada.

La confección de los pagarés es muy sencilla, debido a su **elaboración telemática por las entidades financieras,** que los preparan para sus clientes, incluyendo en ellos la mayoría de datos necesarios para que estos puedan ser puestos en circulación como medios de pago.

En el momento de la entrega del documento a su tomador, el firmante deberá finalizar la confección del documento, incluyendo en el texto del título, los siguientes **datos:**

- Fecha y lugar de emisión.
- Firma del administrador o apoderado de la empresa.
- Fecha de vencimiento, que determinará qué día será posible su cobro.
- Importe a pagar, expresado en número y letra.
- Nombre del beneficiario que podrá cobrar el pagaré.

Finalmente, el importe del documento será cargado en la cuenta del firmante en el momento en que el pagare sea presentado para su cobro por el beneficiario en la entidad financiera.

APLICACIÓN PRÁCTICA

Tododeportes Huelva S. A., empresa dedicada a la compraventa de material deportivo de alta gama, con domicilio en Avenida del Cid s/n, con C. P. 21004, vende material a otra empresa de la ciudad de Sevilla,

Continúa en página siguiente >>

<< Viene de página anterior

domiciliada en la calle Lope de Vega 24, de Sevilla, con C. P. 41003, por importe de 7.230 €, el día 13 de noviembre de 20X0.

El día 18 del mismo mes se efectúa la entrega del material, comprobando la empresa sevillana que el envío es correcto. El día 21 de noviembre emite un pagaré "no a la orden" con vencimiento el día 15 del mes siguiente contra su cuenta de crédito (Banco de Sevilla, Oficina José Laguillo 104, 41003, Sevilla. IBAN: ES21 1452 0229 16 0137421783).

____
____
____
____

CÓDIGO CUENTA CLIENTE				
IBAN	*Entidad*	*Oficina*	*DC*	*Núm. de cuenta*

Euros______________________€

Vencimiento ____

Por este pagaré me comprometo a pagar el día del vencimiento indicado a ______________

Euros: ______________________ Sevilla ______________

Serie B. 1
2.543.165-1

¿De qué forma se cumplimentará este documento?

Solución

Banco de Sevilla

Oficina José Laguillo, 104
José Laguillo, 104
41003 Sevilla

CÓDIGO CUENTA CLIENTE				
IBAN	*Entidad*	*Oficina*	*DC*	*Núm. de cuenta*
E S 2 1	1 4 5 2	0 2 2 9	1 6	0 1 3 7 4 2 1 7 8 3

Euros #7.230# €

Vencimiento 15 de diciembre de 20X1

Por este pagaré me comprometo a pagar el día del vencimiento indicado a *Tododeportes Huelva, S. A.*

Euros: SIETE MIL DOSCIENTOS TREINTA Sevilla 21 de noviembre de 20X1

Serie B. 1
2.543.165-1

NO A LA ORDEN

VÍDEO

En la confección del pagaré hay que tener en cuenta una serie de elementos que son importantes para que este sea válido. Mediante el siguiente enlace podrás visualizar un vídeo donde se explican los elementos de este producto financiero.

https://redirectoronline.com/mf09790509

2.6. Confección de remesas de efectos

El tratamiento de los efectos descontados a su vencimiento resulta laborioso, por lo que, en la actualidad, las entidades bancarias ofrecen a sus clientes este servicio.

RECUERDA

La remesa de efectos mediante ficheros informáticos se rige por las normas y procedimientos bancarios establecidos en las normativas SEPA.

La confección de remesas bancarias es un sistema basado en la **utilización de un fichero con formato estandarizado,** para el envío a las entidades financieras, el cual contendrá los datos referentes a los efectos entregados a estas por los cedentes. Dicho fichero deberá ir **acompañado obligatoriamente de las letras, pagarés o cheques;** y de forma opcional, de los recibos que serán emitidos por la entidad tomadora. Además, el fichero irá acompañado de un listado con el resumen del contenido.

Una vez el fichero es entregado a la entidad financiera, el cedente recibe la liquidación correspondiente. Dicha liquidación irá acompañada de un registro con los detalles de la operación, donde aparecerán los efectos que han sido admitidos y los que no, es decir, cuáles han sido rechazados, junto a sus motivos.

Para crear la remesa bancaria, las empresas utilizan **programas informáticos** ofrecidos por las entidades financieras, con un formato parecido al que se muestra a continuación:

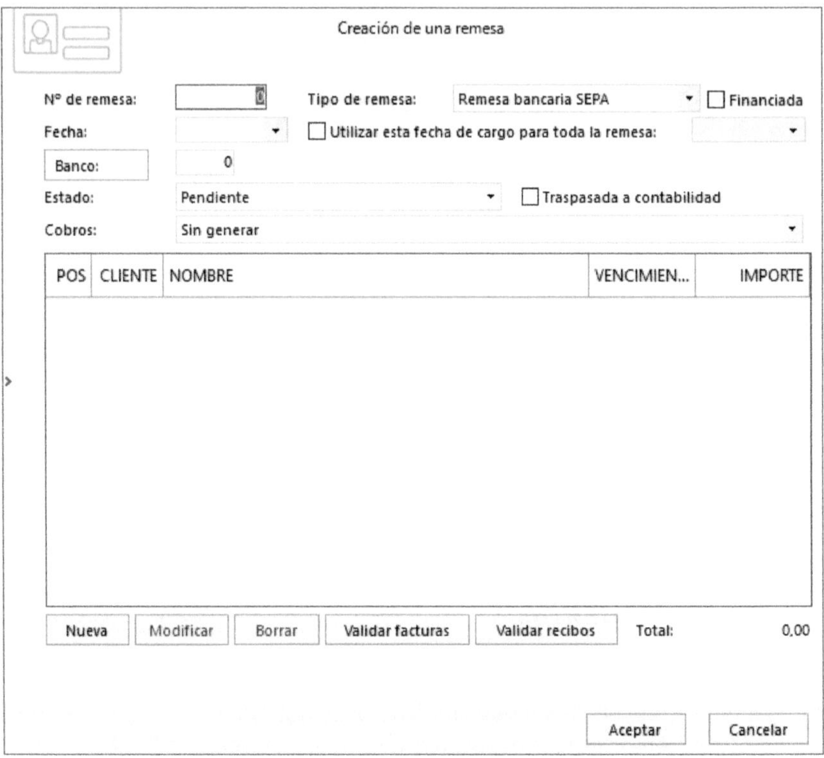

Tal y como puedes apreciar en la imagen, estos ficheros contendrán datos como las fechas del período de facturación, las facturas, las fechas de vencimiento, la entidad que emite la remesa o la entidad domiciliada. Cuando todas las casillas señaladas en la pantalla se cumplimenten, el efecto quedará seleccionado y ya no podrá aparecer en ninguna otra remesa.

TAREA 5

El 30 de septiembre, la empresa El Ponderozo S. A., con CIF: A98765432 y domicilio en Avda. Las palmeras, 125 bis, 28080 Madrid, realiza una compra de papel a su proveedor Comercial del Libro S. L., con CIF: B12345678 y domicilio P.I. Los herreros, 66, 28080 Madrid. El importe de la operación asciende a 965,65 € (IVA incluido), según factura n.º A/102/20XX, de 10 de septiembre de 20XX.

El pago es aplazado hasta el 30 de octubre y los datos bancarios de la empresa son:

- Entidad bancaria MONEY, Sucursal Madrid Este, C/ Rocío, 6 28080 Madrid.
- IBAN: ES01 1000 2020 3300 0999 8887.

El administrativo de la empresa gestiona la tesorería de esta a través de una hoja de cálculo a modo de libro registro. Además, le han informado que hasta finales de diciembre no dispondrá de conexión a internet, por problemas técnicos.

Atendiendo al supuesto planteado:

- Establece las posibilidades de presentación convencional y/o telemática del pago.
- Identifica el documento fiscal o mercantil, convencional y/o telemático, a cumplimentar.
- Cumplimenta cada documento de manera convencional o telemática de acuerdo con la normativa legal que lo regula.
- Realiza las anotaciones correspondientes a los movimientos en formato convencional e informático.

3. Cumplimentación de libros de registros

HILO CONDUCTOR

Para llevar un control más exhaustivo de los cheques emitidos, recibidos y endosados, además de las transferencias realizadas, Pau ha decidido crear él mismo una hoja de cálculo que le sirva de libro registro.

Las leyes vigentes obligan a las empresas a la llevanza de una serie de libros, denominados **Libros obligatorios,** como son, entre otros:

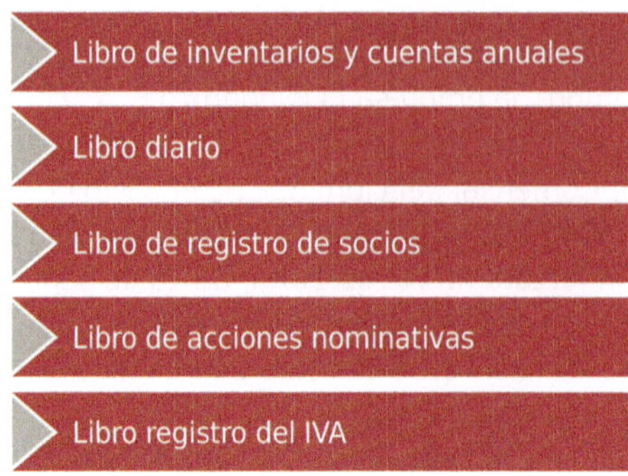

Estos tienen como finalidad **registrar las operaciones comerciales de la empresa,** para conocer así la situación económica y patrimonial de la misma y sus movimientos de fondos.

Además de estos libros obligatorios, existen otro tipo de registros que, aunque no son exigidos por la ley, son muy necesarios, para llevar un control eficaz de las cuentas de la empresa y una mejor administración. Son los llamados **libros contables auxiliares o voluntarios.**

Entre ellos, destacan los libros de inventario de almacén, de caja, de cuentas corrientes con clientes, de cuentas corrientes con proveedores, efectos comerciales a cobrar y a pagar, de correspondencia de entrada y de salida, de transferencias, etc.

3.1. Libros registros de cheques y endosos

Los **libros registros de cheques y endosos** son aquellos que usan las empresas para **anotar todos los cheques emitidos y endosados mediante un sistema de comprobantes.** Representa una versión del libro de caja, y a través de él se llevará un control de los cheques que están próximos a su vencimiento.

Un **modelo del libro registro** puede ser el que se muestra a continuación:

LIBRO DE REGISTRO							
Mes / Año							
N.º efecto	**Fecha libramiento**	**Librador**	**Nominal**	**Vto.**	**Tenedor**	**Observaciones**	

La cumplimentación de estos libros registros es muy sencilla para las empresas, ya que la mayoría de ellos cuentan hoy día con aplicaciones informáticas que agilizan el trabajo, ya sean específicas de tesorería o generales como las aplicaciones de hojas de cálculo.

Debido a la importancia que tradicionalmente se ha prestado a la gestión de la tesorería, la mayor parte del ***software* de gestión de efectos** incorpora uno o varios módulos en los cuales se trata la **gestión de la cartera de efectos de la empresa.** En términos generales, esto consiste en el registro y mantenimiento de los pagos y cobros pendientes para la empresa, y que se ha documentado de alguna forma (letras, cheques, pagarés...).

El objetivo de las aplicaciones informáticas es **generar un informe** sobre el estado de la cartera de efectos en poder de la empresa, para organizar de la forma más adecuada sus pagos y cobros, y conocer en cada momento el estado de aquella. Para ello, los programas utilizan un **banco de datos,** que consta como máximo de tres bases de datos, referidas a:

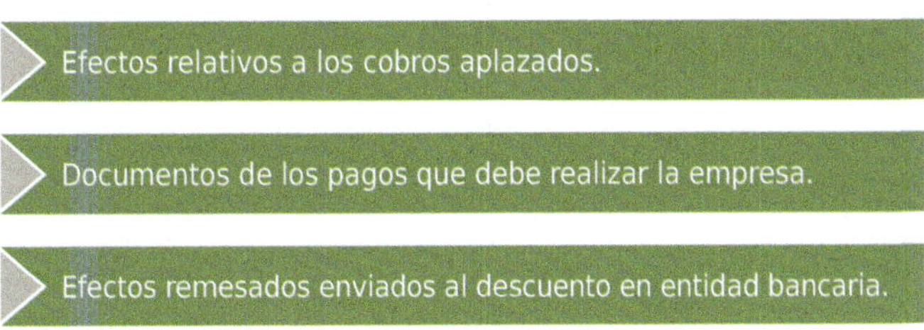

3.2. De cheques, de endosos y de transferencias

Para el caso de los **libros registros de transferencias,** se aplican las indicaciones hechas anteriormente para los libros registros de efectos, ya que la operatoria es idéntica.

Las empresas que trabajan con un elevado volumen de transferencias, tanto recibidas como emitidas, en su actividad comercial, cuentan con un libro registro donde anotan cada transferencia junto a los datos identificativos del emisor, en caso de transferencias recibidas, o del beneficiario, en caso de transferencias emitidas, y junto a los recibos de cada transferencia efectuada.

NOTA

Los libros registro son usados por empresas que trabajan con un número elevado de transferencias en su actividad comercial.

TAREA 6

La empresa Colmado, dedicada a la compra venta de productos de limpieza industrial, tiene como política financiera que los pagos y cobros ocasionados en su actividad comercial se realicen mediante cheques bancarios.

El gestor quiere elaborar un libro registro para llevar el control de la tesorería y sobre todo, de dichos documentos, pero sirviéndose de su aplicación de hojas de cálculo.

¿De qué forma podría elaborar el gestor dicho libro de registro? Describe sus características.

De forma opcional, puedes crear un modelo con una hoja de cálculo para utilizarse como libro registro.

4. Tarjetas de crédito y de débito

HILO CONDUCTOR

Pau está recabando la máxima información posible sobre las tarjetas de crédito y débito que suelen utilizar sus clientes en las compras que realizan en la delegación de Blasoptical. Ayúdale.

Las distintas entidades de crédito han apostado fuertemente por este instrumento, pensado para poder **prescindir del dinero en efectivo en el desenvolvimiento diario.** Esto es debido a los siguientes aspectos:

	TARJETAS
Ahorro de costes de manipulación	Su utilización prescinde del trasiego de efectivo. Esto implica un importante ahorro de costes de manipulación para las distintas entidades.
Fiabilidad del sistema	Se puede decir que la fiabilidad del sistema utilizado es casi total, pues no se dan errores administrativos.
Disminución de carga administrativa	La carga administrativa de las entidades disminuye de forma muy elevada.
Seguridad	Se trata de un instrumento seguro para todas las partes que intervienen en el proceso.

La utilización de las tarjetas ha supuesto un gran avance tecnológico y un beneficio, tal y como acabas de ver, tanto a las entidades financieras que las emiten como a las empresas y particulares que las utilizan. Este beneficio es percibido tanto en la retirada de efectivo como para el pago de bienes.

Es muy importante hacer una distinción entre los dos tipos de tarjetas que se utilizan actualmente, **las tarjetas de débito y las tarjetas de crédito.**

Tarjetas de débito

- Son tarjetas en las que el cargo del importe dispuesto en la cuenta asociada es instantáneo.
- Las entidades las ofrecen a sus clientes de forma masiva, porque el riesgo que asume la entidad es mínimo, siendo el único requisito para su obtención el tener una cuenta abierta y tener un pequeño movimiento. Entre sus características están:
  - Es nominativa.
  - Suele tener una caducidad superior al año.
  - Las comisiones a las que están sujetas son mínimas, coincidiendo con la emisión y renovación.
  - No suelen devengar comisiones por el uso en establecimientos comerciales.
  - Incorporan algunos servicios añadidos, como por ejemplo, un seguro que cubre el atraco o el robo de los objetos comprados.

Tarjetas de crédito

- Son el soporte de un crédito concedido por la entidad al cliente. Los cargos de las operaciones realizadas son aplazados en el tiempo en función del tipo de amortización pactado.
- La concesión de este tipo de tarjetas representa una operación de riesgo para la entidad, por lo que su distribución es más restringida. El crédito asociado a estas tarjetas no tiene una duración definida, sino que se va renovando constantemente.
- Con periodicidad mensual, la tarjeta liquida, en la cuenta asociada, la cantidad a pagar en el período, de tal modo que el límite de disposición se incrementa en la cantidad amortizada en dicho pago, con lo cual se puede volver a disponer de él.

4.1. Identificación de movimientos de tarjetas

Como ya has visto, la tarjeta es un instrumento de pago que ha beneficiado tanto a empresas y particulares, como a entidades financieras.

Las tarjetas pueden ser de diferentes tipos, existiendo diferencias significativas entre las posibilidades que ofrecen cada una de ellas.

Entre todos los servicios que ofrecen las entidades financieras a sus clientes, en referencia a las tarjetas, uno de los más importantes es la facilidad para **comprobar en cualquier momento los movimientos** producidos en el saldo de la tarjeta, a consecuencia de compras efectuadas o devoluciones. Las entidades ponen a disposición de sus clientes diferentes modalidades para ello:

Consulta en la propia sucursal
- En la propia sucursal de la entidad, donde facilitarán toda la información relativa a los movimientos efectuados en la tarjeta.

Banca *online*
- Donde cada cliente podrá consultar los distintos movimientos del saldo, así como otro tipo de operaciones relacionadas con las tarjetas.

Cajeros automáticos
- Puestos a disposición por la entidad, tanto dentro de la sucursal como fuera de ella.

Telefonía móvil
- Información permanente a través de la app de la entidad bancaria.

En las dos primeras modalidades, el cliente podrá obtener los movimientos efectuados en un determinado día, en un período concreto, o incluso la lista de movimientos relacionados con un mismo emisor (transferencias recibidas) o beneficiario (transferencias emitidas).

NOTA

Con respecto a la vía de la telefonía móvil, quizás es uno de los sectores que más rápidamente está creciendo, esta se ha convertido hoy en día en un factor a tener muy en cuenta por las entidades financieras, ya que cada vez son más las empresas y particulares que utilizan los teléfonos móviles de última generación para realizar todo tipo de transacciones y operaciones bancarias, desde realizar compras vía internet, a hacer transferencias o invertir en bolsa.

4.2. Punteo de movimientos en tarjetas y conciliación de movimientos con la liquidación bancaria

Las empresas pueden solicitar a sus entidades financieras listados sobre las operaciones ejecutadas a través de sus tarjetas. Para aquellas que tienen un elevado número de operaciones realizadas con sus tarjetas de crédito, necesitarán de estos listados, debidamente detallados en fechas y con sus respectivos emisores o beneficiarios, para llevar a cabo el punteo de los movimientos de sus tarjetas empleadas y la posterior conciliación de estos movimientos con la liquidación bancaria.

El **punteo de los movimientos en tarjetas** permitirá a la empresa comprobar uno por uno, dentro de las fechas establecidas en el listado, que todas las operaciones indicadas en el mismo corresponden con las realizadas efectivamente por la empresa utilizando este medio de pago. Posibilita además, entre otras cosas, verificar que los cargos contenidos en las tarjetas son los mismos que los acordados con los clientes en sus operaciones comerciales.

La **conciliación bancaria** consiste en la contabilización de los movimientos bancarios y la posterior comprobación de lo contabilizado. Los sistemas de conciliación bancaria relacionada con los movimientos en tarjetas pueden llevarse a cabo a través de dos medios. Estos son:

Manual	Aplicación informática
- Consiste en la comparación de los extractos de cuentas y contabilidad en papel, y el marcado de las operaciones o punteado de movimientos realizados.	- A través de las aplicaciones informáticas, son registrados todos los apuntes contables a conciliar. El soporte informático, según las órdenes establecidas por el usuario, conciliará cada apunte de forma automática, resultando un informe detallado de conciliación.

La conciliación bancaria ha sido siempre una de las labores más pesadas y monótonas que han debido realizar las empresas. En el caso de la **conciliación de movimientos en tarjeta,** esto no es más que verificar que los movimientos reflejados en los extractos bancarios de las tarjetas se corresponden con el saldo de las cuentas bancarias de la empresa.

La conciliación de movimientos con la liquidación bancaria es un proceso no exento de dificultades, debido, entre otras, a las siguientes:

- **Diferencias entre fechas.** Cuando la fecha en la que se realiza el apunte contable del movimiento no se corresponde con la fecha en la que se realiza el movimiento de fondos.
- **Diferencias entre el registro contable y bancario.** Cuando el extracto bancario refleja un apunte de un determinado importe que no se corresponde con el apunte contable, debido, por ejemplo, a que no se haya incluido algún tipo de gasto.

5. Gestión de tesorería a través de banca *online*

Un comercial de la entidad bancaria con la que trabaja la delegación de Blasoptical Paseo de Gracia, va a tener una reunión con Pau para informarle de la

Continúa en página siguiente >>

<< Viene de página anterior

idoneidad de gestionar sus cobros y pagos, a través de su banca *online*. Este le explica sobre todo las ventajas que les proporcionaría. ¿Cuáles serán?

El uso, cada vez más generalizado entre las empresas, de la banca *online* permite una **mejora en la gestión de los cobros y pagos de la empresa,** pero sin olvidar que este medio debe representar una vía segura para la misma.

Esta seguridad exigida a la banca *online* requiere la consecución de una serie de requisitos para que se haga efectiva, tales como la seguridad en las autorizaciones, la confidencialidad de datos, procesos, códigos y caducidades, la seguridad de que las transacciones se realizarán en la fecha y con el importe solicitado, etc.

La seguridad en los trámites bancarios online es una de las cuestiones que más preocupan a los usuarios, llegando a ser una barrera para el uso de esta modalidad.

La gestión de tesorería a través de la banca por internet proporciona una serie de **ventajas** a la empresa, entre ellas están:

Información rápida y actualizada
- Permitir la obtención de información rápida y actualizada, para así saber cómo financiar los déficits o cómo invertir los excedentes de tesorería.

Realización de todo tipo de operaciones
- Consultas y gestiones en cualquier momento, debido al servicio 24 horas.

Continúa en página siguiente >>

<< Viene de página anterior

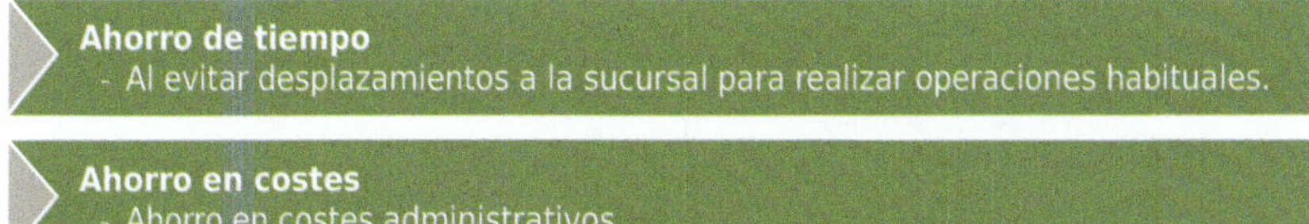

La gestión de la tesorería a través de la banca *online* genera grandes beneficios tanto a la banca en general como a las empresas, ya que ofrece la posibilidad de obtener información detallada y actualizada para contratar en cualquier momento y desde cualquier lugar todo tipo de productos y servicios bancarios.

Cada entidad financiera incluye en su sistema *online*, **aplicaciones informáticas** que van a permitir a sus clientes la realización de determinadas operaciones, mediante sus funciones propias.

Debes tener en cuenta que cada entidad tendrá su propio sistema, y por lo tanto, las funciones serán distintas, uno de otro. No obstante, algunas de estas **funciones** se pueden considerar comunes. Algunas de ellas pueden ser las siguientes:

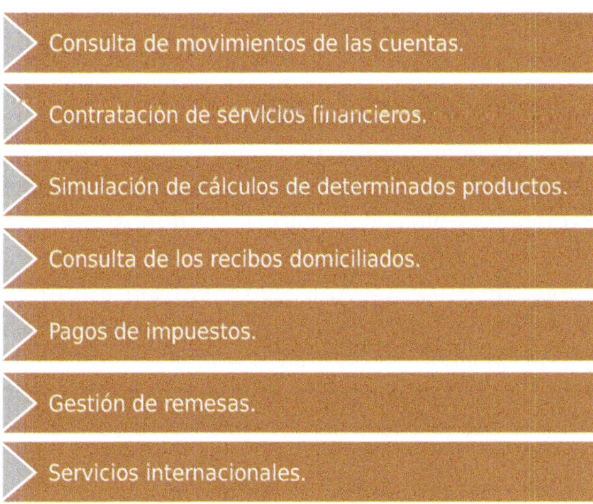

Actualmente la mayoría de las entidades bancarias disponen de plataforma *online* para facilitarle a sus clientes la realización de operaciones sin necesidad de tener que ir a la sucursal. Puedes ver un ejemplo de este tipo de servicio en el siguiente enlace:

https://redirectoronline.com/mf09790204

ACTIVIDAD COMPLEMENTARIA

4. Accede a dos plataformas de banca *online* de tu elección y compara el contenido de ambas. Identifica cuál es más intuitiva en cuanto a manejabilidad y servicio.

5.1. Consulta de extractos

Recuerda, que una de las ventajas que proporciona la gestión de la tesorería a través de internet es la de poder consultar en cualquier momento y desde cualquier punto, los extractos, por ejemplo, de los movimientos en las tarjetas o en las cuentas de crédito, de las remesas de efectos, etc.

Una consulta de extractos consiste en **extraer información de las bases de datos sobre los instrumentos o productos financieros que posea la empresa.** Su finalidad es obtener diversos informes sobre la situación de la tesorería. Estos informes se obtienen haciendo una consulta al banco de datos, sobre la gestión de la cartera de efectos de la empresa.

Si la empresa desea consultar su cartera de efectos y sacar un extracto de su situación, esta podrá extraer varios listados, los cuales irán en función de los criterios especificados. Así, por ejemplo, podrás realizar consultas por número de documento, por fecha de vencimiento, por fecha de emisión, por librador y fecha de emisión, por librador y fecha de vencimiento, por efectos vencidos, etc.

DEFINICIÓN

Número de documento
Código de referencia que permite identificar un apunte de manera rápida. Puede ser utilizado de muchas formas, en función de las necesidades del usuario y las prestaciones del soporte informático.

Este informe puede resultar de utilidad en el caso en que una factura haya dado origen a varios aplazamientos de pago, y se desee conocer el estado en que se encuentran, en una fecha determinada, todos los efectos que se originaron por dicha factura.

Estos criterios indicados no son absolutos, es decir, necesitan complementarse con otros subcriterios que ordenen la información de salida para que esta guarde una cierta coherencia.

EJEMPLO

Si se realiza una consulta de efectos por el número de documento, la información aparece ordenada por ese criterio en primer lugar, y después por cada proveedor, de forma que no aparezcan mezclados documentos que corresponden a distintos proveedores. A su vez, dentro de cada proveedor los efectos se clasifican según su número de orden en la factura. Solo de esta forma el informe que se obtenga tendrá una información coherente y útil. Se señalarán para cada consulta los diversos subcriterios que intervengan en la realización.

TAREA 7

María Clavel, propietaria de la empresa Clavellinas, ha abierto una cuenta corriente asociada a la empresa, en una entidad bancaria y le han facilitado unas claves de usuario para poder realizar sus operaciones mediante la plataforma *online*. Cuando accede a la página de inicio María no sabe cómo acceder a las distintas operaciones y productos que puede realizar.

Para ayudarla, analiza la plataforma *online* de alguna entidad bancaria conocida. Posteriormente, elabora un documento donde se indique la entidad a la que has accedido y las funciones de la aplicación de gestión financiera *online* analizada, capturando y adjuntando imágenes de las diversas opciones que presenta.

6. Obtención y cumplimentación de documentos oficiales a través de internet

HILO CONDUCTOR

El gestor fiscal de la delegación de Blasoptical Paseo de Gracia, se reúne con Pau, porque este está muy interesado en conocer el procedimiento completo para obtener y cumplimentar los documentos oficiales de forma telemática. Aunque no es una tarea que realice a menudo, es importante que conozca la problemática por si en algún momento requiere de su conocimiento.

El desarrollo imparable de las tecnologías de la información y la comunicación (TIC) está produciendo nuevos modos de funcionamiento en el seno de las empresas y de las propias Administraciones públicas, cuyas consecuencias afectan de manera directa a la relación entre estas y los ciudadanos. La mayoría de la documentación requerida a las empresas es presentada por estas de forma telemática, siendo necesario disponer de **certificado electrónico** (firma electrónica).

La mayoría de organismos públicos posibilitan la obtención y cumplimentación de documentos oficiales para su presentación telemática.

Concretamente, para el cumplimiento de las obligaciones fiscales, la página web de la Agencia Tributaria incorpora su propia Sede Electrónica en ella, sin que sea necesario acceder a otra página.

En la empresa Hermes, S. L., en la que trabaja, le piden a Francisco que confeccione el modelo 303 de autoliquidación de IVA del primer trimestre del ejercicio 20XX. La empresa está ubicada en León, tiene el NIF B24895641 y el número de cuenta bancaria es el IBAN: ES21 7121-0506-53-1020008956. Deberá confeccionar el modelo con el programa de ayuda *online* (predeclaración.en) con los siguientes datos:

Bases imponibles y tipos de IVA:

- **Por facturas expedidas: 350.000,00 € al 4 %, 600.000,00 € al 10 % y 200.000,00 € al 21 %.**
- **Por facturas recibidas: 250.000,00 € al 4 %, 450.000,00 € al 10 % y 150.000,00 € al 21 %.**

La liquidación correspondiente al trimestre anterior arrojó un resultado negativo de 5.000,00 € del que no se solicitó su devolución.

¿De qué forma lo confeccionará?

Solución

Para confeccionar la declaración, deberá acceder al módulo **IVA** del apartado **Información y gestiones** de la página de inicio de la Agencia Tributaria.

En el bloque **Gestiones destacadas** deberá hacer clic en la modalidad de presentación del Modelo 303 que vaya a utilizar. En este caso, de las opciones de presentación, escogerá la opción **Modelo 303. Ejercicio 20XX. Formulario para su presentación (predeclaración).**

A continuación, podrá introducir los datos de identificación de la empresa y el período de liquidación, así como diversa información sobre el régimen al que está acogido.

Continúa en página siguiente >>

<< Viene de página anterior

Respecto al IVA devengado, deberá introducir las distintas bases dependiendo del tipo impositivo y la aplicación calculará automáticamente la cuota correspondiente. Al final del bloque de IVA devengado, aparecerá el total de cuotas devengadas.

Respecto al IVA deducible, deberá realizar los cálculos previamente e indicar en el formulario el total de bases y de cuotas a deducir. Como en el caso anterior, al final del bloque aparecerá el total de cuotas deducibles.

A continuación se deberá incluir el importe del resultado negativo del periodo anterior para que sea compensado con el resultado de este periodo. Una vez introducido se obtendrá el resultado final de la declaración, que en este caso es a ingresar. Por ello, se deberá marcar la casilla "A ingresar" y, opcionalmente, se puede incluir los datos bancarios.

Finalmente, se generará la predeclaración y el pdf correspondiente con el modelo 303.

En el siguiente enlace podrá encontrar el modelo 303.

https://redirectoronline.com/mf09790205

PARA SABER MÁS

El certificado electrónico se obtiene a través de la página oficial de la Fábrica Nacional de Moneda y Timbre. Si quieres obtener más información sobre él accede al siguiente enlace:

Continúa en página siguiente >>

<< Viene de página anterior

https://redirectoronline.com/mf09750206

Además de la Agencia tributaria, otros organismos, como por ejemplo la Seguridad Social a través de **Contrat@** permite el envío de notificaciones telemáticas y la Agencia Española de Protección de Datos permite el envío de consultas telemáticas mediante la aplicación **FACILITA RGPD.**

A continuación, se muestra otro ejemplo sobre cómo se presentan telemáticamente uno de los impuestos más relevantes.

APLICACIÓN PRÁCTICA

En la asesoría donde trabajas, te piden que realices la declaración de la renta de Pilar Villa Figueroa, con DNI 55346719W, nacida el 18/02/1970 y casada con Alberto Luengo Castilla, con DNI 22786512K y nacido el 10/07/1972. Su hijo, nacido el 05/11/2003, se llama Daniel Luengo Villa, con DNI 74195008K. Desean aportar el 0,7 % a la Iglesia Católica y a fines sociales.

La vivienda habitual, con titularidad a partes iguales, la poseen en la calle Rodrigo Díaz de Vivar, 7; código postal 37006 de Salamanca. Teléfono 923551379. Tiene la referencia catastral 3275813TL7337E0001WH.

Ambos tienen depósitos en cuentas bancarias que han aportado unos rendimientos íntegros de 100,00 € con una retenciones de 19,00 €, imputables al 50 %.

Pilar Villa Figueroa ha tenido unos rendimientos íntegros del trabajo de 22.000,00 € con una retenciones de 1.100,00 € y unas deducciones de la Seguridad Social de 1.400,00 €.

Continúa en página siguiente >>

<< Viene de página anterior

Alberto Luengo Castilla es empresario de una fábrica de alfombras y tapices encuadrada en el epígrafe 437.1 del IAE y acogida al régimen de estimación directa simplificada. Durante el ejercicio, ha efectuado pagos a cuenta del impuesto por valor de 2.500,00 €. Los ingresos y gastos que arroja su contabilidad son los siguientes:

- **Ingresos íntegros: 150.000,00 €.**
- **Gastos de explotación: 75.000,00 €.**
- **Sueldos y salarios: 30.000,00 €.**
- **Seguridad social: 13.000,00 €.**
- **Alquileres: 5.000,00 €.**
- **Reparaciones y conservación: 2.000,00 €.**
- **Otros servicios: 6.000,00 €.**
- **Amortizaciones: 2.500,00 €.**

¿De qué forma obtendrías la declaración de la renta para que resulte más favorable a los contribuyentes?

Solución

El primer paso es añadir la nueva declaración con la opción **Nueva declaración** o partir de algunos datos ya incluidos, con la opción **Cargar.** A continuación, se mostrará la ventana donde se podrán cumplimentar los datos personales de forma manual o elegir el archivo con los datos ya incluidos.

Los apartados de esta ventana con los datos del enunciado son los siguientes:

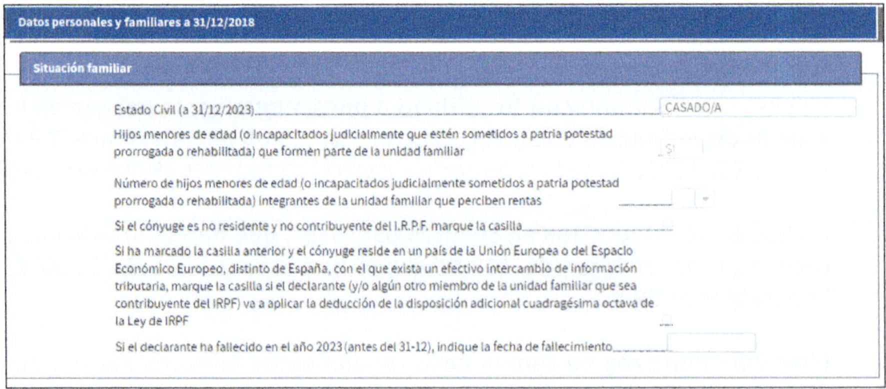

Datos personales y familiares a 31/12/2018

Situación familiar

Estado Civil (a 31/12/2023) .... CASADO/A

Hijos menores de edad (o incapacitados judicialmente que estén sometidos a patria potestad prorrogada o rehabilitada) que formen parte de la unidad familiar .... SI

Número de hijos menores de edad (o incapacitados judicialmente sometidos a patria potestad prorrogada o rehabilitada) integrantes de la unidad familiar que perciben rentas ....

Si el cónyuge es no residente y no contribuyente del I.R.P.F. marque la casilla ....

Si ha marcado la casilla anterior y el cónyuge reside en un país de la Unión Europea o del Espacio Económico Europeo, distinto de España, con el que exista un efectivo intercambio de información tributaria, marque la casilla si el declarante (y/o algún otro miembro de la unidad familiar que sea contribuyente del IRPF) va a aplicar la deducción de la disposición adicional cuadragésima octava de la Ley de IRPF

Si el declarante ha fallecido en el año 2023 (antes del 31-12), indique la fecha de fallecimiento ....

Datos de la situación familiar

Continúa en página siguiente >>

<< Viene de página anterior

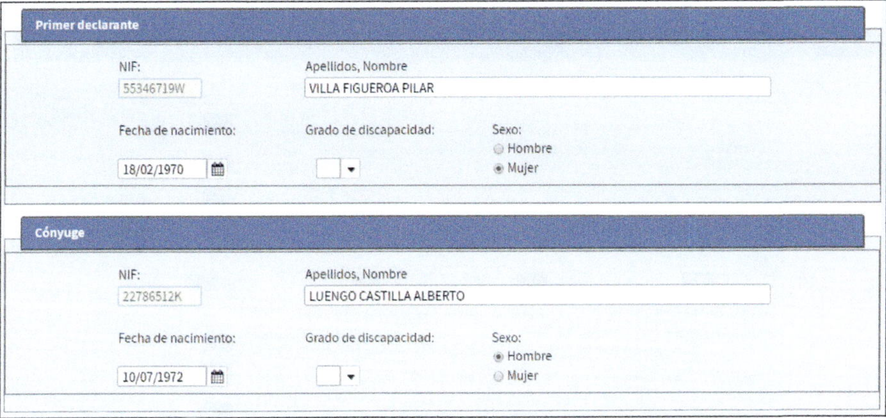

Datos del declarante y del cónyuge

Hijos con edades comprendidas entre 18 y 24 años y sobre los que no se ha constituido curatela representativa ni están sujetos a patria potestad prorrogada o rehabilitada

Hijos de 25 años o más con discapacidad y sobre los que no se ha constituido curatela representativa ni están sujetos a patria potestad prorrogada o rehabilitada

Descendientes distintos de los hijos y personas en acogimiento o tutela (o de las que se tenga la guarda y custodia por resolución judicial) menores de 25 años o mayores de esa edad con discapacidad

	Nombre	NIF	Fecha de nacimiento	Clave de discapacidad	Fallecido en 2023	Volumen de rentas	Borrar
1	DANIEL	74195008K	05/11/2003				
2							

Datos de los hijos

Una vez cumplimentados los datos podrás aceptarlos con el botón **Aceptar.** A continuación, se mostrará una ventana informativa con el Resumen de las declaraciones, tras la cual te podrás dirigir a rellenar el resto de datos de la declaración.

Tras esto, podrás ir a la página 1 (II), y marcar las casillas de asignación a la Iglesia Católica y/o a fines sociales.

A continuación, deberás introducir los datos de rendimientos del trabajo en la página 4, dando como resultado los datos que se muestran en la imagen.

Continúa en página siguiente >>

<< Viene de página anterior

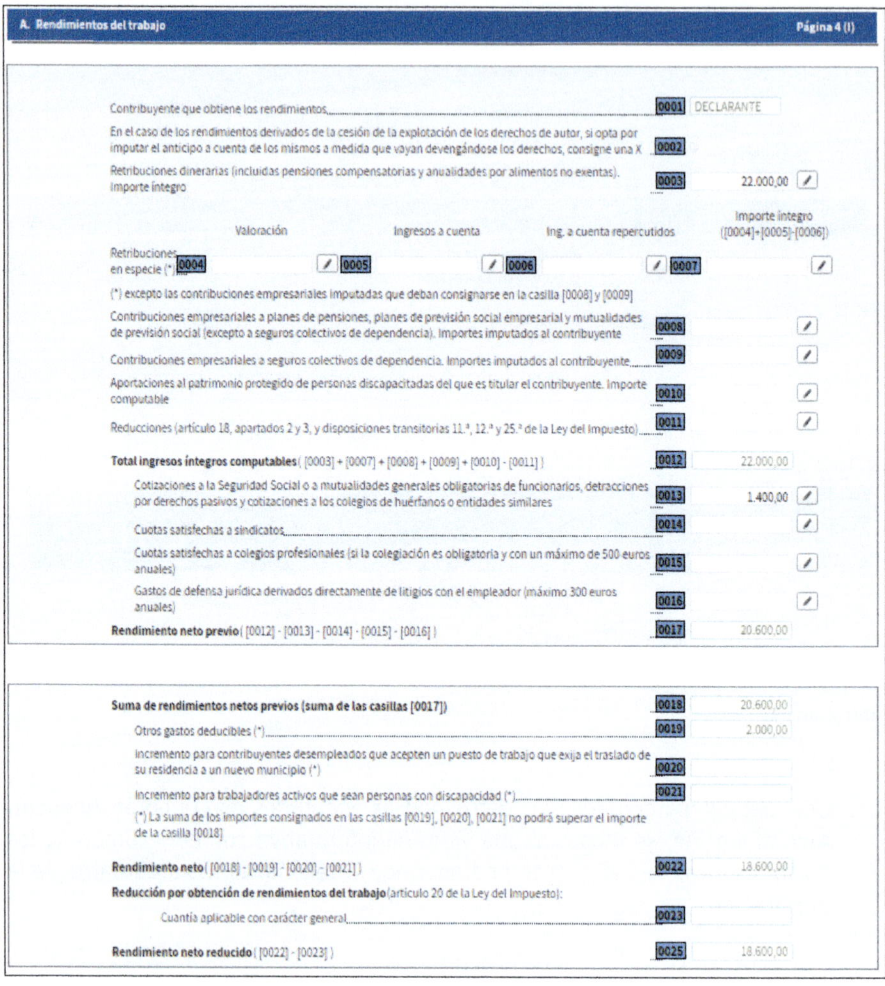

A. Rendimientos del trabajo — **Página 4 (I)**

Concepto	Casilla	Importe
Contribuyente que obtiene los rendimientos	0001	DECLARANTE
En el caso de los rendimientos derivados de la cesión de la explotación de los derechos de autor, si opta por imputar el anticipo a cuenta de los mismos a medida que vayan devengándose los derechos, consigne una X	0002	
Retribuciones dinerarias (incluidas pensiones compensatorias y anualidades por alimentos no exentas). Importe íntegro	0003	22.000,00

	Valoración	Ingresos a cuenta	Ing. a cuenta repercutidos	Importe íntegro ([0004]+[0005]-[0006])
Retribuciones en especie (*)	0004	0005	0006	0007

(*) excepto las contribuciones empresariales imputadas que deban consignarse en la casilla [0008] y [0009]

Concepto	Casilla	Importe
Contribuciones empresariales a planes de pensiones, planes de previsión social empresarial y mutualidades de previsión social (excepto a seguros colectivos de dependencia). Importes imputados al contribuyente	0008	
Contribuciones empresariales a seguros colectivos de dependencia. Importes imputados al contribuyente	0009	
Aportaciones al patrimonio protegido de personas discapacitadas del que es titular el contribuyente. Importe computable	0010	
Reducciones (artículo 18, apartados 2 y 3, y disposiciones transitorias 11.ª, 12.ª y 25.ª de la Ley del Impuesto)	0011	
Total ingresos íntegros computables ([0003] + [0007] + [0008] + [0009] + [0010] - [0011])	0012	22.000,00
Cotizaciones a la Seguridad Social o a mutualidades generales obligatorias de funcionarios, detracciones por derechos pasivos y cotizaciones a los colegios de huérfanos o entidades similares	0013	1.400,00
Cuotas satisfechas a sindicatos	0014	
Cuotas satisfechas a colegios profesionales (si la colegiación es obligatoria y con un máximo de 500 euros anuales)	0015	
Gastos de defensa jurídica derivados directamente de litigios con el empleador (máximo 300 euros anuales)	0016	
Rendimiento neto previo ([0012] - [0013] - [0014] - [0015] - [0016])	0017	20.600,00

Concepto	Casilla	Importe
Suma de rendimientos netos previos (suma de las casillas [0017])	0018	20.600,00
Otros gastos deducibles (*)	0019	2.000,00
Incremento para contribuyentes desempleados que acepten un puesto de trabajo que exija el traslado de su residencia a un nuevo municipio (*)	0020	
Incremento para trabajadores activos que sean personas con discapacidad (*)	0021	

(*) La suma de los importes consignados en las casillas [0019], [0020], [0021] no podrá superar el importe de la casilla [0018]

Concepto	Casilla	Importe
Rendimiento neto ([0018] - [0019] - [0020] - [0021])	0022	18.600,00
Reducción por obtención de rendimientos del trabajo (artículo 20 de la Ley del Impuesto):		
Cuantía aplicable con carácter general	0023	
Rendimiento neto reducido ([0022] - [0023])	0025	18.600,00

Datos de rendimiento del trabajo de Pilar

Continúa en página siguiente >>

<< *Viene de página anterior*

Los rendimientos del capital mobiliario los podrás introducir en la siguiente página, pero, al ser imputables al 50 %, deberás introducir la mitad para cada cónyuge. Para ello, podrás alternar entre cada uno con la opción **Modalidad,** situada en la parte superior derecha de la ventana. La siguiente imagen muestra la entrada de datos para el declarante, la cual debe quedar igual para el cónyuge.

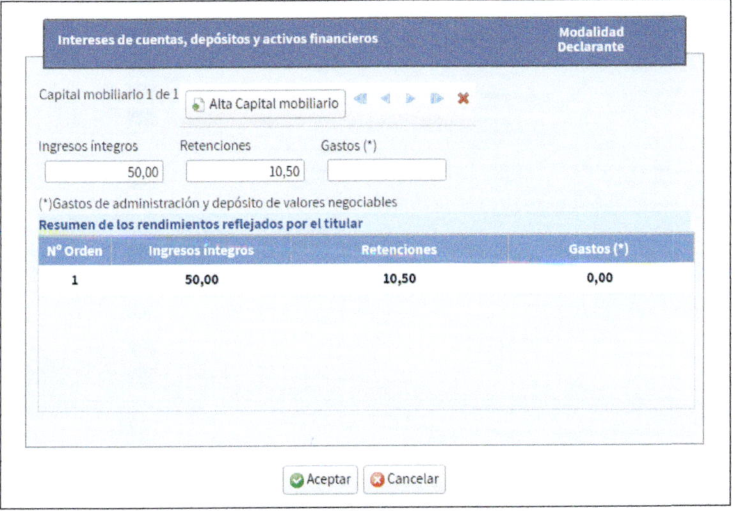

Intereses de cuentas del declarante

Seguidamente, se han de introducir los datos correspondientes a los rendimientos de actividades económicas del cónyuge. Estos se han de introducir en la página, tal y como se muestra en las siguientes imágenes.

Continúa en página siguiente >>

<< Viene de página anterior

D1. Rendimientos de actividades económicas en estimación directa — Página 8 / 9 (I)

Actividades económicas realizadas y rendimientos obtenidos

Marque la siguiente casilla si desea usar la importación de libros de registro ☐ Libros de registro

Actividad 1 de 1 Alta Actividad

Actividades realizadas

Concepto	Casilla	Valor
Contribuyente que realiza la/s actividad/es	0165	CONYUGE
Actividad:		Buscador Actividades
Código y tipo de actividad	0166	A03
Modalidad aplicable del método de estimación directa (consigne N:normal S:simplificada)	0168	S
Grupo o epígrafe I.A.E. (de la actividad principal en caso de realizar varias actividades del mismo tipo)	0167	4371
Descripción		FABRICACIÓN ALFOMBRAS Y TAPICES
Si para la imputación temporal de los rendimientos opta por la aplicación del criterio de cobros y pagos, consigne una "X"	0169	☐
Atención: la opción se referirá necesariamente a todas las actividades del mismo titular		
En el caso de los rendimientos derivados de la cesión de la explotación de los derechos de autor, si opta por imputar el anticipo a cuenta de los mismos a medida que vayan devengándose los derechos, consigne una "X"	0170	☐
Ingresos íntegros		
Ingresos de explotación	0171	150.000,00
Ingresos financieros derivados del aplazamiento o fraccionamiento de operaciones realizadas en desarrollo de la actividad	0172	
Ingresos por subvenciones corrientes	0173	
Imputación de ingresos por subvenciones de capital	0174	
Autoconsumo de bienes y servicios	0175	
IVA devengado (por ejemplo, recargo de equivalencia y/o compensación de agricultura, ganadería y pesca)	0176	
Variación de existencias (incremento de existencias finales)	0177	
Otros ingresos	0178	
Transmisión elementos patrimoniales que hayan gozado libertad amortización: exceso amortización deducida respecto amortización deducible (DA trigésima Ley Impuesto)	0179	
Total ingresos computables (Suma [0171] a [0179])	0180	150.000,00
Gastos fiscalmente deducibles		
Compra de existencias	0181	75.000,00
Variación de existencias (disminución de existencias finales)	0182	
Otros consumos de explotación	0183	
Sueldos y salarios	0184	30.000,00
Seguridad Social a cargo de la empresa	0185	13.000,00
Seguridad Social del titular de la actividad	0186	
Aportaciones a mutualidades alternativas del titular de la actividad	0195	
Indemnizaciones	0187	
Dietas y asignaciones de viajes del personal empleado	0188	
Aportaciones a sistemas de previsión social imputadas al personal empleado	0189	
Otros gastos de personal	0190	
Gastos de manutención del contribuyente (artículo 30.2.5ª.c de la Ley del Impuesto)	0191	
Arrendamientos y cánones	0192	5.000,00

Rendimientos de actividades económicas del cónyuge

Continúa en página siguiente >>

<< Viene de página anterior

Concepto	Casilla	Importe
Reparaciones y conservación	0193	2.000,00
Suministros (electricidad, agua, gas, telefonía e internet)	0194	
Otros suministros	0198	
Servicios de profesionales independientes	0199	
Primas de seguros	0200	
Otros servicios exteriores	0202	6.000,00
Gastos financieros	0203	
IVA soportado (por ejemplo, recargo de equivalencia y/o compensación de agricultura, ganadería y pesca)	0205	
Otros tributos fiscalmente deducibles	0206	
Dotaciones del ejercicio para amortización de inmovilizado material	0208	2.500,00
Dotaciones del ejercicio para amortización del inmovilizado inmaterial	0227	
Pérdidas por insolvencias de deudores	0214	
Incentivos al mecenazgo. Convenios de colaboración en actividades de interés general	0215	
Incentivos al mecenazgo. Gastos en actividades de interés general	0216	
Otros conceptos fiscalmente deducibles (excepto provisiones)	0217	
Suma ([0181] a [0195] + [0198] a [0200] + [0202] + [0203] + [0205] + [0206] + [0208] + [0227] + [0214] a [0217])	0218	133.500,00
Actividades en estimación directa (modalidad normal):		
Provisiones fiscalmente deducibles	0219	
Total gastos deducibles ([0218] + [0219])	0220	
Actividades en estimación directa (modalidad simplificada):		
Diferencia ([0180] - [0218])	0221	16.500,00
Conjunto de provisiones deducibles y gastos de difícil justificación (*)	0222	1.155,00
Total gastos deducibles ([0218] + [0222])	0223	134.655,00

(*) Téngase en cuenta el límite establecido en el artículo 30.2.ª del Reglamento del Impuesto

Rendimiento neto y rendimiento neto reducido	Casilla	Importe
Rendimiento neto ([0180] - [0220] o [0180] - [0223])	0224	15.345,00
Reducciones de rendimientos generados en más de 2 años u obtenidos de forma notoriamente irregular (artículo 32.1 y D.T 25ª de la Ley del Impuesto)	0225	
Reducción de rendimientos acogidos al régimen fiscal del acontecimiento "XXXVII Copa América Barcelona" (Disposición final trigésima sexta de la Ley 31/2022 de PGE-2023)	0236	
Rendimiento neto reducido ([0224] - [0225] - [0236])	0226	15.345,00
Si tiene derecho a la reducción por inicio de una actividad económica marque la casilla habilitada al efecto (si, excepcionalmente, realiza más de una actividad debe marcarse para cada una de las actividades que deban computarse a efectos de la reducción; vea la AYUDA)		☐

Rendimiento neto reducido total de las actividades económicas en estimación directa	Casilla	Importe
Suma de rendimientos netos reducidos de las actividades económicas en estimación directa (suma de las casillas [0226])	0231	15.345,00
Si cumple los requisitos para poder aplicar la siguiente reducción (vea la ayuda), seleccione la clave que corresponda		
Reducción por el ejercicio de determinadas actividades económicas (artículo 32.2.1º de la Ley del Impuesto)	0232	
Reducción por el ejercicio de determinadas actividades económicas (artículo 32.2.3º de la Ley del Impuesto)	0233	
Reducción por inicio de una actividad económica (artículo 32.3 de la Ley del Impuesto)	0234	
Rendimiento neto reducido total de las actividades económicas en estimación directa ([0231] - [0232] - [0233] - [0234])	0235	15.345,00

Rendimientos de actividades económicas del cónyuge

Continúa en página siguiente >>

<< Viene de página anterior

El último paso antes de obtener el resultado es introducir los pagos a cuenta del impuesto realizados por el cónyuge. Estos los deberá indicar en la página 22 (II) en el campo Pagos fraccionados ingresados (actividades económicas) por importe de 2.500,00 €.

Así, una vez terminado, te situarás en la última página del **Documento de Ingreso o Devolución** para visualizar los resultados en cada modalidad.

En la modalidad de declaración conjunta, el resultado obtenido es de 2.210,75 € a ingresar.

Sin embargo, realizando declaraciones individuales, el resultado del declarante es de 1.459,00 € a ingresar y para el cónyuge arroja 643,00 € a devolver. Esto da un pago neto de 816,00 €, que es mucho más ventajoso que la opción conjunta.

7. Resumen

Uno de los aspectos importantes a tener en cuenta dentro de la política de tesorería es el *Cash-Management,* también conocido como gestión activa de la tesorería, uno de los campos dinámicos de la gestión empresarial que más se han desarrollado en las últimas décadas. Esto es debido a que todos los procesos que transcurren en el interior de la empresa tienen una repercusión en términos monetarios.

Así, la gestión de tesorería se encarga, entre otros aspectos, del estudio de los instrumentos de pago y cobro más adecuados para la empresa, entre los que se encuentran:

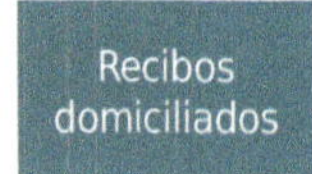

Transferencias bancarias

Cheques

Pagarés

Remesas de efectos

Independientemente de los medios utilizados, la empresa debe conocer cómo utilizarlos y cuáles son los más indicados en cada momento, así como su correcta cumplimentación para que estos no pierdan su validez.

A consecuencia del avance de las nuevas tecnologías, los instrumentos más utilizados por las empresas en el circuito de cobros y pagos son confeccionados, incluso en algunos casos tramitados, de forma telemática, suponiendo un importante ahorro de tiempo para las mismas. Entre estos instrumentos destacan los recibos domiciliados, las transferencias, los cheques, los pagarés y las tarjetas de crédito y débito.

Estos servicios son, en la actualidad, ofrecidos por las entidades financieras de forma telemática, facilitando enormemente la tarea a las empresas usuarias y ofreciendo servicios más eficaces. Es lo conocido como Banca *online*, lo cual ha supuesto en los últimos años un importante ahorro de costes y tiempo tanto para las empresas como para las entidades financieras.

Ejercicios de autoevaluación Unidad de Aprendizaje 2

1. **Señale la diferencia fundamental entre la tarjeta de crédito y la tarjeta de débito.**

   ____
   ____
   ____
   ____

2. **Respecto a la domiciliación de recibos *online*, ¿quién es el emisor de los adeudos directos por domiciliaciones?**

   a. Acreedor.
   b. Entidad del acreedor.
   c. Deudor.
   d. La entidad domiciliataria.

3. **El espacio de tiempo que va desde el vencimiento del documento de pago hasta el cargo en valor en la cuenta de la empresa se denomina:**

   a. Domiciliación bancaria.
   b. Periodo de carencia.
   c. *Confirming.*
   d. *Float.*

4. **¿Cómo se denomina a la persona que tiene que pagar el cheque y emite el documento?**

   a. Librado
   b. Librador
   c. Endosante
   d. Endosatario

5. **Indique, al menos, cuatro de las ventajas que proporciona el servicio de recibos domiciliados *online*.**

____

____

____

____

6. **¿Cuál de los siguientes no es un requisito para la correcta emisión de los cheques?**

   a. La denominación de "cheque" inserta en el documento.
   b. El mandato puro y simple de pagar una suma determinada.
   c. El nombre del librador.
   d. La firma del librador.

7. **Indique si las siguientes afirmaciones son verdaderas o falsas.**

   a. La adecuada elección de los instrumentos de cobros y pagos suele ser una decisión que provoca ciertas dudas a la empresa en determinados momentos.

      - Verdadero
      - Falso

   b. El servicio de domiciliación de recibos *online* no suele ser utilizado por las grandes empresas con volumen elevado de cobros.

      - Verdadero
      - Falso

   c. Los libros registros de cheques pueden ser considerados como un diario especial que usan las empresas para anotar todos los cheques emitidos mediante un sistema de comprobantes.

      - Verdadero
      - Falso

8. Si se recibe un pagaré, ¿qué tres opciones se pueden llevar a cabo con dicho documento?

____

____

____

____

9. Ordena los pasos para realizar una transferencia a través de la banca *online*.

a. Introducir los códigos de cuenta, tanto del emisor de la transferencia como del receptor.
b. Introducir la clave de operaciones del cliente de la entidad, para verificar la titularidad de aquel que la realiza.
c. Introducir el importe que se desea transferir.
d. Acceder al enlace de transferencias *online*.

10. ¿En qué tipo de tarjeta se realizan los cargos de las operaciones de forma aplazada en el tiempo, en función del tipo de amortización pactado?

a. Tarjetas de crédito.
b. Tarjetas de débito.
c. Tarjetas de fidelidad.
d. Tarjetas de descuento.

Unidad de Aprendizaje 3

Métodos básicos de control de tesorería

Contenido

1. Introducción
2. El presupuesto de tesorería
3. El libro de caja
4. El libro de bancos
5. Integridad y confidencialidad en la gestión y control de tesorería
6. Resumen

Objetivos

Los objetivos específicos de esta Unidad de Aprendizaje son:

→ Elaborar el presupuesto de tesorería

→ Conocer los libros de caja y bancos utilizados en el control de la tesorería.

→ Aplicar el arqueo de caja.

→ Aplicar la conciliación bancaria.

1. Introducción

La tesorería es probablemente la magnitud con mayor importancia dentro de la gestión empresarial. De hecho, está presente en todas las actividades empresariales, de tal forma que un error en su gestión podría poner en peligro la actividad de la empresa. La tesorería actúa como el nexo de unión entre la gestión a largo plazo y a corto plazo.

Para que no se produzcan fallos en su gestión, lo que produciría como consecuencia de ello el no poder hacer frente a las operaciones de pagos, los gestores utilizan una serie de mecanismos que avisan periódicamente de las insuficiencias de la gestión empresarial, pudiéndose utilizar estos como mecanismos de control presupuestario.

Una adecuada gestión de los recursos líquidos implicará la anticipación a lo que ocurrirá, lo que proporcionará las señales de alerta que permitirán adelantarse a situaciones conflictivas o aprovechar situaciones ventajosas.

A lo largo de la unidad de aprendizaje se desarrollarán algunos de los métodos básicos de control de tesorería, como son el presupuesto de tesorería, el libro de caja o el libro de bancos. Se conocerá su significado económico y sus principales características, así como la finalidad de su elaboración en la empresa. Estos mecanismos permitirán llevar un seguimiento estricto de la tesorería.

Para abordar estos métodos, nos basaremos en el caso de Adela, un miembro del departamento financiero que dirige Pau, en su proceso de adaptación a la nueva tarea encomendada sobre el control de la tesorería de Blasoptical Paseo de Gracia.

2. El presupuesto de tesorería

 **HILO CONDUCTOR**

Pau está explicándole a Adela, un miembro del departamento financiero, los diferentes métodos que existen para llevar el control de la tesorería. Ha empezado por el presupuesto de tesorería. ¿Qué conocimientos deberá transmitirle sobre esta herramienta?

La tesorería de una empresa queda conformada por las disponibilidades líquidas depositadas en caja, en las diferentes entidades de crédito con las que trabaja en su operatividad diaria o en aquellas inversiones a corto plazo de gran liquidez. Por ello, representa una magnitud con mucha importancia dentro de la gestión empresarial.

La tesorería presenta una **visión dinámica,** realizando previsiones futuras y exigiendo un conocimiento de los saldos diarios. Para ello, se dispone de una herramienta denominada **presupuesto de tesorería.**

Dicho presupuesto proporciona una relación de cobros y pagos según el origen de los mismos, así como una determinada posición de liquidez al final del período presupuestario considerado.

El presupuesto de tesorería sigue el siguiente **esquema:**

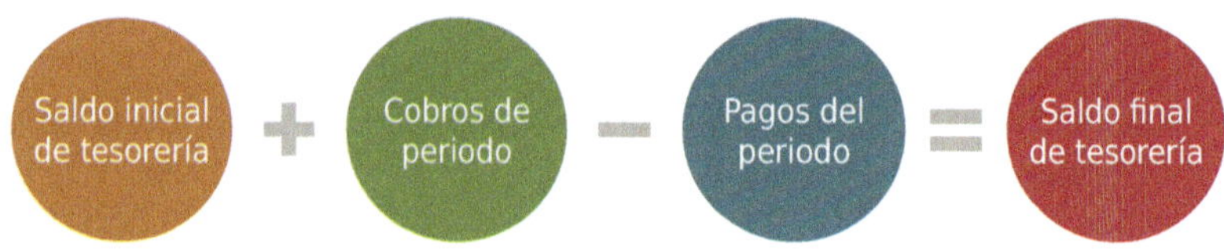

2.1. Finalidad del presupuesto

Controlar la tesorería de forma eficiente es uno de los aspectos a tener muy en cuenta por las empresas, concretamente por los responsables de dicha tesorería. Para lograrlo, el tesorero suele ayudarse del presupuesto de tesorería.

La no coincidencia en el tiempo entre ingresos y cobros, por un lado; y gastos y pagos, por el otro, obliga a la existencia de un documento diferente de la cuenta de pérdidas y ganancias, donde se reflejen los flujos monetarios previstos que generará la actividad desarrollada por la empresa.

Así, puede anticipar diferentes situaciones:

Déficit	Superávit
- Si el presupuesto detecta que la empresa será incapaz de generar los recursos suficientes, los responsables podrán anticipar y adoptar las medidas correctoras necesarias para la obtención de fondos a corto plazo.	- Si revela un exceso de recursos líquidos, se podrán buscar inversiones alternativas con menor liquidez, pero con una mayor rentabilidad (mide el rendimiento que producen los capitales utilizados en un determinado período de tiempo).

Por lo tanto, un aspecto importante a tener en cuenta, muy relacionado con la finalidad del presupuesto de tesorería, es el concepto de liquidez. Dotar de liquidez suficiente a la empresa para hacer frente a sus pagos futuros, en base a los cobros previstos, es una de las funciones principales del departamento de tesorería.

RECUERDA

El presupuesto de tesorería, además de controlarla, permite prever situaciones de déficit o superávit, intentando con ello, por un lado, asegurar la liquidez de la empresa, es decir, garantizar en todo momento que con los recursos disponibles se podrá hacer frente a las obligaciones inmediatas de pago; y por otro, conseguir una rentabilidad con los recursos líquidos generados y no utilizados en la corriente de pagos.

2.2. Características de un presupuesto

Además de llevar a cabo una buena gestión de la actividad empresarial, para poder tener éxito, la empresa debe planificar muy bien su tesorería. No es lo mismo beneficios (ingresos-gastos) que liquidez (cobros-pagos); por lo tanto, aunque la empresa tenga beneficios, si no tiene controlada y planificada su tesorería, probablemente tendrá problemas para desarrollar su actividad.

IMPORTANTE

Contar con un presupuesto de tesorería es elemental para gestionar adecuadamente una empresa, ya que este permite establecer los flujos de pagos y cobros que se producirán en el ejercicio presupuestario. Estos flujos provocarán en la empresa la necesidad de controlarlos de forma paralela al presupuesto general, más exhaustivo si cabe, que permita ir ajustando a lo largo del ejercicio esas previsiones de pago y cobros.

El **objetivo** de la gestión de la tesorería es que el **flujo de fondos circule por la empresa adecuadamente** y poder elaborar un saldo en valor fidedigno durante todo el período presupuestado, para lo que se necesita una buena visión a corto y medio plazo para optimizar las decisiones sobre liquidez.

A continuación, se exponen las **etapas** encaminadas a ejercer un control sobre el presupuesto:

- **Proyección:** el objetivo es proyectar resultados futuros. Estos dependerán de estimaciones que obtendrá la empresa a través de información sobre hechos históricos y experiencias anteriores.
- **Disposición:** la empresa obtendrá su presupuesto a través de las sumas de los elementos que lo forman.
- **Previsión:** el presupuesto de tesorería opera a modo de previsión a corto y medio plazo, con la finalidad de poder anticipar los posibles movimientos de cobros y pagos.
- **Orientación:** marca los pasos a seguir en la compañía respecto a los cobros y pagos, y busca no desviarse demasiado de los mismos a lo largo del período.
- **Unificación:** la unificación de los demás presupuestos de cada área en el presupuesto general de la empresa debe realizarse de tal manera que no haya incompatibilidades entre unos y otros.
- **Supervisión:** a través de la vigilancia continua del presupuesto, es posible controlar las desviaciones producidas por diversas causas.

Las **características principales** del presupuesto son las siguientes:

- El presupuesto informará del **tratamiento de la financiación e inversiones,** permitiendo prever los pagos y cobros a realizar en un determinado período.
- El presupuesto constituye una **herramienta básica para la toma de decisiones.** Permite determinar las situaciones de déficit, a fin de poder

evitar una falta de liquidez en la empresa, así como detectar posibles superávits, a fin de evitar la existencia de recursos ociosos y buscar alternativas de inversión con las que rentabilizar en un período.

- El **horizonte temporal** suele ser el año, aunque para obtenerlo de forma detallada se utiliza un horizonte temporal quincenal, mensual o incluso trimestral.

En relación al horizonte temporal es importante hacer alusión a los conceptos de **planificación** y **previsión,** ya que estos harán posible la creación del presupuesto.

DEFINICIÓN

Planificación
Confeccionar los objetivos que desea alcanzar la empresa, considerando la situación del entorno que la rodeará en el futuro.

Las **previsiones** del presupuesto reflejan la influencia en la liquidez de las diferentes actividades que va a realizar la empresa y, en particular, la influencia de su política de inversiones y financiación. Su creación permitirá conocer con anticipación el excedente o superávit que se producirá en la empresa.

Para una adecuada gestión de los recursos líquidos, es necesaria una correcta planificación; sin embargo, resultan evidentes las limitaciones que existen para realizar previsiones de cobros y pagos a plazos futuros, tanto mayores cuanto más lejos del tiempo presente. Es conveniente que las empresas hagan esfuerzos encaminados a la consecución de previsiones de tesorería, pues los beneficios que esto proporciona así lo aconsejan.

Para conocer en todo momento qué actuación debe seguir la organización, el empresario o director financiero debe planificar y prever, es decir, debe diseñar el conjunto de las estrategias a seguir y las alternativas sobre las que tendrá que decidir.

La planificación temporal de la tesorería se puede distribuir en **cuatro tramos:**

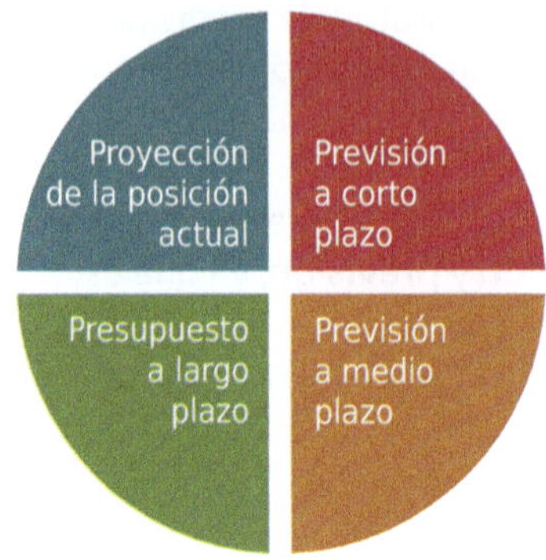

Proyección de la posición actual (abarca un máximo de 7 a 10 días)

Este primer tramo sirve al tesorero para conocer cuál es la posición en valor actual, consecuencia de las operaciones registradas e, incluso, de las órdenes dadas y realizadas recientemente y que pueden no estar registradas aún por el banco.

Previsión a corto plazo (abarca los próximos 30 días)

Trata de hacer una previsión día a día, de los vencimientos de pagos, estimaciones de cobro, cargos por servicios, nóminas... para poder decidir, por ejemplo, en qué banco ubicar los cobros y pagos que sean desplazables, o ver qué necesidades o excedentes tendrá la empresa.

Previsión a medio plazo (abarca los próximos 3-6 meses)

En esta tercera etapa, la empresa tratará de ampliar, con los mismos conceptos del tramo anterior, el plazo de previsión a la fecha máxima en la que pueda tener datos relativamente fiables, en relación a los cobros y a los pagos. En esta fase, ya que se está más alejado en el tiempo, el margen de desviaciones admitidas será mayor.

Presupuesto a largo plazo (abarca un año)

Este se enclava en los presupuestos globales de la compañía, junto con el balance y la cuenta de resultados presupuestados para el ejercicio. Aquí ya no se habla de previsiones, sino de presupuestos.

Las **ventajas** que conlleva la implantación del presupuesto de tesorería son las siguientes:

VENTAJAS DEL PRESUPUESTO DE TESORERÍA
Asegura la liquidez de la empresa a corto y medio plazo.
Optimiza la gestión financiera de la compañía, minimizando los costes financieros y maximizando los ingresos financieros.
Mejora la gestión de las necesidades operativas de fondos de maniobras.
Identifica las necesidades de financiación o liquidez con tiempo suficiente para realizar una negociación bancaria óptima.
Mejora la rentabilidad de los excedentes, eliminando saldos ociosos.
Permite controlar el *cash-flow* de una forma sencilla y ergonómica, de manera que no sean terceros los que marquen las pautas en la gestión financiera de la entidad.

DEFINICIÓN

Cash-flow

Son los flujos de caja o flujo de fondos; representa un importante indicador de la liquidez de una empresa. Los flujos de caja representan la acumulación neta de activos líquidos en un periodo determinado, es decir, el flujo de entradas y salidas de efectivo.

2.3. Elaboración de un presupuesto sencillo

Para elaborar un presupuesto de tesorería se ha de conocer el valor de los cobros y de los pagos, siendo estos los siguientes:

Cobros	Pagos
- Son los ingresos líquidos o entradas que obtiene la empresa. - La mayor parte de los ingresos proceden de las ventas, considerándose cobros **ordinarios.** - Se deberá tener en cuenta la previsión de las ventas, el plazo de cobro y el IVA cobrado. - Aspectos como la unificación de criterios y la **fecha valor,** pueden determinar la previsión de las ventas y avisar de posibles desajustes.	- Son las salidas de dinero que se producen en la tesorería de la empresa. - Los pagos **ordinarios** son aquellos con los que se hace frente al funcionamiento normal de la empresa, tales como pagos por compras a proveedores; por sueldos y cotizaciones; suministros, etc. - Los pagos **extraordinarios** son los que satisfacen normalmente de bienes el activo fijo.

DEFINICIÓN

Fecha valor
Es el momento a partir del cual una suma empieza a generar intereses.

Un presupuesto sencillo de tesorería donde se detallan las diferentes agrupaciones de cobros y pagos en función de su origen y procedencia, será el que se muestra a continuación:

CONCEPTOS	PERÍODO
1. + Cobros por ventas	
2. - Pagos de explotación	

Continúa en página siguiente >>

<< Viene de página anterior

CONCEPTOS	PERÍODO
3. = Tesorería de explotación 1-2	
4. + Cobros por ampliación de capital	
5. + Cobros de préstamos y empréstitos	
6. - Amortización financiera de deudas a largo plazo	
7. - Pagos por gastos de inversión productiva	
8. - Pagos por inversión financiera	
9. = Tesorería por operaciones de capital 4+5-6-7-8	
10. + Cobros por desinversiones	
11. + Cobros por intereses de cartera	
12. - Pagos por operaciones de intermediación	
13. = Tesorería extraordinaria 10+11-12	
14. - Pago de dividendos	
15. - Pago de intereses del pasivo a largo plazo	
16. = Pago por retribución del pasivo a largo plazo 14+15	
17. + Cobros de créditos a corto plazo	
18. - Amortizaciones de créditos a corto plazo	
19. - Pago de intereses por descuento y créditos a corto plazo	
20. - Pago acreedores a corto plazo	
21. - Pago por inversiones financieras temporales	
22. = Tesorería por operaciones de circulante 17-18-19-20-21	
23. - Pago de impuestos	
24. = Superávit o déficit del período	
25. Tesorería del período anterior	
26. = Previsión de tesorería del período	

VÍDEO

Un presupuesto de tesorería está formado por todos los cobros y pagos de la empresa. Para conocer su función y los elementos generales que lo integran, puedes visualizar el siguiente vídeo explicativo.

https://redirectoronline.com/mf09790508

Los diferentes **elementos del presupuesto de tesorería** se corresponderán con los diferentes componentes del presupuesto general de la empresa. A continuación, puedes ver cuáles conforman dichos elementos:

- **Ventas:** el **presupuesto de ventas** representa uno de los aspectos fundamentales de los presupuestos generales, ya que las ventas suponen el objeto de la actividad de la empresa, a través de las cuales se genera la tesorería. Este muestra las cuentas a cobrar de clientes más los impagados. Las cuentas a cobrar dependerán de los plazos negociados con los clientes. Para fijar el importe de impagados, se utilizarán datos históricos en devoluciones sobre ventas.
- **Inversiones:** el **presupuesto de inversiones** refleja la composición e importe de las inversiones a realizar en el período presupuestado fijado. Contempla todos los proyectos de gastos en bienes materiales e inmateriales, con ciclo de explotación superior al año. Cuando se habla de inversiones, desde el punto de vista de la explotación, se hace referencia a proyectos con los que la empresa busca mantener o mejorar su capacidad y eficacia productiva.
- **Gastos generales:** el **presupuesto de gastos generales** se refiere a todos los gastos originados por los departamentos de administración, *marketing*, finanzas, etc. De él se podrán extraer los pagos relacionados con estos gastos.
- **Recursos humanos:** el **presupuesto de recursos humanos** proporciona información sobre el importe de las nóminas, los gastos de Seguridad Social y del Impuesto sobre la Renta de las Personas Físicas (IRPF). Con este presupuesto se conocerán los pagos por devengo de estos conceptos.

- **Compras:** el **presupuesto de compras** abarca las cuentas a pagar, las cuales dependerán del plazo negociado con los proveedores para realizar dicho desembolso. Con este presupuesto se obtendrá información sobre el importe y momento real de las compras realizadas por la compañía en un período determinado.
- **Producción:** el **presupuesto de producción** contempla los gastos de mantenimiento y los gastos de suministros. El importe de ambos dependerá del ritmo de producción. Para elaborar este presupuesto, se partirá del presupuesto de ventas.

Después de haber analizado los diferentes cobros y pagos en la empresa que componen el presupuesto de tesorería, es necesario abordar su **elaboración.**

- **Tesorería de explotación:** se parte de los cobros de ventas para cada uno de los períodos, obtenidos de la previsión de las ventas y la ayuda de las condiciones de crédito establecidas en la política de circulante, así como los límites y costes del descuento. A estos se le restan los pagos de explotación por compras que se determinan con la previsión de inventarios de materiales y el consumo de los mismos, teniendo en cuenta el período medio de pago a los proveedores, y otros pagos como gastos de personal y otros gastos generales.
- **Tesorería por operaciones de capital:** se incluirán todas las operaciones que provengan de la política de inversión y financiación que lleve a cabo la empresa.
- **Tesorería de operaciones extraordinaria:** esta será el resultado de calcular la tesorería por la cartera de valores, la cual se obtendría con ayuda de las carteras existentes, así como de su rentabilidad prevista y los gastos de intermediación.
- **Pagos por retribución de los pasivos fijos a largo plazo:** se incluirán tanto la retribución del capital ajeno, a través del pago de intereses, como la del propio, mediante el pago que implica la distribución de dividendos. Para determinar las cargas financieras y la distribución de dividendos se comprobará el balance de situación de otros años, la política de financiación y la estrategia financiera.
- **Tesorería por operaciones de circulante:** aparece en el presupuesto antes de llegar a los impuestos y calcular definitivamente el superávit o déficit del período. Incluye el cobro de nuevos créditos a corto plazo, la devolución del pasivo circulante y su retribución.
- **Previsión de la tesorería del período:** se obtiene teniendo en cuenta el pago de los impuestos y el definitivo superávit o déficit del período.

Siguiendo las indicaciones anteriores, las diferentes agrupaciones de tesorería que lo componen son las siguientes:

CONCEPTOS	PERÍODO
1. + Cobros por ventas	
2. - Pagos de explotación	
3. = Tesorería de explotación 1 - 2	
4. + Cobros por ampliación de capital	
5. + Cobros de préstamos y empréstitos	
6. - Amortización financiera de deudas a largo plazo	
7. - Pagos por gastos de inversión productiva	
8. - Pagos por inversión financiera	
9. = Tesorería por operaciones de capital 4 + 5 - 6 - 7 - 8	
10. + Cobros por desinversiones	
11. + Cobros por intereses de cartera	
12. - Pagos por operaciones de intermediación	
13. = Tesorería extraordinaria 10 + 11 - 12	
14. - Pago de dividendos	
15. - Pago de intereses del pasivo a largo plazo	
16. = Pago por retribución del pasivo a largo plazo 14 + 15	
17. + Cobros de créditos a corto plazo	
18. - Amortizaciones de créditos a corto plazo	
19. - Pago de intereses por descuento y créditos a corto plazo	
20. - Pago acreedores a corto plazo	
21. - Pago por inversiones financieras temporales	
22. = Tesorería por operaciones de circulante 17 - 18 - 19 - 20 - 21	

Continúa en página siguiente >>

<< Viene de página anterior

CONCEPTOS	PERÍODO
23. - Pago de impuestos	
24. = Superávit o déficit del período	
25. Tesorería del período anterior	
26. = Previsión de tesorería del período	

 EJEMPLO

Las inversiones con pago aplazado dan lugar a financiación de acreedores, por lo que dicho pago debe ser incluido como amortización de acreedores y no como desembolso por inversiones. Igualmente, las financiaciones devengadas pero no cobradas darán lugar a deudores, siendo su cobro lo que se debe incluir en el presupuesto.

2.4. Aprobación del presupuesto

Una vez que el presupuesto ha sido finalizado, es sometido a varios controles que comprobarán si las previsiones han sido tomadas de forma correcta. Normalmente, estos son:

A. **CONTROL A PRIORI.** Este control, también denominado como "revisión presupuestaria", proporciona medidas correctoras ante la falta de equilibrio en el presupuesto. Estas desviaciones pueden ser:

- En el caso de diferencias negativas, **déficit** de tesorería, se buscarán soluciones para financiarlo, tales como: venta de elementos de la empresa innecesarios, liquidación de materiales y productos sobrantes u obsoletos, mejorar la financiación externa, suprimir costes innecesarios, etc.
- Si existen diferencias positivas, **superávit,** la entidad podrá realizar inversiones de mejora y renovación de equipos, acotar la adquisición

de recursos externos o destinar los recursos sobrantes a la adquisición de inversiones financieras.
Una vez realizado, dará definitivamente por aprobado el presupuesto.

El equilibrio en la tesorería se conseguirá si todos sus saldos para cada período planificado son positivos, manteniéndose estos más o menos homogéneos durante dichos períodos.

B. **CONTROL A POSTERIORI.** Va verificando el presupuesto según se va desarrollando la actividad de la empresa, identificando las desviaciones surgidas y adoptando las medidas correctoras convenientes. Se basa en la comparación de previsiones y resultados con los objetivos inicialmente planteados, por lo que será un control a llevar a cabo **después de la aprobación del presupuesto,** conforme se van produciendo los acontecimientos.

La toma de acciones correctoras y evaluación de consecuencias no serán las mismas según se trate de una simple proyección actual de la empresa o si, por el contrario, es un período más largo. Por tanto, dependerá del período presupuestario en el que se encuentre la compañía.

La empresa textil ETINGA S. A. tiene la intención de completar en los próximos años un ambicioso plan de expansión que le permita situarse en una posición puntera en su sector. El balance de partida que presenta la empresa (en millones de u.m.) es el que aparece a continuación:

Continúa en página siguiente >>

<< Viene de página anterior

ACTIVO		PASIVO	
Inmovilizado	2.000	Capital social	300
Inversiones financ. l/p	500	Reservas	1.600
Existencias m. p.	80	Préstamos a l/p	600
Existencias p. t.	120	Crédito bancario a c/p	700
Clientes	100	Proveedores	100
Tesorería	500		
TOTAL	3.300	TOTAL	3.300

El plan financiero para los próximos años queda definido por los siguientes aspectos:

- **Con respecto a las estrategias de capital, la empresa pretende liquidar sus inversiones financieras. Su valor de mercado en el primer año de presupuestación asciende a 600 millones. Adquirir unas nuevas inversiones, programadas en 1.000 millones, a desembolsar un 60 % en el primer año y el otro 40 % se llevará a cabo en los próximos 2 años de forma lineal. En cuanto al préstamo que aparece en el balance, será amortizado linealmente en 6 años, siendo el interés del 6 % anual sobre saldos dispuestos. Además, solicitará otro préstamo a su entidad bancaria por importe de 1.000 millones, que se amortizarán linealmente en 10 años, al mismo tipo de interés del anterior préstamo.**
- **En cuanto a su escenario del producto, la empresa contará con unas ventas de 9.000 y 11.000 millones respectivamente para los dos próximos años, unos gastos por compras a proveedores de 5.000 y 6.000 millones respectivamente, así como unos gastos de explotación de 2.000 millones por año. La empresa cobrará a sus clientes el 70 % al contado y el resto lo cobrará al año siguiente. El pago a proveedores, en cambio, se hará al 50 %, y el resto a pagar al año siguiente.**
- **Por último, en relación a otra información correspondiente a las operaciones a corto plazo, la empresa tendrá que hacer frente a acreedores por importes de 700 millones para el primer año y de**

Continúa en página siguiente >>

<< Viene de página anterior

300 para los 3 siguientes. Deberá pagar, además, los intereses generados a corto plazo por importe de 21 millones para los próximos 4 años. El impuesto de sociedades será de 1.286 millones para el primer año, siendo 0 en el primero, por la ausencia de beneficios en la empresa. Finalmente, en cuanto a sus cobros por los créditos generados, recibirá 300 millones en cada uno de los próximos 4 años.

Con toda la información suministrada, ¿cuál será el presupuesto de tesorería para los próximos dos años?

Solución

El presupuesto de tesorería será el que se muestra a continuación:

Presupuesto de Tesorería (miles de euros)

	CONCEPTOS	**1.er año**	**2. º año**
1	Cobros por ventas	6.300	10.400
2	Pagos por explotación	4.500	7.500
3	Tesorería de explotación = 1 - 2	1.800	2.900
4	Cobros por ampliaciones de capital		
5	Cobros por préstamos y empréstitos	1.000	
6	Cobros por subvención		
7	Pagos por amortizaciones financieras de deudas a l/p	200	200
8	Pagos por gastos de inversión productiva		
9	Pagos por inversión financiera	600	200
10	Tesorería por operaciones de capital = 4 + 5 + 6 - 7 - 8 - 9	200	-400
11	Cobros por desinversiones	600	
12	Cobros por intereses de cartera		
13	Pagos por operaciones de intermediación		

Continúa en página siguiente >>

<< Viene de página anterior

Presupuesto de Tesorería (miles de euros)			
	CONCEPTOS	**1.er año**	**2.º año**
14	Tesorería extraordinaria = 11 + 12 - 13	600	
15	Pagos por dividendos		
16	Pagos por intereses de deuda a l/p	-96	-84
17	Pagos por retribución de los pasivos fijos a l/p = 15 + 16	-96	-84
18	Cobros por créditos a c/p	300	300
19	Pagos por amortización financiera por créditos a c/p		
20	Pagos por intereses de descuento y deudas a c/p	21	21
21	Pagos a acreedores a c/p	700	300
22	Pagos por inversiones financieras		
23	Pago de impuestos		1.286
24	Tesorería por operaciones de circulante = 18 - 19 - 20 - 21 - 22 - 23	-421	-1.307
25	Tesorería neta = 3 + 10 + 14 + 17 + 24	2.083	1.109
26	Tesorería acumulada	2.583	3.692

Los cálculos para el primer año serán:

- 1. 9.000 x 0,7 = 6.300
- 2. (5.000 x 0,5) + 2.000 = 4.500
- 9. 1.000 x 0,6 = 600
- 16. (1.000 x 0,06) + (600 x 0,06) = 96

Los cálculos para el segundo año serán:

- 1. (9.000 x 0,3) + (11.000 x 0,7) = 10.400
- 2. (5.000 x 0,5) + (6.000 x 0,5) + 2.000 = 7.500
- 9. 1.000 x 0,2 = 200
- 16. (900 x 0,06) + (500 x 0,06) = 84

3. El libro de caja

☞ HILO CONDUCTOR

Adela está interesada en conocer otro método de control de la tesorería y le ha indicado a Pau que va a buscar información sobre ellos.

En esta ocasión ha localizado información sobre el libro de caja, pudiendo comprobar que para la actividad comercial diaria de la empresa es una herramienta importante.

Además de los esfuerzos encaminados a la consecución de previsiones de tesorería, pues los beneficios que ello proporciona así lo aconsejan, las compañías hacen especial hincapié en el **control, casi diario, de la tesorería.** Consideran que no es posible una adecuada gestión sin un mecanismo que permita controlar todos los movimientos de tesorería originados en el más **corto plazo.**

El libro de caja recoge diariamente todas las **anotaciones de entradas y salidas de dinero en efectivo,** incluso los cheques, que provisionalmente permanecen en la caja física hasta su ingreso.

El libro de caja es considerado como instrumento de control del dinero en efectivo.

IMPORTANTE

No se debe confundir esta herramienta de control de tesorería con la cuenta contable caja. Esta cuenta, de naturaleza deudora y que se encuentra dentro del activo corriente de la empresa (cuenta 570), forma parte del grupo 5 de cuentas financieras del plan general de contabilidad, y refleja el efectivo disponible con el que cuenta la empresa en un determinado momento.

3.1. Finalidad y procedimiento

Otras funciones del departamento de tesorería se centran en **la gestión y control diario de los recursos líquidos.**

Es necesario que las compañías establezcan mecanismos de control y herramientas de gestión del efectivo, con el fin de asegurar un uso y destino adecuados de este especial activo, así como la igualdad entre la cantidad de dinero que dicen los libros y la que realmente existe en caja y en los bancos.

Estos **mecanismos de control** se resumen a continuación:

MECANISMOS DE CONTROL DE LA TESORERÍA
Separar las funciones de contable y tesorero. Si uno de los propósitos es cotejar la realidad que figura en los libros con la realidad existente en la caja y bancos, se evitará que una misma persona asuma las dos funciones. De la misma forma, sería recomendable separar los cobros de los pagos.
Proceder de forma periódica con los arqueos de caja como forma de verificar que el dinero existente en caja coincide con el registrado en la contabilidad.
Realizar las oportunas conciliaciones bancarias para asegurar que el saldo real depositado en las diferentes instituciones financieras coincide con el saldo registrado en la contabilidad.
Registrar los sucesivos vencimientos como forma de simplificar la gestión de los cobros y pagos aplazados en el tiempo.

El libro de caja es una sencilla herramienta, cuya **finalidad,** a través del control de las entradas y salidas de caja, es comprobar para cada período (día, semana, mes...) **si las operaciones realizadas con el efectivo coinciden con el propio importe del efectivo de caja.**

Los **beneficios** de la utilización de forma eficaz del libro de caja son numerosos, entre los que destacan los siguientes:

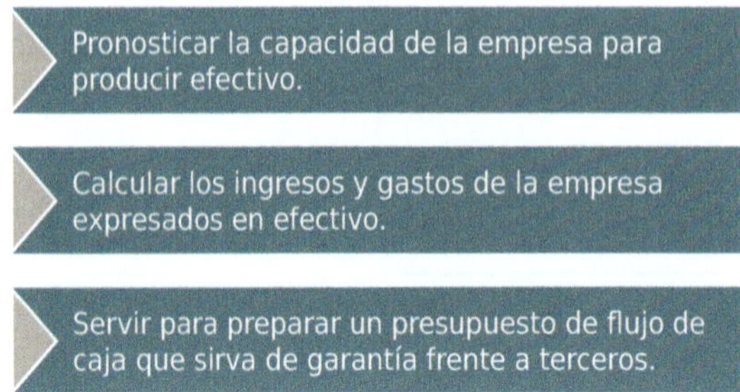

A través del libro de caja, la empresa registrará las operaciones que supongan un movimiento monetario, tal y como puedes comprobar en el siguiente formato de un libro auxiliar de contabilidad:

LIBRO DE CAJA					**Semana 2 (1)**	
Fecha	**Concepto operación**	**Subcuenta contable**	**Asiento**	**Cobros**	**Pagos**	**Saldo**
10/01	Pago proveedores	40000001	3	-	745 €	27.455 €
	.					
.	.		.	.	.	.
.	.		.	.	.	.
.	.		.	.	.	.
(2)	**(3)**	**(4)**	**(5)**	**(6)**	**(7)**	**(8)**

A continuación podrás relacionar cada uno de los números que aparecen entre paréntesis en la tabla:

1. Semana de registro de los movimientos.
2. Fecha de la operación.
3. Descripción de la operación registrada.
4. Código de la subcuenta contable utilizada como contrapartida en el asiento.

5. Número del asiento correspondiente en el libro diario (estos dos últimos campos permiten establecer la relación entre este apunte y el registro contable).
6. Importe de la entrada de efectivo en caja.
7. Importe de la salida de efectivo en caja.
8. Saldo del dinero en caja.

Su **procedimiento** es sencillo de llevar a cabo. A través de un documento como el que se acaba de mostrar, **la empresa anota todas las operaciones donde exista una corriente monetaria** o real. Todas las anotaciones se realizarán de forma ordenada por fechas y, normalmente, durante un período de una semana o un mes.

RECUERDA

El libro de caja constará de documentos semanales o mensuales con el registro de los movimientos de efectivo, donde, además de las fechas, se registrará el concepto de cada operación, su importe y su relación con el asiento contable correspondiente en el libro diario.

3.2. El arqueo de caja

Con el objetivo de comprobar que la contabilidad y los registros de la empresa se adecuan a la realidad, es preciso efectuar periódicamente controles sobre los medios más líquidos y **verificar que sus saldos contables se adecuan a los saldos reales.** En el caso de la cuenta representativa del **dinero en efectivo,** dicho control se conoce como **arqueo.**

DEFINICIÓN

Arqueo de caja
Análisis efectuado sobre las transacciones en efectivo realizadas durante un período de tiempo determinado para verificar que todas las operaciones están contabilizadas y registradas por sus importes correctos, buscando con ello que coincida el recuento con el saldo del libro de caja.

El tesorero o personal asignado, para realizar el arqueo necesitará dos herramientas:

Ficha de arqueo	Libro de caja
- Figurarán en ella los controles diarios de las existencias reales de dinero en efectivo, así como los justificantes de entrada y salida de recursos líquidos.	- Registrará todos los movimientos de efectivo

El formato de una **ficha u hoja de arqueo,** podría ser el siguiente:

Ficha de arqueo de caja		**Saldo anterior: 0 €**		**Fecha: 02/01/X0**
Unidades	**Descripción**	**Valor unitario**	**Suma parcial**	**Suma total**
-	Billetes de 500	500 €	-	
1	Billetes de 100	100 €	100 €	
1	Billetes de 50	50 €	50 €	
2	Billetes de 20	20 €	40 €	
2	Billetes de 10	10 €	20 €	
2	Billetes de 5	5 €	10 €	
			Total efectivo	220 €
Documento	**Descripción**		**Suma parcial**	**Suma total**
Justificante	Reintegro en efectivo		3.200 €	
Factura s/f:1	Pago factura s/f:1		1.800 €	
Tiques	Gastos transporte		230 €	
Factura s/f:5	Pago factura s/f:5		650 €	
Recibo	Anticipo trabajador		300 €	
			Total justificantes	220 €
			TOTAL	0 €

A continuación, podrás ver cómo se elabora una ficha de arqueo a través del siguiente ejemplo.

EJEMPLO

Las operaciones realizadas por una empresa el 3 de agosto fueron las siguientes:

- **Para su disposición en efectivo, se sacan de la cuenta corriente 1.950 € (2 billetes de 500 €, 7 billetes de 100 €, 1 billete de 50 €, 5 billetes de 20 €, 9 billetes de 10 € y 2 billetes de 5 €).**
- **Se paga la factura n.º 513 al proveedor por valor de 590 € (1 billete de 500 €, 1 billete de 50 € y 2 billetes de 20 €).**
- **Se cobra en efectivo la factura n.º 68 a un cliente por importe de 478 € (8 billetes de 50 €, 1 billete de 20 €, 1 billete de 5 € y 3 monedas de 1 €).**
- **Se paga un anticipo a un trabajador de 425 € (3 billetes de 100 €, 2 billetes de 50 €, 1 billete de 20 € y 1 billete de 5 €).**
- **Se paga en efectivo la factura n.º 98 al proveedor por importe de 375 € (3 billetes de 100 €, 1 billete de 50 €, 1 billete de 20 € y 1 billete de 5 €).**
- **Se anticipa a un trabajador 180 € (3 billetes de 50 € y 3 billetes de 10 €) para la compra en el estanco de sellos y letras de cambio.**
- **Se paga en efectivo la factura n.º 514 al proveedor, que asciende a 570 € (1 billete de 500 €, 1 billete de 50 € y 1 billete de 20 €).**

Teniendo en cuenta que el saldo al final del día 3 de agosto ha sido de 288 €, ¿cuál sería la ficha de arqueo para la fecha indicada?

Solución

La ficha de arqueo final sería la siguiente, una vez descontadas las operaciones correspondientes:

Ficha de arqueo de caja		Saldo anterior: 0 €		Fecha: 03/08/X1
Unidades	**Descripción**	**Valor unitario**	**Suma parcial**	**Suma total**
-	Billetes de 500	500 €	-	
1	Billetes de 100	100 €	100 €	
1	Billetes de 50	50 €	50 €	
1	Billetes de 20	20 €	20 €	
6	Billetes de 10	10 €	60 €	

Continúa en página siguiente >>

<< Viene de página anterior

Ficha de arqueo de caja		**Saldo anterior: 0 €**		**Fecha: 03/08/X1**
1	Billetes de 5	5 €	5 €	
3	Monedas de 1	1 €	3 €	
			Total efectivo	238 €
Documento	**Descripción**		**Suma parcial**	**Suma total**
Justificante	Reintegro en efectivo		1.950 €	
Factura	Pago factura n.° 513		590 €	
Factura	Cobro factura n.° 68		478 €	
Recibo	Anticipo trabajador		425 €	
Factura	Pago factura n.° 98		375 €	
Recibo	Anticipo trabajador		180 €	
Factura	Pago factura n.° 514		570 €	
			Total justificantes	288 €
			RESULTADO	**50 €**

Resultado arqueo = saldo final + salidas - entradas = 238 + (590 + 425 + 375 + 180 + 570) - (1.950 + 478) = - 50

Como se puede comprobar, ha habido algún error en alguna de las operaciones, ya que el arqueo de caja no cuadra, faltarían 50 €. Dicho error se encuentra en el cobro de la factura n.º 68, ya que el cliente abona la factura, pero entrega a la empresa únicamente 428 €.

3.3. Punteo de movimientos en el libro de caja y cuadre con la contabilidad

Para realizar sus hojas de caja, la mayoría de empresas acuden a **programas informáticos** (por ejemplo, sistemas de gestión de bases de datos), que elaboran casi de forma automática los libros de caja. Con estas herramientas los tesoreros pueden manejar de forma ordenada y operativa todos sus ingresos y pagos, incluso pueden proyectarlos, a través del flujo de cobros y pagos.

El mecanismo de punteo de movimientos y conciliación es una tarea compleja. Por orden cronológico, los responsables se leerán las transacciones del libro de caja y se verificará su adecuación a la ficha de arqueo diario; si existe correspondencia, se puntearán las anotaciones, dándolas por buenas. Si aparecen diferencias durante dicho control, estas deberán ser reflejadas en contabilidad.

En definitiva, en el arqueo de caja pueden tener lugar dos situaciones:

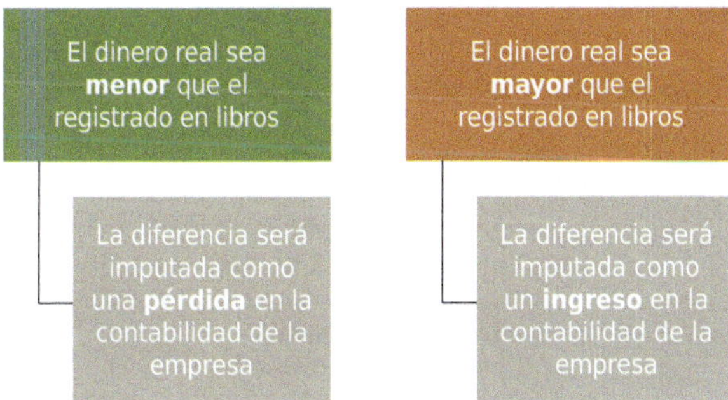

Algunos de los **motivos** más frecuentes de la divergencia entre el saldo registrado y el saldo real son:

- Algún error al cobrar o pagar.
- Una equivocación al anotar las cantidades en los recibos de cobro y pago.
- La pérdida o falta de emisión de algún recibo de cobro o pago.
- La existencia de algún error en el registro contable.

El **control del cuadre con la contabilidad** se realiza mediante la verificación del estado de situación de la tesorería. Esta consiste en comprobar que la suma de los fondos existentes en la caja y los que se encuentren pendientes de justificar y/o registrar se corresponden con el importe total establecido en el libro de caja.

3.4. Identificación de las diferencias

Recuerda que durante el punteo de movimientos y su posterior cuadre con la contabilidad, es posible la identificación de **diferencias positivas o negativas entre la contabilidad y lo realmente registrado en los controles de efectivo.** Según sean estas diferencias, se imputarán los correspondientes ingresos o pérdidas contables. Estas diferencias son conocidas en la gestión de tesorería como **"desviaciones".**

Para llevar un seguimiento de los movimientos de efectivo y un control exhaustivo de las posibles desviaciones, las empresas suelen utilizar **informes,** en los que registran mensualmente, semanalmente o, incluso, diariamente las diferencias y sus posibles causas.

Un ejemplo simplificado de estos informes podría ser el que se presenta a continuación:

IDENTIFICACIÓN DE LAS DIFERENCIAS

Concepto	Datos reales	Datos contables	Diferencias	Observaciones
1. Posición inicial				
Cobros a clientes				
Ventas anteriores				
Realización de activos fijos				
Ampliaciones de capital				
Obtención de préstamos				
Otros cobros				
2. Total cobros				
Pagos de personal				
Pagos a proveedores				
Pagos a profesionales				
Pagos servicios bancarios				
Tributos				

Continúa en página siguiente >>

<< Viene de página anterior

IDENTIFICACIÓN DE LAS DIFERENCIAS				
Concepto	**Datos reales**	**Datos contables**	**Diferencias**	**Observaciones**
Gastos financieros				
Amortizaciones de deudas				
Inversiones				
Otros pagos				
3. Total pagos				
4. Movimiento de efectivo (2-3)				
5. Posición final				

El **objetivo** de este análisis es que el responsable encargado de la gestión de tesorería de la empresa pueda aplicar, una vez identificadas las desviaciones, las **medidas correctoras** oportunas, tales como la modificación de los posibles errores registrados y la identificación de las causas de dichas diferencias.

En la identificación de las **causas** deberá verificarse el origen de las diferencias, pudiendo ser:

Diferencias por causas internas
- Tienen su origen dentro de la misma empresa, y suelen ser errores cometidos en la llevanza de la contabilidad.

Diferencias por causas externas
- Originadas por causas ajenas a la compañía, como por ejemplo, algún error cometido por la entidad financiera de la que la empresa es cliente.

Siempre que una compañía encuentre desviaciones en sus libros de caja, el tesorero deberá proceder a su tratamiento, ya que su corrección no es el único fin, sino que al análisis deberán acompañarle una serie de **acciones correctoras** para no volver a incidir en los errores. Así, una vez identificadas dichas diferencias y restablecidas, el tesorero tendrá que **atribuir las responsabilidades de tales desviaciones.**

TAREA 8

En un pequeño comercio de alimentación, con gran actividad diaria, el responsable al final del día le pide explicaciones al encargado de la caja porque ha llegado un cliente muy enfadado por un error que ha habido en su cobro. ¿Qué procedimiento realizará el encargado de caja para argumentar el problema?

Identifica dicho procedimiento, describiendo su finalidad y cómo se llevará a cabo.

TAREA 9

El responsable de gestión de la tesorería de la empresa M&M S. L. realiza unas anotaciones en el libro auxiliar de caja, correspondientes al movimiento del día 25/06:

- El saldo anterior del día 24 de junio es de 154,45 €.
- El cliente, Sr. Pérez, ha abonado la factura n.º 630/06/XX, que asciende a 1.265 €.
- La empresa ha pagado la factura n.º 55 del material de oficina correspondiente al mes de junio, cuyo importe es de 650,50 €.
- Se hace un reintegro de 1.100 € de la cuenta corriente 1112223334.
- La empresa cobra la factura n.º 639/06/XX de su cliente, Sr. Ernesto Coromina, cuyo importe asciende a 718 €.
- La empresa concede un anticipo de 600 € a su trabajadora Antonia Sanjosé.

M & M

Fecha	Concepto	Cobros	Pagos	Saldo
25/06	Saldo anterior (24/06)			154,45
25/06	Cobro factura n.º 630/06/XX Sr. Pérez	1.265,00		1.419,45

Continúa en página siguiente >>

<< Viene de página anterior

M & M

Fecha	Concepto	Cobros	Pagos	Saldo
25/06	Pago Fra. n.º 55 material oficina Junio		650,50	768,95
25/06	Reintegro de C.C. n.º 1112223334	1.100		1.868,95
25/06	Cobro factura 639/06 Sr. Pedro Paz	781		2.649,95
25/06	Pago anticipo Dña. Antonia Sanjosé		600	2.049,95

En la caja registradora al finalizar el día, existe el siguiente dinero en efectivo y algunos documentos:

1 billete de 100 €, 6 billetes de 50 €, 10 billetes de 20 €, 8 billetes de 10 €, 20 monedas de 2 €, 20 monedas de 1 €, 53 monedas de 50 céntimos, 78 monedas de 20 céntimos, 37 monedas de 10 céntimos, 18 monedas de 5 céntimos, 2 monedas de 2 céntimos y 36 monedas de 1 céntimo.

Además, también se encuentran los siguientes cheques:

ENTIDAD DE CRÉDITO
BANCO PLUS
Sucursal Norte, Avda. Luz, 6
14880 Luque (Córdoba)

Código Cuenta Cliente (C. C. C.)			
Entidad	*Oficina*	*DC*	*Número de cuenta*
1 2 3 4	1 2 3 4	1 2	1 2 3 4 5 6 7 8 9 0

IBAN ES01 1234 1234 1212 3456 7890

Euros #2.985,66# **€**

PÁGUESE POR ESTE CHEQUE A M&M S. L.

EUROS DOS MIL NOVECIENTOS OCHENTA Y CINCO CON SESENTA Y SEIS

LOCALIDAD, 25 *DE* Junio *DE* 20XX

(La fecha debe consignarse en letra)

SERIE AN N.º 1.000.985 | 1 | 42XX-X

RANM (Fra. 635/06), S. L.

RANM (Fra. 635/06), S. L.

ZONA PARA IMPRESIÓN MAGNÉTICA

Continúa en página siguiente >>

<< Viene de página anterior

ENTIDAD DE CRÉDITO
BANCO MEDIO
Sucursal Sur, Avda. Campos, 8
29015 Málaga

Código Cuenta Cliente (C. C. C.)			
Entidad	***Oficina***	***DC***	***Número de cuenta***
4 3 2 1	4 3 2 1	4 3	0 9 8 7 6 5 4 3 2 1

IBAN ES02 4321 4321 4343 9876 5432

Euros #1.199,85# **€**

PÁGUESE POR ESTE CHEQUE A LIMPIEZAS BLANCO, S. L. (Fra 88/EO)

EUROS MIL CIENTO NOVENTA Y NUEVE CON OCHENTA Y CINCO

LOCALIDAD, 25 *DE* Junio *DE* 20XX

(La fecha debe consignarse en letra)

SERIE AN N.º 8.060.998 | 1 | 42XX-X

M&M S. L.

M&M S. L.

ZONA PARA IMPRESIÓN MAGNÉTICA

La costumbre del responsable de la empresa es identificar en el libro de caja, los documentos mercantiles por nombre del cliente/proveedor y el n.º de factura. Según el manual de procedimiento de la empresa, las desviaciones se deben comunicar al responsable mediante un informe sencillo.

Con los datos proporcionados en el supuesto planteado, realiza las siguientes tareas:

- Realiza el recuento del efectivo que existe en la caja.
- Clasifica los distintos documentos encontrados en el arqueo según su naturaleza y finalidad.
- Realiza en el libro de caja, las anotaciones correspondientes a los documentos encontrados, atendiendo a las directrices recibidas.
- Compara el resultado del arqueo con los registros en el libro de caja y documenta las diferencias indicando soluciones posibles.
- Comunica las diferencias encontradas al responsable designado.

El representante de cada grupo creará un documento con el resultado final de todas las tareas.

4. El libro de bancos

HILO CONDUCTOR

Finalmente, Pau le comunica a Adela que cuando se ponga al día con el libro de bancos, ya está preparada para poder llevar un control adecuado de la tesorería de la actividad comercial de la óptica.

De la misma forma que en el caso del dinero en metálico, será preciso efectuar controles periódicos para comprobar que el saldo contable registrado por la empresa en sus diferentes cuentas de ahorros, cuentas corrientes o cuentas de crédito coincide con el saldo real bancario.

Este análisis se denomina **conciliación bancaria** y pretende verificar que todas las transacciones bancarias realizadas durante el período de tiempo determinado están contabilizadas y registradas por sus importes correctos, **asegurando la igualdad entre el saldo "contable" y el "real".**

Para ello será necesario el libro auxiliar de bancos con los registros contables específicos y los extractos proporcionados por el banco con los movimientos bancarios reales. Por el contrario, no formarán parte de este proceso el libro Diario y el Estado de Cambio en el Patrimonio Neto porque el primero recoge todas las operaciones ocurridas en el periodo contable y el segundo las modificaciones en el patrimonio neto de la empresa; además las facturas emitidas y recibidas, reflejan operaciones de compraventa llevadas a cabo por la empresa y no siempre contienen datos bancarios.

4.1. Finalidad y procedimiento

Para realizar la conciliación bancaria y poder comprobar que las transacciones bancarias ejecutadas están registradas correctamente en la empresa, será preciso contar con el libro de bancos y el **extracto bancario.**

DEFINICIÓN

Extracto bancario
Documento facilitado por la entidad bancaria, donde figuran las operaciones realizadas durante un intervalo de tiempo determinado. Por lo tanto, la empresa podrá verificar, gracias a dicho documento, si el saldo contable registrado en las cuentas de la empresa coincide con el saldo real.

El **libro de bancos** se considera como un **libro auxiliar donde se registran todas las operaciones** que supongan una entrada (cargo) o salida (abono) de recursos de las diferentes cuentas de ahorros, corrientes y de crédito, disponibles por la empresa en las entidades financieras. Por tanto, y en el caso de disponer de más de una, el **control será individualizado por cuenta.**

El **formato de este libro** auxiliar puede ser el que se muestra a continuación.

LIBRO DE BANCOS			**Año: (1)** 20X0		**Subcuenta: (2)** 57200001	
Fecha	**Concepto operación**	**Subcuenta contable**	**Asiento**	**Debe**	**Haber**	**Saldo**
01/01	Saldo inicial	-	-	-	-	8.500
02/01	Pago factura	40000001	1	-	2.560	5.940
.	.	.	.	.	.	.
.	.	.	.	.	.	.
.	.	.	.	.	.	.
(3)	**(4)**	**(5)**	**(6)**	**(7)**	**(8)**	**(9)**

A continuación podrás relacionar cada uno de los números que aparecen entre paréntesis en la tabla:

1. Año de registro de los movimientos de bancos.
2. Código de la subcuenta contable de bancos cuyos movimientos se registrarán. Cada cuenta de ahorros o corriente tendrá asociado un único

código de subcuenta, que será utilizado en los asientos para contabilizar las operaciones donde interviene.
3. Fecha de la operación registrada.
4. Descripción de la operación registrada.
5. Código de la subcuenta contable utilizada como contrapartida en el asiento. Permite establecer una relación entre el apunte en el libro de bancos y el registro contable.
6. Número del asiento correspondiente en el libro diario. Nuevamente, este dato se constituye como un nexo de unión entre el registro bancario y la contabilidad.
7. Importe de la entrada de dinero en la cuenta de ahorros o corriente objeto de registro.
8. Importe de la salida de dinero en la cuenta de ahorros o corriente objeto de registro.
9. Saldo del dinero "contable" registrado en la cuenta de ahorros o corriente controlada.

El **procedimiento de elaboración** del libro de bancos es, como en el caso del libro de caja, sencillo de realizar. De hecho, la mayoría de empresas utilizan programas informáticos que facilitan enormemente la tarea. A través del libro de bancos, el responsable de su elaboración contabiliza cada movimiento bancario realizado por la empresa. Dicha anotación se realizará por orden de fechas, lo cual coincidirá con el orden de los extractos del banco, y, así, la conciliación bancaria será más rápida de efectuar.

Desde el punto de vista legal, el libro de bancos **es voluntario,** y se suele utilizar como libro auxiliar de contabilidad. La **finalidad** de este libro auxiliar es **ejercer un mejor control de las operaciones bancarias** en lo referente a cualquier operación que signifique un aumento o disminución del saldo de las cuentas bancarias de la empresa (entregas o depósitos, retiros, pago de facturas, etc.). La utilización de este tipo de herramientas facilita la **optimización de los recursos financieros** de la empresa.

4.2. Punteo de movimientos bancarios

La entidad financiera tiene la **obligación de enviar al titular, con la periodicidad pactada, un extracto informativo donde se indiquen los movimientos** existentes en los productos contratados en un intervalo de tiempo determinado. A través de dichos extractos bancarios, la empresa lleva a cabo el punteo de sus movimientos, comprobando que toda la información relativa a sus operaciones, enviada por la entidad, corresponde realmente con lo efectivamente realizado por la compañía.

NOTA

Las cuentas corrientes son el medio bancario habitual de canalización de los cobros y pagos. A través de ellas, las empresas realizan domiciliaciones y transferencias, emiten cheques, pagarés, letras, etc.

Un **modelo de extracto bancario** puede ser el que se muestra a continuación:

BANCO

Código Cuenta Cliente (IBAN)			
Entidad	***Oficina***	***DC***	***Número de cuenta***

MOVIMIENTO DE LA CUENTA

FECHA	CONCEPTO	MOVIMIENTO	SALDO

TITULAR		SALDO FINAL PERIODO	

Extracto bancario

Para poder establecer la relación entre los apuntes del libro de bancos y los del extracto (punteo de movimientos), tiene especial importancia el concepto de la operación registrada indicado por la entidad financiera.

IMPORTANTE

El Banco de España obliga a que el concepto reflejado sea lo suficientemente claro para su identificación, y las propias entidades han elaborado una norma de codificación en el intento de homogeneizar todos los apuntes bancarios. No obstante, la empresa podrá solicitar a su entidad una aclaración sobre el origen de cualquier apunte.

Cada vez es más usual que los clientes de las entidades financieras realicen sus consultas de datos y movimientos bancarios a través de la **banca *online*,** aunque esto depende del producto financiero.

Además, el avance y uso de la banca electrónica por parte de las empresas hacen posible la **consulta en tiempo real de los extractos** a través de la red, no siendo necesario esperar a la recepción física del documento para proceder con el punteo de movimientos.

4.3. Cuadre de cuentas con la contabilidad y conciliación en los libros de bancos

El saldo del extracto bancario entregado periódicamente por la entidad, o consultado a través de la banca *online*, en ocasiones puede que no coincida con el saldo que la empresa tiene reflejado en el libro auxiliar de bancos, siendo necesario identificar las causas que motivan esta diferencia. Fundamentalmente, estas **causas** son las siguientes:

- Cargos realizados por la empresa y no abonados por la entidad financiera, como, por ejemplo, un cheque girado por un cliente a nombre de la empresa y que todavía no ha sido presentado al banco para su cobro.
- Cargos realizados por la entidad financiera y no abonados por la empresa, como, por ejemplo, el recibo del seguro domiciliado en el banco y no contabilizado hasta recibir el oportuno comprobante de la operación.
- Abonos realizados por la empresa y no cargados por la entidad bancaria, como, por ejemplo, el registro contable de un cheque girado a un proveedor pero no presentado para su pago.
- Abonos realizados por el banco y no cargados por la empresa, como, por ejemplo, la transferencia de un cliente a favor de la empresa, que será contabilizada cuando se reciba el documento justificativo del movimiento.

EJEMPLO

El día 1 de marzo se entregan mercaderías a un cliente por valor de 500 €, pactando el cobro de la venta mediante la entrega de un cheque el último día del mes. Este documento será presentado a la entidad financiera para su ingreso en cuenta el 15 de abril.

Continúa en página siguiente >>

<< *Viene de página anterior*

El proceso llevado a cabo sería el siguiente:

1. Entrega de la mercancía.
2. Recepción del cheque.
3. Anotación contable del cobro.
4. Anotación de 500 € en el libro de bancos.
5. Presentación del cheque.
6. Abono en la cuenta corriente.

Si la entidad financiera envía un extracto bancario el 31 de marzo, su saldo no coincidirá con el existente en el libro de bancos, pues en este último se ha reflejado una anotación de 500 €, correspondientes al cobro de la venta mediante la recepción del cheque.

A través de la **conciliación bancaria,** la empresa podrá verificar y confrontar cada uno de los movimientos registrados en los libros bancarios con los valores contenidos en el extracto bancario facilitado por la entidad, para determinar las posibles diferencias.

Para realizar la conciliación bancaria, las empresas suelen partir del saldo indicado en el extracto bancario emitido por la entidad financiera, el cual contiene los movimientos y estado de la cuenta, y posteriormente van sumando o restando los apuntes que motivan su diferencia con respecto al saldo en el libro de bancos, según los siguientes **pasos:**

CONCILIACIÓN BANCARIA		
Cuenta bancaria	A especificar	
Entidad financiera	A especificar	
Fecha conciliación	A especificar	
Saldo según extracto bancario a fecha:		Saldo €
(+)		
Cargos realizados por la empresa y no abonados por la entidad financiera		+
Cargos realizados por la entidad financiera y no abonados por la empresa		+
(–)		
Abonos realizados por la empresa y no cargados por la entidad financiera		–
Abonos realizados por la entidad financiera y no cargados por la empresa		–
Saldo según la empresa a fecha:		=

TAREA 10

En la empresa ERINSA S. A. no utilizan ningún método de control para gestionar su tesorería. Si quisieran adoptar alguno, ¿qué opciones tienen?

Precisa los métodos básicos de control de la tesorería que ERINSA S. A. puede aplicar, describiendo en qué consiste cada uno de ellos y las ventajas que aportan.

La **no realización de conciliación bancaria** puede producir efectos negativos en la tesorería de la empresa, que se traducen en el desconocimiento por parte del responsable, de los errores u omisiones cometidos tanto por la entidad bancaria como por la propia empresa. Algunos de estos errores pueden ser los siguientes:

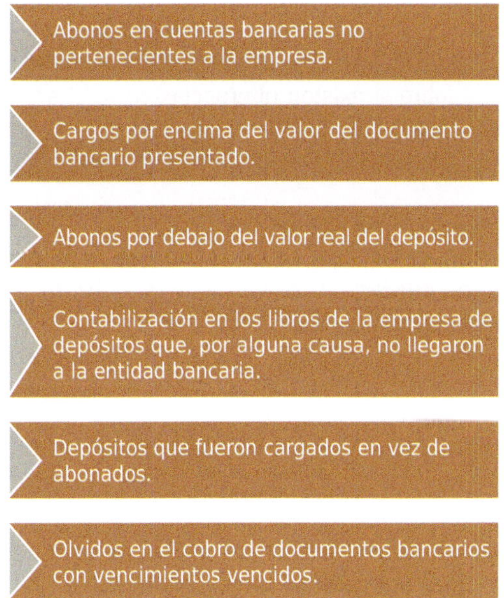

En definitiva, las empresas que no realizan conciliación bancaria, corren el riesgo de no conocer con certeza sus recursos líquidos disponibles.

VÍDEO

Dada la importancia que tiene la conciliación bancaria en el control de la tesorería, escanea el siguiente código para conocer algo más sobre ella y ver un ejemplo práctico.

https://redirectoronline.com/mf09790510

ACTIVIDAD COMPLEMENTARIA

5. Reflexiona sobre si existen diferencias entre el arqueo de caja y la conciliación bancaria.

A continuación, verás un ejemplo en el que se realiza el punteo de movimientos y se confecciona el documento de conciliación bancaria para justificar la diferencia entre saldos.

La información contenida en el extracto bancario recibido por una empresa al final del mes de enero es la siguiente:

- **01/01 - Saldo anterior acreedor 4.200 €**
- **09/01 - Cheque a su cargo 1.200 € (cargo)**
- **13/01 - Reintegro en efectivo 950 € (cargo)**
- **19/01 - Transferencia a su favor Comercial BV 3.050 € (abono)**
- **30/01 - Compra de valores en bolsa 2.400 € (cargo)**

Continúa en página siguiente >>

<< Viene de página anterior

Durante el mes de enero se han realizado los siguientes apuntes en el libro de bancos:

- **01/01 - Saldo inicial 4.200 €**
- **09/01 - Cheque a su cargo (40000001) 1.200 € (abono)**
- **13/01 - Reintegro efectivo (57000001) 950 € (abono)**
- **28/01 - Remesa de efectos (43000001) 1.020 € (cargo)**
- **31/01 - Cheque a su cargo (60000001) 950 € (abono)**

Con esta información, realiza el punteo de movimientos, señalando los apuntes comunes y no comunes en ambos documentos, y confecciona, con dichos apuntes no comunes, el documento de conciliación bancaria para justificar la diferencia entre los saldos.

Solución

En primer lugar, se identifican, por un lado, los apuntes comunes y no comunes en ambos documentos. Para ello, se utilizarán las tablas mostradas anteriormente, tanto del extracto bancario como del libro de bancos.

EXTRACTO BANCARIO				**Cuenta: 0000000004**
Fecha	**Concepto**	**Cargo**	**Abono**	**Saldo**
01/01 √	Saldo anterior acreedor	-	4.200	4.200
09/01 √	Cheque a su cargo	1.200	-	3.000
13/01 √	Reintegro en efectivo	950	-	2.050
19/01 X	Transferencia a su favor Comercial BV	-	3.050	5.100
30/01 X	Compra de valores en bolsa	2.400	-	2.700

	LIBRO DE BANCOS		**Año:** 20X0		**Subcuenta:** 57200001	
Fecha	**Concepto operación**	**Subcuenta contable**	**Asiento**	**Debe**	**Haber**	**Saldo**
01/01 √	Saldo inicial	-	-	4.200	-	4.200
09/01 √	Cheque a su cargo	40000001	1	.	1.200	3.000

Continúa en página siguiente >>

<< Viene de página anterior

13/01 √	Reintegro en efectivo	57000001	2	.	950	2.050
28/01 X	Remesa de efectos	43000001	3	1.020	-	3.070
31/01 X	Cheque a su cargo	60000001	4	.	950	2.120

Con los apuntes no comunes ya identificados, se puede confeccionar el documento de conciliación bancaria para identificar la diferencia entre los saldos:

CONCILIACIÓN BANCARIA	
Cuenta bancaria	4204 5201 03 0000000004
Entidad financiera	Banco Rural
Fecha conciliación	31/01/20X0
Saldo según extracto bancario a fecha:	2.700 €
(+)	
Cargos realizados por la empresa y no abonados por la entidad financiera (remesa de efectos)	+ 1.020
Cargos realizados por la entidad financiera y no abonados por la empresa (compra de valores)	+ 2.400
(-)	
Abonos realizados por la empresa y no cargados por la entidad financiera (cheque a su cargo)	- 950
Abonos realizados por la entidad financiera y no cargados por la empresa (transferencia a su favor Comercial BV)	- 3.050
Saldo según la empresa a fecha:	= 2.120

TAREA 11

El tesorero de la empresa B se ha llevado una sorpresa cuando su entidad bancaria no le ha pagado a un proveedor un pagaré. Este pensaba que tenía recursos líquidos

Continúa en página siguiente >>

<< Viene de página anterior

suficientes para hacer frente al mismo, pero no ha sido así. ¿Qué procedimiento puede seguir para que esto no vuelva a ocurrir? Descríbelo y explica su finalidad.

TAREA 12

El responsable financiero de una empresa le facilita a uno de sus empleados los documentos siguientes del mes de noviembre:

TRANSPORTECO, S. A.				
LIBRO AUXILIAR DE BANCOS				
ENTIDAD BANCARIA: BANKERALIA				
DOMICILIO: C/ Interventores, 45 28000 Madrid				
TIPO DE CUENTA: Cuenta Corriente			HOJA 1 DE 1	
N.º DE CUENTA - C.C.C.: 1111 2222 333 4545454545		MES: Noviembre 20XX		
N.º DE CUENTA CONTABLE: 5720012				
FECHA	**CONCEPTO/TIPO OPERACIÓN**	**DEBE**	**HABER**	**SALDO**
	Saldo anterior			7.134,50 €
01-Nov	Ingreso en efectivo	3.000,00 €		10.134,50 €
08-Nov	Transferencia pago factura 321/XX a Recambios S. A.		1.589,36 €	8.545,14 €
12-Nov	Cobro cheque n.º 123254 por factura 134	898,32 €		9.443,46 €
16-Nov	Cargo cheque abono consumo combustible Gasolsa		589,23 €	8.854,23 €
24-Nov	Pago trimestral alquiler local oficinas empresa		2.685,00 €	6,169,23 €
26-Nov	Domiciliación factura suministro eléctrico		458,36 €	5.710,87 €
30-Nov	Abono transferencia Factura N.º 138	3.458,36 €		9.169,23 €

Libro auxiliar de bancos del mes de noviembre

Continúa en página siguiente >>

<< Viene de página anterior

BANKERALIA
C/ Interventores, 45
28000 Madrid

Código Cuenta Cliente (C. C. C.)			
Entidad	***Oficina***	***DC***	***Número de cuenta***
1111	2222	33	4545454545
IBAN ES01 1111 2222 3345 4545 4545			

MOVIMIENTO DE LA CUENTA

FECHA	CONCEPTO	MOVIMIENTO	SALDO
	Saldo anterior		7.134,50 €
01-Nov	Ingreso en efectivo	3.000,000	10.134,50 €
08-Nov	Transferencia a Recambios, S. A. - Factura 321/XX	- 1.598,36 €	8.536,14 €
12-Nov	Ingreso cheque 123254 - Factura 134	898,32 €	9.434,46 €
16-Nov	Cargo cheque Gasolsa	- 589,23	8.845,23 €
24-Nov	Domiciliación trimestral alquiler	- 2.685,00	6.160,23
26-Nov	Suminstro electricidad	- 458,36 €	5.701,87 €

TITULAR: TRANSPORTECO, S. A.

SALDO FINAL PERIODO	5.701,87 €

Extracto bancario del mes de noviembre

En base a ellos, lleva a cabo cada una de las cuestiones indicadas a continuación:

- Coteja las anotaciones de los extractos bancarios con las realizadas en el libro registro de bancos, y realiza los cálculos necesarios para su comprobación.
- Documenta las diferencias encontradas entre los registros de los extractos bancarios y los del libro de bancos.
- Explica por qué es importante realizar la conciliación bancaria dividiendo cada uno de los pasos que tiene el procedimiento.
- Indica las implicaciones que tiene la no realización de conciliación bancaria.

5. Integridad y confidencialidad en la gestión y control de tesorería

 **HILO CONDUCTOR**

Adela, con los conocimientos adquiridos está gestionando ya la tesorería de la delegación barcelonesa de Blasoptical. En el desarrollo de su tarea se cuestiona qué deberá tener en cuenta, en relación a la confidencialidad de la información bancaria que maneja. Esta cuestión es trasladada a Pau y le indica que el compañero del departamento jurídico la puede asesorar en este aspecto.

En las operaciones de tesorería que se llevan a cabo en la actividad comercial de la empresa se maneja información muy diversa, desde datos bancarios y saldos hasta datos identificativos de la empresa, razón social, medios de contacto, domicilio social, etc.

Por este motivo, es importante tener presente que el manejo de toda esta información está supeditada al principio de deber de secreto.

La Ley Orgánica de protección de datos y garantía de los derechos digitales (Ley Orgánica 3/2018, de 5 de diciembre) establece que se debe garantizar que los responsables del tratamiento tengan en cuenta el **deber de confidencialidad.** Este deber se adicional a los deberes de secreto profesional que en cada caso establezca su normativa específica.

Por su parte, el Reglamento General de Protección de Datos (Reglamento (UE) 2016/679, de 27 de abril) determina en su articulado que **los datos deben ser tratados de forma que se garantice su seguridad,** incluido el tratamiento no autorizado o ilícito, su pérdida, destrucción o daño accidental.

NOTA

Una vez finalizada la relación del cliente con el responsable o el encargado del tratamiento, el secreto profesional y el deber de confidencialidad se deben mantener.

En el tratamiento de los datos, los responsables deben cumplir con los **principios** que se regulan tanto en el RGPD como en la LOPDGDD. Estos son:

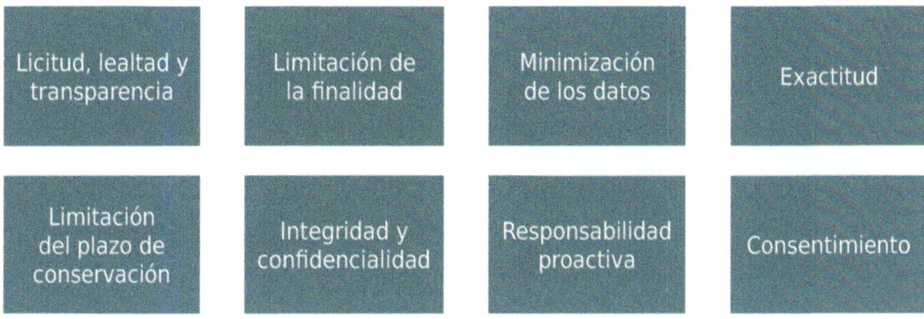

A continuación se explican cada uno de ellos:

- **Licitud, lealtad y transparencia:** los datos del interesado serán tratados de forma lícita, leal y transparente.
- **Limitación de la finalidad:** los datos serán recogidos con fines determinados, explícitos y legítimos, y no existirá posteriormente incompatibilidad con dichos fines.
- **Minimización de los datos:** los datos serán adecuados, pertinentes y limitados a los fines necesarios para los que son tratados.
- **Exactitud:** los datos serán exactos a los fines para los que se tratan; y actualizados, en caso necesario.
- **Limitación del plazo de conservación:** los datos serán conservados para permitir la identificación de los interesados solo durante el tiempo necesario para los fines del tratamiento. Los datos personales gozarán de excepciones.
- **Integridad y confidencialidad:** el tratamiento debe garantizar la seguridad de los datos personales, además de su protección contra el tratamiento no autorizado o ilícito y contra su pérdida, destrucción o daño accidental.
- **Responsabilidad proactiva:** el responsable del tratamiento será responsable del cumplimiento del resto de principios y debe ser capaz de demostrarlo.
- **Consentimiento:** los datos podrán ser objeto de tratamiento si la persona física hubiera prestado previamente su consentimiento expreso para ello.

ACTIVIDAD COMPLEMENTARIA

6. Busca información sobre normativa que regule la confidencialidad de datos bancarios.

Si se traslada el deber de secreto al ámbito financiero, se puede hablar de secreto bancario. Bajo este deber se encuentra la obligación que toda entidad financiera posee al no poder manifestar a terceros los datos de carácter personal de sus propios clientes.

Sin embargo, sí está permitida la revelación de datos confidenciales en supuestos considerados especiales o de carácter judicial.

No se conoce una normativa específica que regule el deber de secreto en el ámbito financiero. No obstante, las distintas normas que regulan su sistema contienen alguna mención al secreto profesional, concretamente el Real Decreto-ley 19/2018, de 23 de noviembre, de servicios de pago y otras medidas urgentes en materia financiera, en su artículo 27; Ley 10/2014, de 26 de junio, de ordenación, supervisión y solvencia de entidades de crédito, en sus artículos 82, 82 bis y 83; el Real Decreto 736/2019, de 20 de diciembre, de régimen jurídico de los servicios de pago y de las entidades de pago, en su artículo 30.

TAREA 13

En la conciliación bancaria existe transferencia de datos relevantes entre empresa y entidad bancaria, por lo que es aconsejable tener en cuenta lo regulado en la normativa sobre ello.

Explica la importancia de la aplicación de los principios de la LOPDGDD en la gestión y control de la tesorería. Además, describe las consecuencias negativas de su no aplicación, mediante un ejemplo desarrollado por ti.

6. Resumen

El control de la tesorería constituye un factor clave dentro de la empresa, por lo que tratar de gestionarla de forma eficaz resulta imprescindible para el buen funcionamiento de la misma. Debido a su importancia manifiesta, las empresas tienen a su alcance numerosas herramientas que facilitan dicha tarea. Estas son utilizadas para una correcta gestión de su efectivo:

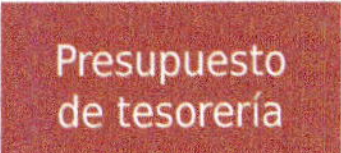

Estas herramientas funcionan como mecanismos que proporcionan las necesarias señales de alerta que permiten a la empresa adelantarse a situaciones conflictivas o aprovechar situaciones ventajosas.

El presupuesto de tesorería es, de entre las existentes para el control de la tesorería, la herramienta más utilizada por las empresas. De hecho, es considerado un instrumento básico de la política de tesorería, proporcionando a la empresa la relación de cobros y pagos según el origen de los mismos. En definitiva, su finalidad es facilitar a la empresa su posición de liquidez para cada horizonte de planificación establecido.

El libro de caja y el libro de bancos son también instrumentos para el control de tesorería, no siendo estos independientes del presupuesto. Son mecanismos que complementan a este, ya que, por un lado, facilitan información sobre los movimientos de caja, y por otro, se especifican las entradas y salidas de efectivo en las cuentas bancarias.

El libro de caja es un instrumento utilizado para controlar todas las entradas y salidas de caja de la empresa, permitiendo a esta llevar un seguimiento riguroso de sus movimientos de efectivo. El libro de bancos, por otro lado, es el mecanismo mediante el cual la empresa registra todas las operaciones de cargo y de abono de las distintas cuentas de que dispone en las entidades financieras.

Estas herramientas permiten llevar a cabo el cuadre de cuentas y la conciliación bancaria.

Ejercicios de autoevaluación Unidad de Aprendizaje 3

1. **Indica si las siguientes afirmaciones son verdaderas o falsas.**

    a. A pesar de la importancia del control de la tesorería, las empresas apenas cuentan con instrumentos para realizar dicha tarea.

    - Verdadero
    - Falso

    b. El libro de bancos es un instrumento utilizado para controlar todas las entradas y salidas de caja de la empresa, permitiendo a esta llevar un seguimiento riguroso de sus movimientos de efectivo.

    - Verdadero
    - Falso

2. **¿Cuál de las siguientes no es una ventaja de la implantación del presupuesto de tesorería?**

    a. Asegura la liquidez de la empresa a largo plazo.
    b. Mejora la gestión de las necesidades operativas de fondos de maniobras.
    c. Mejora la rentabilidad de los excedentes, eliminando saldos ociosos.
    d. Permite controlar el cash-flow de una forma sencilla y ergonómica, de manera que no sean terceros los que marquen las pautas en la gestión financiera de la entidad.

3. **¿Cuál de las siguientes no es una característica principal del presupuesto de tesorería?**

    a. Informa del tratamiento de la financiación e inversiones.
    b. Es una herramienta básica para la toma de decisiones tácticas.
    c. Su horizonte temporal es siempre anual.
    d. Más que de operaciones de tesorería, este presupuesto se realiza a nivel de conceptos presupuestarios.

4. ¿Cuál es la diferencia principal entre el libro de caja y el libro de bancos?

____

____

____

____

5. De las siguientes afirmaciones, ¿cuál es correcta?

a. El libro de bancos es un instrumento complementario al presupuesto de tesorería.
b. El libro de caja sirve para preparar un presupuesto de flujo de caja que sirva de garantía frente a terceros, para obtener así la financiación necesaria para las inversiones.
c. La gestión de los cobros y pagos gana en complejidad cuando se producen de forma aplazada, con desembolsos sucesivos en el tiempo.
d. Todas las opciones son correctas.

6. El libro de caja...

a. ... controla que la contabilidad y los registros realizados se adecuen a la realidad, efectuando periódicamente inspecciones sobre sus medios líquidos.
b. ... controla diariamente las existencias reales de dinero en efectivo, así como los justificantes de entrada y salida de recursos líquidos.
c. ... es una herramienta sencilla de usar, pero costosa para la empresa.
d. ... controla todas las entradas y salidas de caja de la compañía.

7. Cite, al menos, dos de los mecanismos de control de la tesorería.

____

____

____

____

8. ¿Qué es el arqueo de caja?

____

____

____

____

9. Indica si las siguientes afirmaciones son verdaderas o falsas.

a. Para realizar la conciliación bancaria será necesario contar con el libro de bancos y con los extractos bancarios.

- Verdadero
- Falso

b. Para realizar la conciliación bancaria se partirá del saldo existente en el extracto bancario, para ir sumando o restando los apuntes que motivan su diferencia con respecto al saldo en el libro de bancos.

- Verdadero
- Falso

10. ¿Cuál de los siguientes es un beneficio procedente de la utilización del libro de caja?

a. Calcular los ingresos y gastos de la compañía expresados en efectivo, prediciendo los posibles períodos en los que la misma presente gastos que superen a los ingresos.
b. Pronosticar la capacidad de la compañía para producir el efectivo necesario en las estrategias de expansión, o simplemente para mantenerse en su posición.
c. Preparar un presupuesto de flujo de caja que sirve de garantía frente a terceros, para obtener así la financiación necesaria para las inversiones.
d. Todas las opciones son correctas.

Unidad de Aprendizaje 4

Operaciones de cálculo financiero y comercial

Contenido

1. Introducción
2. Leyes financieras
3. Utilización del interés simple en operaciones básicas de tesorería
4. Aplicación del interés compuesto en operaciones básicas de tesorería
5. Descuento simple
6. Cuentas corrientes
7. Cuentas de crédito
8. Cálculo de intereses y de comisiones bancarias
9. Resumen

Objetivos

Los objetivos específicos de esta Unidad de Aprendizaje son:

→ Conocer las leyes financieras de capitalización y descuento.

→ Utilizar la ley de capitalización simple y compuesta en las operaciones básicas de tesorería.

→ Conocer el procedimiento de liquidación de cuentas corrientes y de crédito.

→ Aplicar los métodos de liquidación de cuentas de crédito.

1. Introducción

Cuando se habla de operaciones de cálculo financiero, se hace referencia a operaciones consistentes en la capitalización y actualización de unos capitales financieros por otros, en distintos momentos de tiempo, es decir, aquellas que tienen en cuenta el valor del dinero en el tiempo. La importancia de este tipo de cálculos es evidente, ya que en los sistemas económicos actuales se realizan continuamente dichas operaciones financieras.

Las operaciones financieras son aquellas capaces de cambiar la cuantía de un capital en un período de tiempo, aplicando una determinada ley financiera. Estas se caracterizan por tener unos elementos en común, que son el capital, el tiempo y el tipo de interés; alrededor de dichos componentes girará la presente unidad de aprendizaje.

En cuanto al último elemento, el tipo de interés, este marcará el régimen de capitalización (operación que consiste en invertir o prestar un capital, produciendo intereses durante el tiempo que dura la inversión o el préstamo) a utilizar en el cálculo de las operaciones financieras, encontrando dos tipos: la capitalización simple y la capitalización compuesta.

A lo largo de la unidad de aprendizaje se tratará en qué consiste la capitalización simple y la compuesta, así como las operaciones relacionadas con dichos regímenes, como pueden ser el cálculo del descuento o el empleo de intereses simples y compuestos en las operaciones con cuentas corrientes o de crédito.

Para el desarrollo de tales conceptos, nos basaremos en la gestión de los excedentes, además otros productos financieros, que se producen en la delegación de Barcelona de la empresa Blasoptical, a la cual pertenece Pau.

2. Leyes financieras

HILO CONDUCTOR

Ante las previsiones de inversión y financiación, Pau se pone en contacto con el gestor financiero de la delegación de Vitoria, para que le asesore y le envíe información sobre el procedimiento para analizar las operaciones financieras que se pueden acometer en su delegación.

En las operaciones básicas de tesorería relacionadas con la utilización de intereses entran en juego el dinero, los cobros y los pagos. Dichos elementos son considerados la base de las finanzas.

DEFINICIÓN

Financiar

Disponer de fondos en un negocio para su desarrollo o realizar inversiones con dichos fondos.

Para la valoración de operaciones financieras se aplican expresiones matemáticas, que son leyes financieras.

Una ley financiera es la **expresión matemática positiva y continua que permite valorar capitales en el tiempo.** Las dos leyes financieras por excelencia son la **Ley financiera de capitalización simple y la de capitalización compuesta.**

Para poder utilizar estas leyes, es preciso disponer de una serie de datos previos que influyen en el cálculo:

Dato	Descripción	Se representa por...
Capital	Importe de los fondos que son objeto de derechos y obligaciones por parte de los sujetos que intervienen en las operaciones.	"C"
Tiempo	Plazo durante el cual el capital va a ser objeto de los citados derechos y obligaciones. Toda operación financiera se define sobre un plazo de tiempo.	"n"
Tipo de interés	Determinará la renta o beneficio percibido por el propietario del capital invertido.	"i"

Así, el valor de un capital vendrá determinado por las variables tiempo (momento de valoración del capital) y tipo de interés, así como por la ley financiera aplicada a la operación.

2.1. El valor del dinero en el tiempo y los capitales financieros

En los sistemas económicos se realizan continuamente **operaciones financieras,** que consisten en la **sustitución de unos capitales financieros por otros,** en distintos momentos de tiempo, y aplicando una determinada ley financiera.

Dichos **capitales financieros** son los **cobros, pagos o flujos de caja que se reciben o entregan en un momento del tiempo.** Por tanto, un capital financiero tiene dos dimensiones: **"C"** y **"t",** siendo el primer término el capital y el segundo el momento del tiempo en el que se cobra o paga.

SABÍAS QUE...

Entre dos capitales de igual cuantía colocados en diferentes momentos de tiempo, siempre se elige el más cercano al momento actual; y entre dos capitales colocados en el mismo momento de tiempo, pero de diferente cuantía, siempre se prefiere el de mayor importe.

En toda operación financiera entran en juego una serie de elementos, comunes a todas ellas:

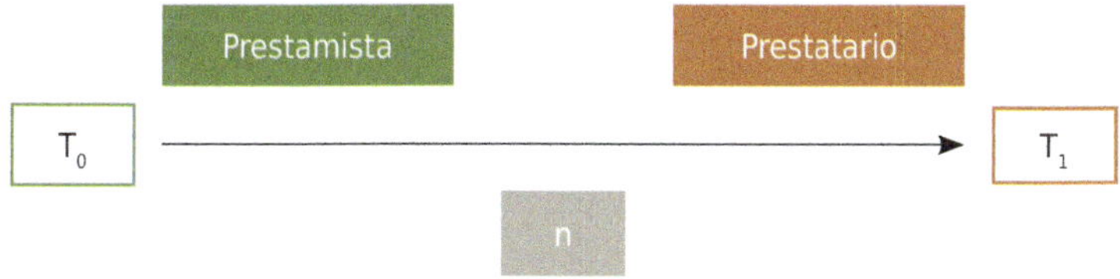

Donde:

- **Prestamista:** acreedor de la operación financiera, es decir, la persona que presta el capital.
- **Prestatario:** deudor de la operación financiera, es decir, la persona que recibe el capital.
- **t_0:** origen de la operación financiera.
- **t_n:** momento final de la operación financiera.
- **n:** duración de la operación financiera.

Las **principales operaciones financieras** de los agentes económicos (empresas financieras, empresas no financieras, etc.) son las que se muestran a continuación:

PRINCIPALES OPERACIONES FINANCIERAS

Operación financiera	Ejemplos
Operación financiera de inversión: adquisición de activos que implica un desembolso hoy (un capital en el momento actual) y una esperanza de cobros futuros o capitales en distintos momentos del tiempo.	El ingreso de capitales en depósitos, cuentas corrientes, cuentas a plazo, etc. La compra de Letras del Tesoro y pagarés de empresa. La adquisición de valores de renta fija como bonos y obligaciones.
Operaciones financieras de financiación: operaciones que permiten disponer de un capital actual a cambio de una obligación de pago en el futuro.	El descuento de letras de cambio y otros efectos de comercio en entidades financieras. La emisión de pagarés de empresa. La solicitud de préstamos y créditos.

Todas las operaciones financieras de inversión suponen una rentabilidad para el comprador de activos y las operaciones financieras de financiación suponen un coste para el que recibe financiación o emite un activo financiero (para el emisor supone un pasivo u obligación de pagos futuros). La rentabilidad y coste de las operaciones financieras se estima como porcentaje y se expresa en un tipo de interés anual.

En una operación financiera están implicadas dos partes; para una de ellas supone un derecho o un activo del que espera una **rentabilidad,** y para la otra parte una obligación o un pasivo que supone un **coste.** Para valorar este tipo de operaciones, es necesario plantear matemáticamente la equivalencia financiera de los capitales financieros (Ct) que entregan ambas partes.

NOTA

Un capital financiero que se cobra o paga en "t", se puede expresar como "C_t", para "t" = 0, 1, 2... n. Siendo:

- t = 0: momento presente o actual.
- t = 1: momento del tiempo 1, período después del momento actual.
- t = n: momento final o plazo de una operación o vencimiento.

Dicha equivalencia financiera se plantea para un tipo de interés determinado (precio del dinero), que se forma en el cruce de la rentabilidad para los oferentes de fondos y el coste para los demandantes de fondos.

Una vez hechas estas precisiones, deben abordarse las leyes financieras de más amplia utilización en el ámbito financiero, que son:

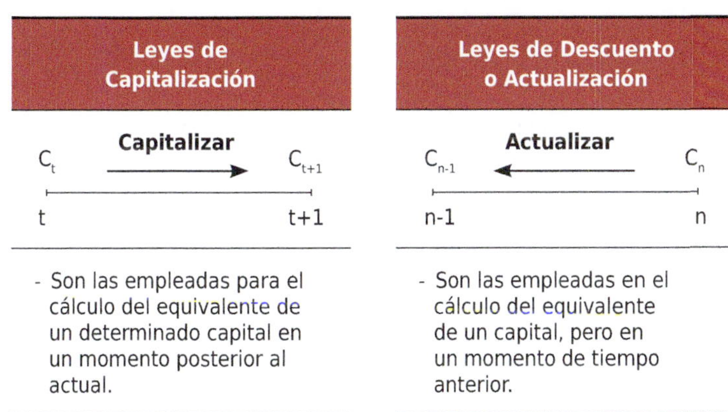

Si las operaciones financieras se realizan **a corto plazo, se utilizan las leyes simples,** de capitalización y descuento; si son a **largo plazo, se aplican leyes compuestas,** también de capitalización y de descuento.

Antes de abordar ampliamente dichas leyes, se hará una breve mención a la dimensión financiera de los capitales financieros.

2.2. La dimensión financiera de los capitales financieros

La dimensión financiera de los capitales financieros que forman una inversión o financiación es la **representación temporal de los flujos o capitales financieros que se producen durante un determinado horizonte temporal "n".**

La siguiente representación gráfica ayudará a conocer cuándo se producen los movimientos monetarios de una determinada operación financiera y establecer el momento de equivalencia de capitales.

Dimensión financiera de los capitales financieros

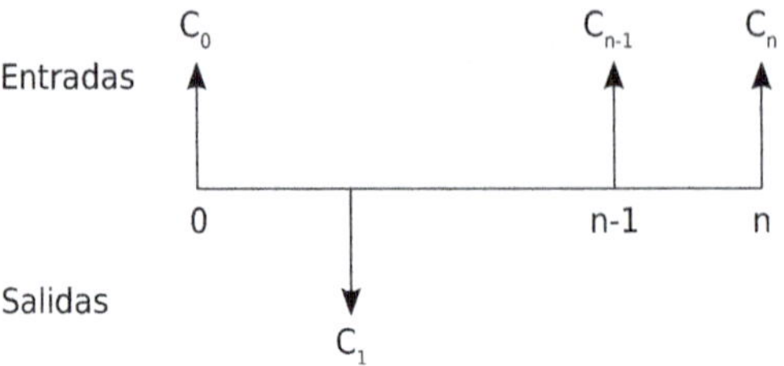

En una operación financiera se establece una ley financiera que permite hacer equivalentes los compromisos de ambas partes, es decir, que la suma de capitales de la prestación o compromiso contractual de una de las partes sea equivalente a la contraprestación de la otra.

Para realizar la **evaluación de un proyecto de inversión-financiación** será necesario plantear lo siguiente:

De la inversión

Q_1 Q_2 $Q_n + VR_n$

0 1 2 n

A

- Consiste en representar en el tiempo las entradas y salidas monetarias de las variables que corresponden a la estructura económica, es decir, el coste invertido (A), los flujos netos de caja de explotación (Q_n) y los valores residuales (VR_n).

De la financiación

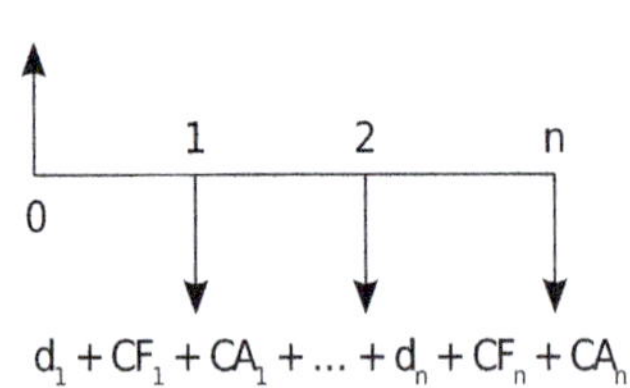

- Expresa gráficamente en un determinado horizonte temporal los movimientos financieros de las variables determinantes de la estructura financiera: pago de dividendos (d_n), cargas financieras (Cf_n) y devolución de los capitales utilizados en el proyecto (CA_n).

RECUERDA

Para que un determinado inversor o prestamista acepte el intercambio de capitales, es necesario que las cantidades a las que renuncia sean equivalentes a las que obtendrá en el futuro.

3. Utilización del interés simple en operaciones básicas de tesorería

HILO CONDUCTOR

Pau, siguiendo las políticas financieras de la empresa, tiene que invertir el beneficio obtenido en cada ejercicio finalizado. Si quiere realizar una inversión adecuada, ¿qué información debe conocer?

Las **leyes financieras** son aquellas mediante las cuales las **partes deudora y acreedora regulan sus mutuos derechos y obligaciones,** y los materializan en una corriente de cobros y pagos, y que, en suma, representan dinámicamente a la operación financiera correspondiente.

Dichas leyes financieras permiten comparar capitales a lo largo del tiempo, de tal manera que se pueda establecer una relación de preferencia entre dichos capitales financieros y, como consecuencia de la misma, la identificación en el tiempo de aquellos capitales que se consideran financieramente equivalentes o, lo que es lo mismo, que su valor a lo largo del tiempo se considera indiferente.

Una vez comprobadas las razones que justifican el cobro de intereses sobre la cesión de capitales, ahora se va a exponer la forma de calcularlos. Para ello, vas a ver dos **regímenes de capitalización,** que son:

- Capitalización simple
- Capitalización compuesta

3.1. Ley de capitalización simple

Se habla de capitalización simple en una operación financiera cuando **los intereses generados durante un período no se agregan al capital para el cálculo de los intereses en el siguiente** período de tiempo. Así, como los intereses se calculan siempre sobre el mismo capital, su importe no varía a lo largo de la operación financiera.

Al aplicar la ley de capitalización simple a un capital inicial, con un tipo de interés determinado y durante un periodo de tiempo determinado, todo ello expresado en las mismas unidades temporales que el tipo de interés, se obtiene un montante final, que, como puedes observar, es lineal:

$$C_n = C_0 (1 + n \times i)$$

Donde:

- **C_0:** se denomina capital inicial al importe invertido al inicio de la operación financiera.
- **n:** mediante esta letra se identifica el tiempo de duración de la operación financiera (número de períodos), que podrá venir expresado en años, semestres, meses, días, etc.
- **i:** se llama rédito al tipo de interés anual en tanto por uno aplicado a la operación financiera expresado en porcentaje, es decir, es el rendimiento obtenido por cada euro invertido en un período de tiempo, y se designa mediante "r". Sin embargo, en las fórmulas no se trabaja con el rédito, sino con el tipo de interés en tanto por uno.

$$i = r / 100$$

- **I:** por medio de "I" se identifican los intereses generados en un año durante la operación financiera.
- **I_T:** el interés total representa la suma de los intereses de cada período.
- **C_n:** el capital final o montante es el importe obtenido al final de la operación financiera y cuantitativamente es la suma del capital inicial más los intereses generados.

NOTA

La expresión **(1 + n x i)** recibe el nombre de **factor de capitalización,** pues multiplicado este por el capital inicial se obtiene el capital final o montante.

Recuerda que para calcular el capital final (C_n), los intereses en cada uno de los periodos son constantes e iguales: $\mathbf{I_1=I_2=I_3=...I_n = C_0 \times i}$, y no se suman al capital para producir más intereses.

La gráfica representativa de este tipo de capitalización es la siguiente:

Representación gráfica de la ley de capitalización simple

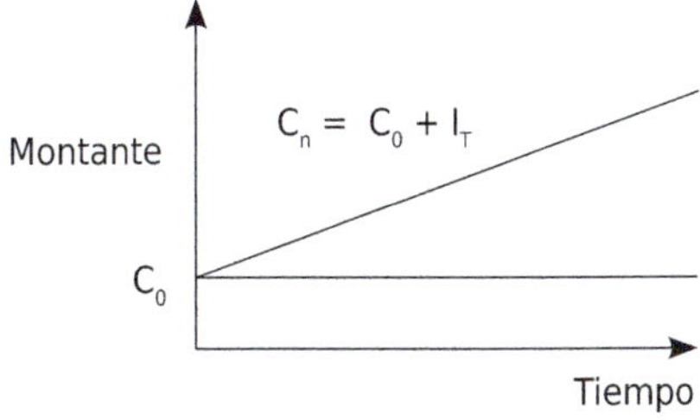

Los **intereses totales** de la operación financiera puedes obtenerlos mediante la siguiente fórmula:

$$I_T = C_0 \times i \times n$$

EJEMPLO

Se considera que se invierten 20.000 € durante 4 años a un tipo de interés del 10 % anual. Si se quieren calcular los intereses del primer año, se aplica el porcentaje sobre la cantidad invertida:

20.000 x 0,1 = 2.000 € de intereses

Continúa en página siguiente >>

<< Viene de página anterior

Como los intereses generados al final de cada uno de los 4 años se reintegran para su libre disposición por parte del inversor, el cálculo de los mismos es idéntico en cada año.

Cálculo de intereses totales

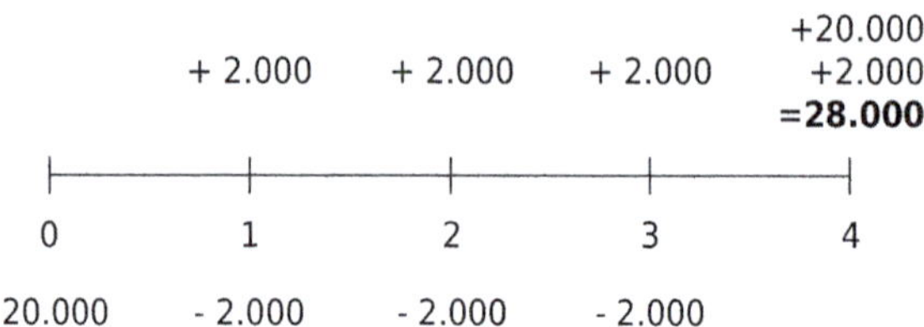

Los intereses generados al final de los 4 años, se calculan como sigue:

$$I_T = C_0 \times i \times n = 20.000 \times 0,1 \times 4 = 8.000$$

Por su parte, el montante final se obtendrá aplicando la siguiente fórmula:

$$C_n = C_0 (1 + n \times i) = 20.000 [1 + (4 \times 0,1)] = 28.000$$

Con toda esta información se puede representar la dimensión financiera de la inversión:

Dimensión financiera de la inversión

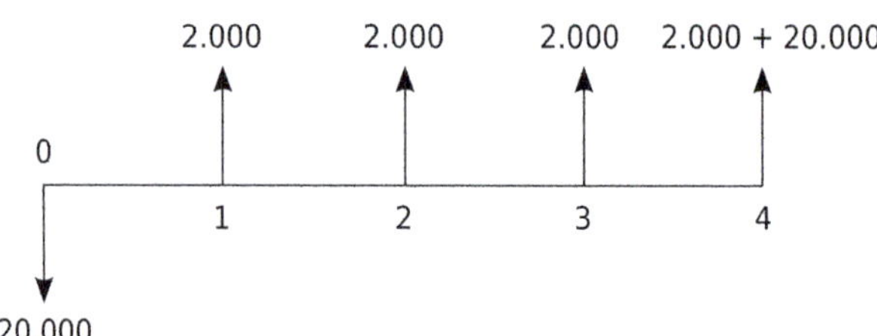

En definitiva, si el inversor, en cada año, reintegra los intereses generados, estos no forman parte del capital para el cálculo de los nuevos intereses, por lo que el resultado es el mismo para cada período. Al final del cuarto año el inversor recupera el capital invertido (20.000 €), que se unirá a los intereses generados (8.000 €).

3.2. Cálculo de interés simple

Cuando alguien realiza una inversión es porque considera que va a obtener un determinado beneficio. El que toma el capital paga un interés por tenerlo a su disposición durante un período determinado. Y el sujeto que presta el dinero y, por tanto, lo invierte, pone un **precio a la renuncia a la liquidez.** Dicho precio es el **interés.**

A continuación se desarrolla el **cálculo de los intereses en capitalización simple.** Se ha podido comprobar que si el capital inicial a considerar es el mismo en cada uno de los períodos del proyecto, los intereses generados en dichos períodos son los mismos. Así, su evolución gráfica, en función de los intereses y el tiempo, sería la siguiente:

Representación gráfica del cálculo de los intereses en capitalización simple

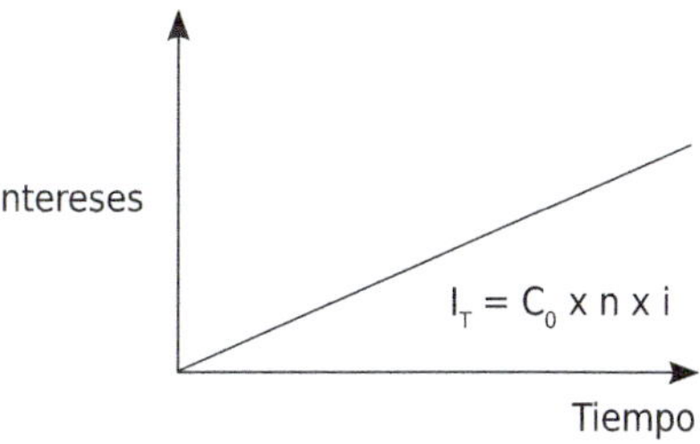

De esta forma, conociendo los intereses totales, el capital inicial invertido y el tiempo de inversión, se podría averiguar el tipo de interés aplicado a la operación financiera. Para ello, basta con despejarlo como se indica a continuación:

$I_T = C_0 \times n \times i$ → Despejando "i" se obtiene: $i = I_T / n \times C_0$

PARA SABER MÁS

A partir de la fórmula de los intereses totales se puede obtener el tipo de interés aplicado en la operación financiera, pero además, se pueden conocer otras

Continúa en página siguiente >>

<< Viene de página anterior

variables, como el capital invertido o el que hay que invertir para obtener un determinado capital final. Si quieres ver cómo se calculan, accede al siguiente enlace.

https://redirectoronline.com/mf09790401

Las operaciones financieras no siempre se realizan durante un número exacto de años. Por ello, es preciso establecer una concordancia entre los períodos de capitalización y los tipos de interés, de forma que estén expresados en las mismas unidades, adaptándose el tiempo a las unidades en las que se expresa el tipo de interés, o bien se adapta el tipo de interés al período de capitalización mediante el cálculo del **tipo de interés equivalente o tanto equivalente.**

DEFINICIÓN

Tantos equivalentes

Aquellos que, al ser aplicados a un mismo capital, producen idénticos resultados en el mismo período de tiempo, aunque se refieran a períodos fraccionados de año o a frecuencias de capitalización distintas de la anual.

En la mayoría de operaciones a corto plazo, es necesario valorar financieramente con un fraccionamiento "k" del año, de modo que el año se divide en "k" partes iguales. Para transformar un tanto por ciento anual en el equivalente para otros períodos de tiempo diferentes, se denominan:

- i = tipo de interés anual.
- i_k = tipo de interés equivalente de un período fraccionado.
- k = frecuencia de fraccionamiento.

$$i_k = i / k$$

En las operaciones financieras en las que el período de capitalización esté referido a fracciones de año, se tendrá que dividir el tanto anual ("i") entre su frecuencia de fraccionamiento ("k"). Por tanto, el **tipo de interés fraccionado** se expresa mediante "i_k", donde "k" es la fracción de año considerado.

NOTA

En relación al interés diario, la división del año en días admite una doble posibilidad:

- **Año comercial:** tan solo considera 360 días, al estimar que todos los meses tienen 30 días (12 meses a 30 días).
- **Año natural:** considera los 365 días del año, teniendo en cuenta los días que tiene cada mes.

Evidentemente, una operación con capitalización diaria arrojará un resultado diferente si se define sobre un año comercial o natural.

Con la introducción del interés fraccionado, las fórmulas del interés y del capital final se redefinen de la siguiente forma:

Interés:

$$I_T = C_0 \times n \times i_k$$

Capital final:

$$C_n = C_0 (1 \times n \times i_k)$$

APLICACIÓN PRÁCTICA

Juan ha recibido una carta de su entidad financiera sobre publicidad de productos financieros, ofreciendo diferentes depósitos. Uno de ellos consiste en depositar una cantidad (entre los 8.000 y los 14.000 €) durante 9 meses, ofreciendo un interés anual del 4,60 %.

¿Qué cálculos debe hacer Juan para poder conocer la cantidad que ganará si contrata un depósito de 8.200 € con su entidad financiera?

Solución

En primer lugar, al no estar expresadas en la misma unidad de tiempo las variables tipo de interés y tiempo, Juan debe pasar el tipo de interés anual ofrecido por la entidad financiera a uno fraccionado. En este caso, se utilizará un interés trimestral y, para ello, se usará la fórmula del tipo de interés fraccionado:

$$\mathbf{i_k = i / k}$$

Sabiendo que hay cuatro trimestres en un año, se debe calcular "i_4". Así:

- K = 4 trimestres/año.
- n = 9 meses.
- i = 0, 046.
- **i_4 = 0,046 / 4 = 0,0115**

Después del cálculo realizado, estando tanto el tiempo como el tipo de interés expresados ya en la misma unidad de tiempo, se podrá calcular, aplicando la fórmula de capitalización simple, el montante que obtendrá Juan una vez hayan transcurrido los 9 meses:

$$\mathbf{C_n = C_0\ (1+n \times i_k) = 8.200\ (1+3 \times 0{,}0115) = 8.482{,}9\ €}$$

En definitiva, si Juan contrata un depósito de 8.200 € con su entidad financiera obtendrá unas ganancias de 282,9 € (sin tener en cuenta las posibles comisiones o gastos que le pueda cargar la entidad por la operación).

ACTIVIDAD COMPLEMENTARIA

7. Como has podido comprobar, en una inversión puramente financiera, cuando se invierte un capital interviene un interés que, unido a dicho capital, será recibido al vencimiento. Pero, ¿por qué aparece la variable interés en la inversión del capital?

4. Aplicación del interés compuesto en operaciones básicas de tesorería

HILO CONDUCTOR

A Pau, pensando en la inversión que va a realizar, le interesa obtener los máximos beneficios, por lo que decide que la mejor opción es que los intereses se acumulen al principal para producir nuevos intereses. Por ello ahora va a abordar las operaciones de tesorería, pero con interés compuesto.

Cuando los intereses, generados por el capital cedido al final de un período, se suman para producir más intereses en el siguiente, es decir, **el prestatario devuelve al prestamista la cantidad recibida más todos los intereses** al concluir la vida de la operación, se estará ante una operación de capitalización compuesta.

Las operaciones de tesorería de interés compuesto suman a la cantidad recibida los intereses generados.

IMPORTANTE

La principal diferencia entre la ley de capitalización simple y la compuesta es que en la primera los intereses de un período no se acumulan al principal para producir nuevos intereses en períodos sucesivos. En cambio, en la ley de capitalización compuesta, los intereses de un período se acumulan al principal para producir nuevos intereses en períodos sucesivos.

4.1. Ley de capitalización compuesta

Se habla de capitalización compuesta en una operación financiera cuando **los intereses generados durante un período se agregan al capital para el cálculo de los intereses en el siguiente** período de tiempo. Por tanto, como los intereses en cada período de capitalización se calculan sobre un capital mayor, su importe se incrementará a lo largo de la operación financiera. Se aplica fundamentalmente a las operaciones con duración superior al año.

La **fórmula** de la capitalización compuesta es la que se muestra a continuación:

$$C_n = C_0(1+i)^n$$

La nomenclatura utilizada en la formulación de la capitalización compuesta es la misma que la de la capitalización simple, excepto la expresión $(\mathbf{1} + \mathbf{i})^n$, que es el **factor de capitalización.**

A continuación se muestra la **gráfica** de la capitalización compuesta:

Representación gráfica de la capitalización compuesta

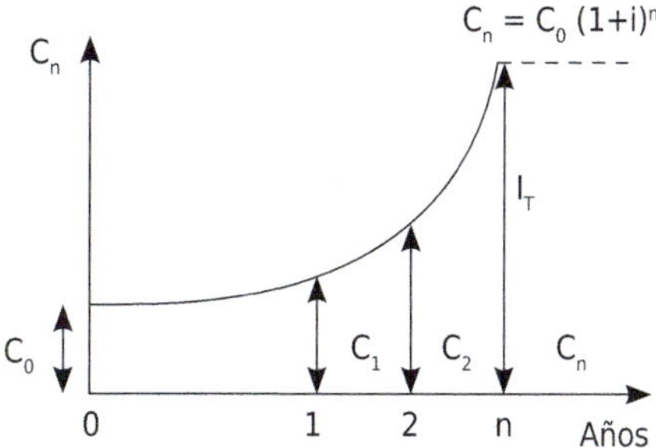

Los **intereses totales** de una operación de capitalización compuesta se deben obtener, a diferencia de la capitalización simple, para cada período. Por tanto, se obtendrían de la siguiente forma:

$$I_T = C_0 [(1+i)^n - 1]$$

A continuación, puedes ver un ejemplo en el que se aplica la capitalización compuesta.

EJEMPLO

Se considera el mismo ejemplo usado anteriormente correspondiente al interés simple, donde se invertían 20.000 € durante 4 años a un tipo de interés del 10 % anual.

El cálculo de los intereses del primer año no varía, por lo que se aplica el porcentaje sobre la cantidad invertida:

20.000 x 0,1 = 2.000 € de intereses

Como los intereses generados al final de cada año, a diferencia de la capitalización simple, no se reintegran para su libre disposición por parte del inversor, la evolución gráfica de la operación sería la siguiente:

Continúa en página siguiente >>

<< Viene de página anterior

Evolución gráfica de la capitalización compuesta

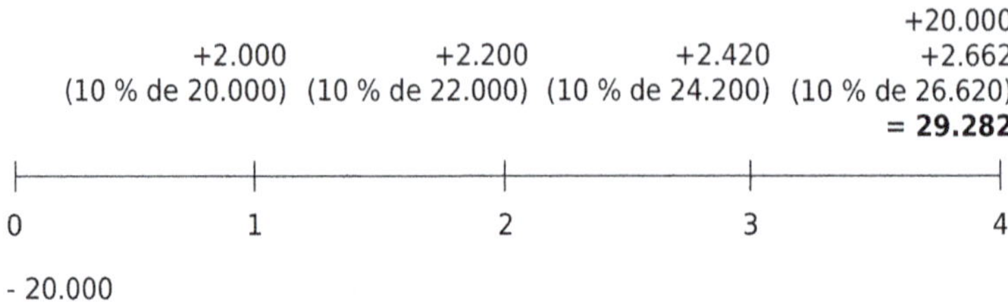

Como se puede observar en la gráfica, los intereses generados al final de cada año crecen, pues el capital sobre los que se calculan es cada vez mayor, al incluir los intereses de los períodos anteriores.

Al final del cuarto año, el inversor recupera el capital invertido (20.000 €), que se unirá a los intereses generados durante toda la operación (9.282 €).

$$I_T = C_0\,[(1 + i)^n - 1] = 20.000\,[(1+0,1)^4 - 1] = \mathbf{9.282\ €}$$

$$C_n = C_0\,(1+i)^n = 20.000\,(1+0,1)^4 = \mathbf{29.282\ €}$$

En la práctica, esta ley financiera de capitalización compuesta se aplica a largo plazo, en instrumentos financieros como obligaciones y bonos del Tesoro y empresas.

4.2. Cálculo de interés compuesto

A partir de la expresión mostrada del capital final, se puede determinar el **tipo de interés** necesario para que un capital invertido durante un espacio de tiempo genere un determinado capital final. La fórmula se obtendrá a partir de la expresión general:

$$C_n = C_0\,(1+i)^n \rightarrow C_n / C_0 = (1+i)^n$$

Por la propiedad de las potencias se obtiene:

$$\sqrt{(C_n/C_0)} = 1+i \rightarrow \text{Despejando "i" se obtiene: } n\sqrt{(C_n/C_0)} - 1$$

Para determinar la inversión inicial despejando "C_0" de la fórmula general, se obtendría la siguiente expresión:

$$C_n = C_0\,(1+i)^n \rightarrow \text{Despejando "}C_0\text{", se obtiene: } C_0 = C_n/\,(1+i)^n$$

De la misma forma, se podría calcular el **tiempo de una operación** necesario para que un capital invertido a un tipo de interés genere un determinado capital final. Para ello, se utilizaría de nuevo la misma expresión general y se despejaría "n". Al encontrarse dicha variable en el exponente, la fórmula necesaria para despejarla será la que se muestra a continuación, que se realiza a través de logaritmos:

$$C_n = C_0\,(1+i)^n \rightarrow \text{Despejando "n", se obtiene: } n = (LC_n\text{-}LC_0)/\,L(1+i)$$

La ley de capitalización compuesta es aquella en la que los intereses de un período se acumulan al principal para producir nuevos intereses en períodos sucesivos. Así, los capitales más lejanos se remuneran más adecuadamente al recibir la capitalización no solo del capital inicial, sino de los intereses acumulados.

Igual que sucedía en la capitalización simple, es necesario que el tiempo y el tipo de interés estén referenciados a la misma unidad temporal. Sin embargo, los métodos empleados para el interés simple no son válidos para el compuesto.

Para adecuar el tipo de interés a la fracción de tiempo en la que viene expresado el período de capitalización, se utilizan los tantos equivalentes en el interés compuesto. A partir de dicha expresión se obtiene la fórmula del **tipo de interés fraccionado,** tal y como se muestra a continuación:

$$(1+i) = (1+i_k)^k \rightarrow i_k = (1+i)^{1/k} - 1$$

El tipo de **interés efectivo** es un interés real, pues recoge todos los gastos que origina una operación financiera. Como ya se conoce cómo calcular el interés efectivo correspondiente a cualquier período fraccionado, también se puede plantear la cuestión inversa, es decir, conocer el interés efectivo y determinar su equivalente anual. Este tipo de interés anual se denomina **tanto anual equivalente (TAE),** y se calcula mediante la siguiente expresión:

$$(1+i) = (1+i_k)^k \rightarrow i = (1+i_k)^k - 1$$

En la capitalización compuesta, para trabajar con fracciones de año, se debe utilizar el interés efectivo fraccionado, mientras que para períodos anuales se emplea el TAE (tanto anual equivalente).

Por último, se debe señalar que en la mayoría de la publicidad que las entidades financieras realizan sobre sus productos incluyen un tercer tipo de tasa: el **interés nominal.** Es un tipo de interés que en la práctica no es operativo, ya que no se puede utilizar para los cálculos.

TAREA 14

Dadas las siguientes operaciones financieras:

- Con el beneficio de 7.000 € obtenido al finalizar el ejercicio económico, una empresa ha decidido invertirlo en un depósito bancario a 2 años, con una rentabilidad del 3,5 % anual. El capital invertido será devuelto al final de los 2 años, mientras que los intereses serán entregados al inversor al finalizar cada uno de ellos.
- Manuel tiene un dinero ahorrado y le gustaría invertirlo para sacarle algo de rentabilidad. Para ello, acude a su entidad financiera para comprobar qué posibilidades le ofrece esta. Después de comunicar al gestor de su oficina que tiene 50.000 € para poder invertir, este le ofrece la posibilidad de adquirir un producto financiero durante 10 años a un tipo de interés del 5 %.

Analiza los supuestos planteados y responde a las siguientes cuestiones:

a. Teniendo en cuenta la naturaleza y duración de cada una de las operaciones financieras, ¿qué ley de capitalización financiera se utilizará en cada caso para calcular los intereses?
b. Una vez determinada la ley de capitalización a utilizar, calcula los intereses totales producidos en cada operación.

TAREA 15

Las leyes financieras de capitalización, con carácter general, ¿qué tipos de interés pueden utilizar? Indícalos, describiendo cada uno de ellos.

Además, muestra ejemplos donde se compruebe su empleo en operaciones de tesorería.

5. Descuento simple

Una de las tareas que gestiona Pau en su departamento financiero de Blasoptical es la gestión de las remesas de efectos con la entidad bancaria habitual.

Unidas al cálculo de los intereses simples y compuestos en las operaciones financieras, se encuentran las **operaciones de descuento.**

DEFINICIÓN

Descuento
Operación financiera que consiste en la sustitución de un capital futuro por otro capital en el momento presente. Es la operación inversa a la capitalización simple.

La cantidad final es una cantidad fija, cuyo valor hay que **actualizar,** habida cuenta de la renuncia a la liquidez que conlleva cualquier inversión u operación financiera.

La **representación gráfica** de las operaciones de descuento es la que se muestra a continuación:

Representación gráfica de las operaciones de descuento

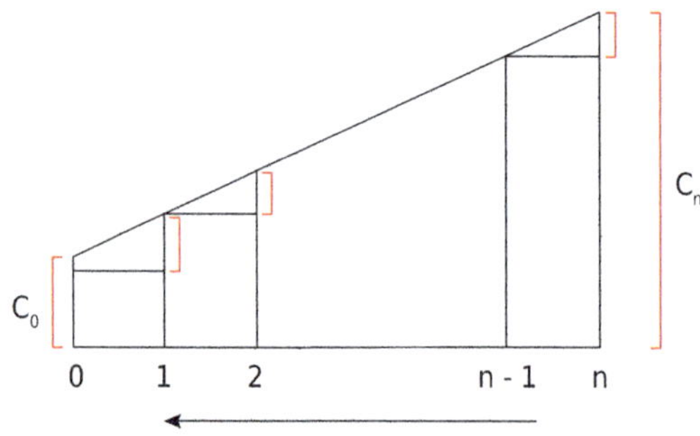

5.1. Cálculo del descuento comercial

Las operaciones de descuento consisten en la **actualización de capitales hacia el presente.**

El descuento comercial (D_c) es aquel cuyo cálculo se realiza a partir del nominal (C_n) de la operación y un tipo de descuento (d). Como los intereses se generan para cada periodo de tiempo (n), la expresión es la siguiente:

$$D_c = (C_1 \times d) + (C_2 \times d) + ... + (C_n \times d) = C_n \times d \times n$$

Como el capital inicial es la diferencia entre el nominal y el descuento aplicado, si se sustituye este último en la expresión, se obtiene lo siguiente:

$$C_0 = C_n - D_c = C_n - C_n \times d \times n = C_n (1 - d \times n)$$

$$C_0 = C_n (1 - d \times n)$$

Donde:

- **C_0:** es la cantidad anticipada por la entidad financiera previa deducción del descuento. Se corresponde con el efectivo.
- **C_n:** es la cantidad que percibiría el propietario del capital si se espera a cobrarlo a su vencimiento. Se corresponde con el nominal.
- **d:** la tasa de descuento es el tipo de interés aplicado en la operación. Normalmente vendrá expresada en porcentaje, aunque en la práctica se utiliza en tanto por uno.
- **n:** es el tiempo que falta hasta el vencimiento. Se corresponde con el periodo de descuento.

El descuento no es más que la **cantidad de dinero a la que se renuncia por disponer de un capital antes de su vencimiento.** Al descontar un capital, se renuncia a parte de su valor nominal para obtener una cantidad de dinero inferior, el efectivo, antes de la fecha señalada para su vencimiento.

Cuando se está en presencia de una operación comercial y existe un aplazamiento de pago, pueden girarse letras de cambio a favor del vendedor, que deberá cobrar en una fecha futura determinada. Si el vendedor decide no esperar al vencimiento, puede conseguir los fondos de forma anticipada a través de una entidad financiera.

Los efectos comerciales no suelen presentarse en las entidades de forma aislada para proceder a su descuento comercial, sino que lo hacen de forma agrupada. A este conjunto de efectos así configurado se le denomina **remesa** y puede estar compuesto por efectos de distintas clases.

Recuerda que el **descuento comercial** es una operación que consiste en el adelanto, por parte de una entidad financiera, del importe de efectos, antes de la fecha de vencimiento.

En cierta medida, este proceso no es más que una **forma de financiación de la empresa,** ya que no tiene que esperar al vencimiento de las letras de cambio incluidas en la remesa para cobrarlas.

El importe que se recibe del descuento y que se abona en la cuenta asociada es el correspondiente al importe de la remesa minorado en los intereses calculados a un tipo de interés único (fijo o variable), según lo acordado con la entidad financiera y minorado también en una comisión bancaria, que dependerá de la entidad. De esta forma, la remesa de efectos queda liquidada.

El proceso de descuento de la remesa de efectos tiene sus **implicaciones en la gestión de la tesorería,** en cuanto que se aconseja:

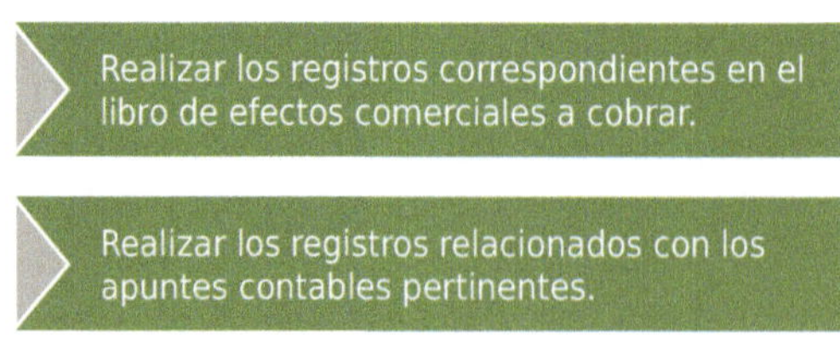

APLICACIÓN PRÁCTICA

Mario, propietario de una empresa de informática, necesita realizar un pago urgente imprevisto. Para obtener liquidez, se pone el contacto con su entidad bancaria el 1 de abril para descontar la siguiente remesa de efectos:

- **Letra de cambio por importe de 5.300 €, con vencimiento el día 1 de julio.**
- **Letra de cambio por importe de 2.400 €, con vencimiento el día 1 de agosto.**

La entidad le aplica una tasa de descuento del 7,5 %, unas comisiones bancarias del 5 ‰ sobre el nominal, y 1 € por efecto sobre gastos bancarios.

¿Qué importe recibirá Mario por descontar dicha remesa?

Solución

Para el cálculo del descuento de estas letras, al tener un vencimiento inferior al año, se debe modificar el porcentaje de descuento y adaptarlo al mismo plazo. Para ello:

$$d = 0{,}075 / 12 = 0{,}00625 \text{ mensual}$$

Por tanto, el descuento será el siguiente:

$D_c = C_n \times d \times n = (5.300 \times 0{,}00625 \times 4) + (2.400 \times 0{,}00625 \times 5) = 132{,}5 + 75 = 207{,}5$ €

El cálculo de la comisión que cobra el banco, es: Comisión = 7.700 x 0,005 = 38,5 €

Una vez liquidada la remesa, Mario recibirá el siguiente importe:

Líquido a percibir = 7.700 - 207,5 - 38,5 - 2 = 7.452 €.

5.2. Remesas

Las empresas pueden disponer de aplicaciones informáticas de facturación como por ejemplo FactuSol, que les permiten configurar la documentación bancaria asociada a las operaciones de remesas de efectos, para ser enviadas a las entidades financieras.

La gestión de las remesas en FactuSol se hace a través de la ficha **Administración.** Si accedes al grupo **Cobros** y a la opción **Remesas** puedes realizar el mantenimiento de las ya creadas y elaborar nuevas.

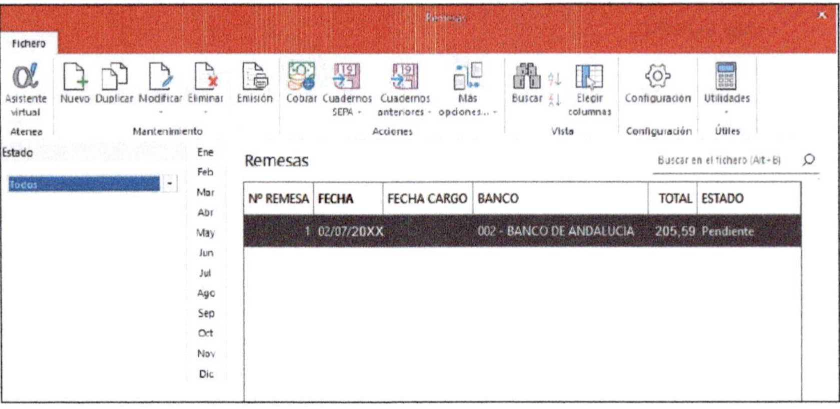

La ventana que se abre muestra el listado de remesas que ya están registradas. Esta información se puede filtrar seleccionando un mes o un trimestre concreto. Mediante los distintos grupos que componen la ventana se realizan diversas tareas:

- **Mantenimiento:** permite crear, modificar, eliminar o emitir un listado de las remesas registradas.
- **Acciones:** posibilita generar el cobro de una remesa, crear el archivo XML correspondiente a los cuadernos SEPA (o anteriores) vigentes y conocer la trazabilidad del documento incluido en la remesa.
  Una vez se ha generado el archivo del cuaderno se guardará en la subcarpeta Remesas de la carpeta del programa y se cambia automáticamente a remesada.
- **Vista:** permite buscar un registro, ordenar el listado y seleccionar las columnas que van a aparecer.
- **Configuración:** permite configurar los datos necesarios para crear los archivos bancarios correspondientes a la remesa y que se tramitarán

posteriormente en la página web de la entidad. Se divide en dos apartados: Configuración, dónde se incluyen los datos del presentador y del ordenante; Concepto, dónde se personaliza la descripción de la remesa.

Para crear una remesa nueva debes hacer clic en el botón **Nuevo.** A continuación se abre una ventana en la que se incluye el número de remesa que corresponde y la fecha, y se elige el tipo (Remesa bancaria SEPA o Remesa bancaria anterior a la normativa SEPA) y la entidad bancaria. Los campos Estado y Cobros se actualizan automáticamente.

El número de líneas que componen una remesa no está definido, lo que significa que se pueden incluir tantas como sean necesarias. Cada línea es un cobro y para añadirlas a la remesa se puede hacer de forma manual o validando las facturas o recibos correspondientes.

Si quieres incluir las líneas de la remesa de forma manual o modificar alguna existente, la ventana que se abre si haces clic en el botón **Nueva** o en el botón **Modificar** es la siguiente:

En esta ventana puedes introducir los datos de forma manual o mediante los botones **R** (incluye datos de un recibo) o **F** (incluye datos de una factura). A continuación debes hacer clic en el botón **Aceptar.**

Una vez incluidas las líneas de la remesa debes hacer clic en el botón **Aceptar** y la nueva remesa aparecerá en el listado de la ventana principal.

La creación del archivo XML que se envía a la entidad bancaria se realiza mediante la opción **Cuadernos SEPA** del grupo **Acciones.** Entre las opciones que se muestran se elige el cuaderno a generar y en la ventana que se abre se confirma la dirección del fichero. Finalmente debes hacer clic en Aceptar para generar el archivo.

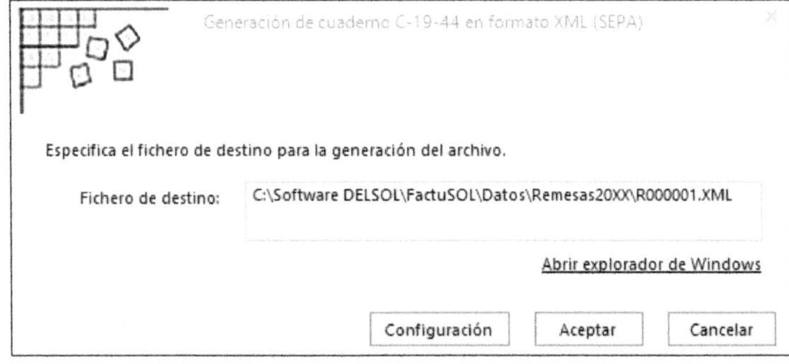

RECUERDA

Antes de generar el fichero XML debes configurar los datos de presentador, del ordenante y el concepto de la remesa, si procede.

APLICACIÓN PRÁCTICA

El responsable de facturación de la empresa Violeta, S. L., quiere crear una remesa para enviar a su banco todos los recibos cuyo vencimiento sea el último trimestre del año.

¿Qué pasos debe seguir?

Solución

Para ello deberá seguir estos pasos:

- Seguir la siguiente ruta: Ficha Administración → Grupo Cobros → opción Remesas.
- Pulsar la opción **Nuevo** del grupo Mantenimiento de la ventana Remesas.
- Cumplimentar de forma manual el campo Nº de remesa, seleccionar de la lista desplegable el Tipo de remesa y del listado de entidades bancarias, el Banco.
- En el campo Fecha se dejará la que aparece por defecto.
- Pulsar el botón Nueva e introducir los datos de forma manual o confirmando el recibo o la factura mediante los botones R o F.
- Una vez introducidas las líneas de la remesa se hará clic en el botón **Aceptar** y de nuevo en **Aceptar** en la siguiente ventana. De esta forma se habrá creado la remesa definitivamente.
- Pulsar la opción **Configuración** del grupo Configuración e introducir los datos del presentador, ordenante y concepto de la remesa (si se quiere).
- Para crear el fichero XML que se envía al banco, pulsar en la opción Cuadernos SEPA del grupo Acciones y elegir una de las opciones mostradas. Seguidamente comprobar el fichero de destino y pulsar **Aceptar** si es correcto.

5.3. Cálculo del descuento racional

La Ley de Descuento racional o matemático (Dr) es la **inversa de la Ley de capitalización simple,** es decir, aquella que utiliza para su cálculo el valor efectivo (C0), por lo que su expresión será la siguiente:

$$D_r = C_0 \times n \times i$$

Donde:

D_r: descuento racional.
C_0: valor efectivo.
n: tiempo o período que va desde la fecha de descuento hasta el vencimiento.
i: tipo aplicado a la operación o tanto de descuento expresado en tanto por uno.

La Ley de Descuento racional, que tiene un decrecimiento no lineal, remunera por igual a todos los capitales, razón por la que **no se utiliza a largo plazo.**

SABÍAS QUE...

Algunos productos financieros que emplean esta ley son las letras del Tesoro con vencimiento igual o inferior a 365 días, y los pagarés de empresa con vencimiento inferior al año.

La capitalización simple permite conocer el valor futuro de un capital invertido en el presente bajo un tipo de interés. Se conoce el capital inicial y se quiere conocer su valor futuro. El descuento, en cambio, **pretende conocer el valor presente de un capital futuro a una tasa de descuento pactada.** Aquí se conoce el capital final, a una fecha futura de vencimiento, y se quiere conocer su valor presente.

APLICACIÓN PRÁCTICA

Una empresa, para obtener financiación, emite pagarés de empresa de valor nominal 60.000 €, a 9 meses. ¿Cuál es el efectivo recibido con la emisión si el tipo de interés efectivo es el 5 %?

Solución

Si se considera el efectivo como el capital inicial "C_0", y el valor nominal de los pagarés como el capital final "C_n", y el periodo de tiempo proporcional (9/12), el descuento aplicado sería el siguiente:

$D_r = (C_n \times n \times i) / (1 + n \times i) = (60.000 \times 0,75 \times 0,05) / (1 + 0,75 \times 0,05) = 2.168,7$ €

Por lo tanto, para conocer el efectivo recibido con la emisión, solo habría que restar al capital final el importe del descuento:

Efectivo = Capital Final - Descuento = 60.000 - 2.168,7 = 57.831,3 €

Desde un punto de vista teórico, el **descuento racional** parece la forma más correcta de calcular el descuento aplicado a un capital, pero a nivel práctico tiene sus **limitaciones,** al **operar sobre un valor en principio desconocido, como es el efectivo.**

En su lugar, el **descuento comercial** es el calculado sobre el nominal. Como este es un valor conocido, **su aplicación práctica** es mayor y, por ello, es utilizado por las entidades financieras en este tipo de operaciones.

TAREA 16

Una empresa tiene una cartera de efectos a cobrar importante y necesita liquidez para afrontar una inversión inmobiliaria, ¿qué puede hacer?

Explica la operación que puede surgir, y sus implicaciones en la gestión de la tesorería de la empresa.

TAREA 17

La empresa Lentes Gass, S. L., necesita liquidez para hacer frente a un pago de 26.000 €. Para obtener recursos ha decidido descontar una remesa de efectos compuesta por las siguientes letras de cambio de su cliente Pilar Visión:

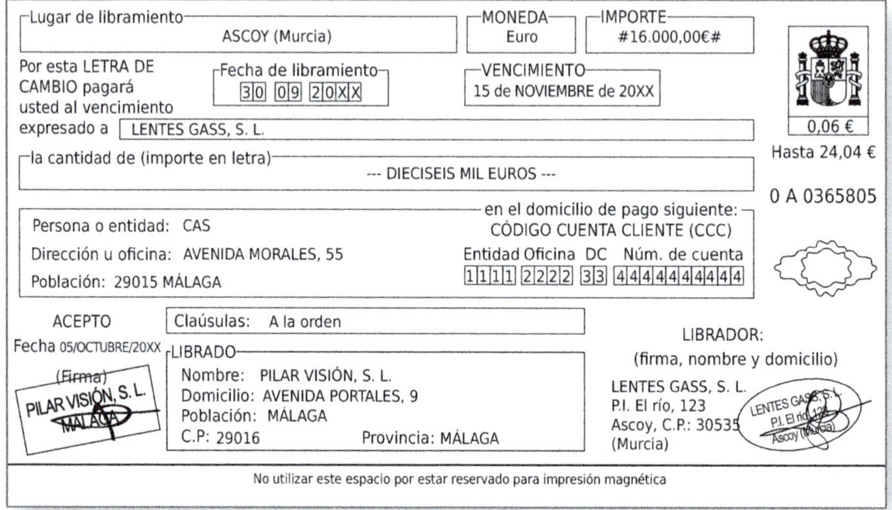

Lugar de libramiento: ASCOY (Murcia)
MONEDA: Euro
IMPORTE: #16.000,00€#
Por esta LETRA DE CAMBIO pagará usted al vencimiento expresado a LENTES GASS, S. L.
Fecha de libramiento: 30 09 20XX
VENCIMIENTO: 15 de NOVIEMBRE de 20XX
0,06 €
Hasta 24,04 €
la cantidad de (importe en letra): --- DIECISEIS MIL EUROS ---
0 A 0365805
en el domicilio de pago siguiente:
Persona o entidad: CAS
Dirección u oficina: AVENIDA MORALES, 55
Población: 29015 MÁLAGA
CÓDIGO CUENTA CLIENTE (CCC)
Entidad Oficina DC Núm. de cuenta
1111 2222 33 4444444444
ACEPTO
Fecha 05/OCTUBRE/20XX
(Firma)
PILAR VISIÓN, S. L. MÁLAGA
Claúsulas: A la orden
LIBRADO
Nombre: PILAR VISIÓN, S. L.
Domicilio: AVENIDA PORTALES, 9
Población: MÁLAGA
C.P: 29016 Provincia: MÁLAGA
LIBRADOR:
(firma, nombre y domicilio)
LENTES GASS, S. L.
P.I. El río, 123
Ascoy, C.P.: 30535
(Murcia)
No utilizar este espacio por estar reservado para impresión magnética

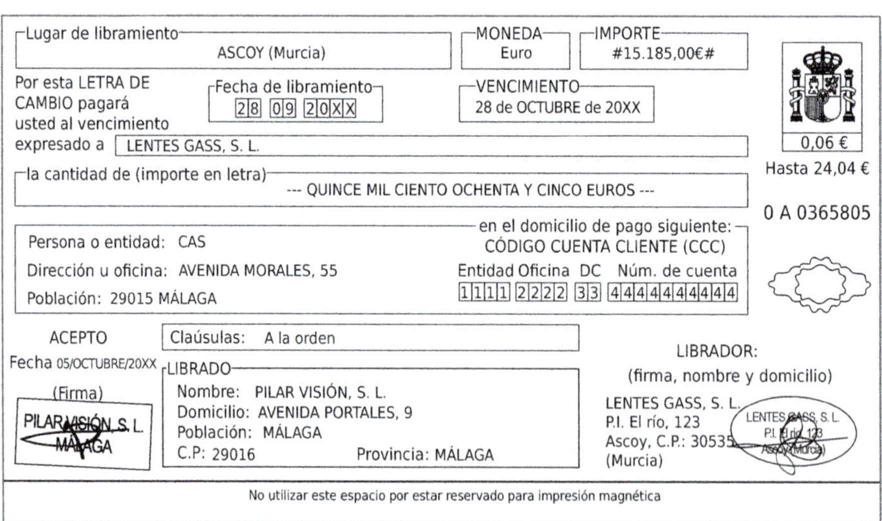

Lugar de libramiento: ASCOY (Murcia)
MONEDA: Euro
IMPORTE: #15.185,00€#
Por esta LETRA DE CAMBIO pagará usted al vencimiento expresado a LENTES GASS, S. L.
Fecha de libramiento: 28 09 20XX
VENCIMIENTO: 28 de OCTUBRE de 20XX
0,06 €
Hasta 24,04 €
la cantidad de (importe en letra): --- QUINCE MIL CIENTO OCHENTA Y CINCO EUROS ---
0 A 0365805
en el domicilio de pago siguiente:
Persona o entidad: CAS
Dirección u oficina: AVENIDA MORALES, 55
Población: 29015 MÁLAGA
CÓDIGO CUENTA CLIENTE (CCC)
Entidad Oficina DC Núm. de cuenta
1111 2222 33 4444444444
ACEPTO
Fecha 05/OCTUBRE/20XX
(Firma)
PILAR VISIÓN, S. L. MÁLAGA
Claúsulas: A la orden
LIBRADO
Nombre: PILAR VISIÓN, S. L.
Domicilio: AVENIDA PORTALES, 9
Población: MÁLAGA
C.P: 29016 Provincia: MÁLAGA
LIBRADOR:
(firma, nombre y domicilio)
LENTES GASS, S. L.
P.I. El río, 123
Ascoy, C.P.: 30535
(Murcia)
No utilizar este espacio por estar reservado para impresión magnética

Continúa en página siguiente >>

<< Viene de página anterior

El día 1 de agosto, el responsable financiero de la empresa envía la remesa de efectos a la entidad y esta le comunica que le aplicará una tasa de descuento del 9 %, unas comisiones bancarias del 4 ‰ sobre el nominal y 1,5 € por efecto en concepto de gastos varios.

En base a la documentación y teniendo en cuenta que se considera el año comercial, obtén:

- El descuento correspondiente y el importe de las comisiones bancarias realizando los cálculos precisos.
- La documentación bancaria de la remesa de efectos, utilizando tu aplicación informática de facturación.

6. Cuentas corrientes

HILO CONDUCTOR

Pau ha decidido abrir una cuenta corriente más en la entidad bancaria habitual, para llevar un mejor control de los cobros de determinados clientes, considerados conflictivos.

Además, en ese mismo periodo también liquida una cuenta corriente por tener escasos movimientos. ¿Qué información le suministrarán en el banco respecto a este producto?

Un **banco** es una **institución financiera que actúa como intermediaria** entre las personas que depositan sus ahorros y las que tienen necesidad de financiación.

La forma en la que opera un banco permite clasificar sus **operaciones** en tres grandes grupos:

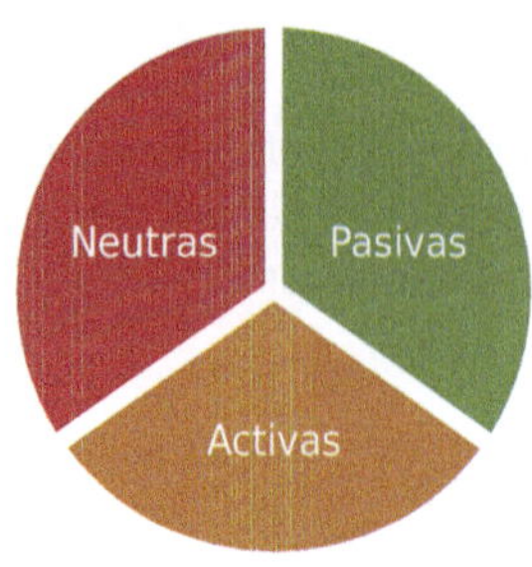

En la siguiente tabla se muestra la función que en cada categoría asume la entidad financiera con respecto a sus clientes, y varios ejemplos representativos de ellas.

Operaciones pasivas	Operaciones donde la entidad actúa como prestatario, al recibir los fondos de sus clientes.	Cuentas corrientes, cuentas de ahorros, imposiciones a plazo...
Operaciones activas	Operaciones donde el banco actúa como prestamista, al ceder los fondos a sus clientes.	Préstamos, créditos, negociación y descuento de efectos...
Operaciones neutras	Operaciones donde el banco no obtiene ni presta fondos, sino que actúa en la prestación de determinados servicios de mediación y custodia.	Tarjetas bancarias, domiciliación bancaria, compraventa de moneda extranjera...

Entre las operaciones pasivas de los bancos, se encuentran las **cuentas bancarias pasivas.**

DEFINICIÓN

Cuentas bancarias pasivas
Son depósitos a la vista donde el titular puede retirar las sumas de dinero en cualquier momento con la presentación de la documentación requerida.

La principal cuenta que constituye este grupo de cuentas bancarias pasivas es la **cuenta corriente.**

6.1. Concepto

Las **cuentas corrientes** son un **producto bancario a la vista, donde el titular puede disponer en cualquier momento de los fondos depositados** de forma inmediata y en efectivo a través de cualquiera de los medios puestos a su disposición, como tarjetas de crédito o débito, cheques, pagarés, etc.

De la misma forma, la entidad financiera queda obligada a realizar todos los pagos ordenados por el titular con el **límite del saldo disponible** o contra el crédito pactado, en el denominado **descubierto en cuenta,** que el titular estará obligado a devolver junto con los correspondientes intereses y comisiones, de acuerdo a las condiciones pactadas.

El titular de la cuenta corriente recibe periódicamente, mediante un extracto, el informe de los movimientos realizados, aunque, con el avance de la banca electrónica, es posible su consulta a través de la red. Este producto lleva asociados servicios adicionales, como la domiciliación de pagos y cobros, ingreso de la nómina, cheques, seguros, etc.

Las cuentas corrientes son un producto bancario a la vista.

Los principales **elementos** característicos de una cuenta corriente son los que se muestran a continuación:

Titularidad de la cuenta
- Representa a la persona física o jurídica a cuyo nombre se abre la cuenta.

Tipo de interés
- Es la remuneración ofrecida por la entidad financiera sobre el importe depositado en la cuenta.

Saldo disponible en la cuenta
- Puede ser deudor (números rojos) o acreedor (saldo favorable al titular).

Continúa en página siguiente >>

<< Viene de página anterior

Apunte contable efectuado en la cuenta corriente
- Podrá ser de abono (ingreso en la cuenta) o de cargo (reintegro en la cuenta).

Liquidación
- Consiste en calcular los intereses devengados correspondientes a la cuenta.

Lo habitual es que las cuentas corrientes generen **intereses como consecuencia de los diversos movimientos** entre las dos partes, aunque no siempre es así.

6.2. Funcionamiento: movimientos y procedimiento de liquidación

El **procedimiento de liquidación** de una cuenta consiste en el **cálculo de su saldo en el preciso momento del cierre** de dicha cuenta. Es decir, la liquidación permitirá calcular los intereses generados como consecuencia de los movimientos acaecidos entre las dos partes, y así poder obtener el saldo definitivo de la cuenta para su posterior cierre.

Los **movimientos** de una cuenta corriente representan el **registro de las operaciones realizadas a través de la cuenta.** Un ejemplo de movimiento de una cuenta corriente podría ser el que se muestra a continuación:

Apuntes	Fecha	Importe	Debe	Haber	Saldo
Saldo anterior acreedor	1/10	3.500	-	3.500	3.500
Ingreso en efectivo	10/10	4.200	-	4.200	7.700
Cheque a su cargo	15/10	1.200	1.200	-	6.500

Para explicar el **funcionamiento de una cuenta corriente,** se puede plantear su **liquidación** a través de los tres **métodos** existentes, estos se explican a continuación.

Directo

El método directo de liquidación, consiste en capitalizar todos los importes hasta la fecha de cierre o liquidación y calcular el saldo correspondiente. El proceso es el siguiente:

1. Identificar cada movimiento y su saldo.
2. Determinar la fecha valor de cada apunte, considerándose los ingresos valorados al día siguiente de la fecha en que se realizan, y los reintegros el mismo día.
3. Obtener los días que median entre el vencimiento de una operación (fecha valor) y la fecha de liquidación, para calcular los **números comerciales.**
4. Una vez calculados, se suman los números comerciales de cada signo o columna y se calcula la diferencia.

Números comerciales

Los números comerciales son el producto que se obtiene al multiplicar, en el contexto del cálculo de intereses, los días por el saldo. En la práctica, los números comerciales se dividen entre cien para hacer más manejables las cantidades, lo que se conoce como números truncados. El número comercial tiene el mismo signo que el capital que lo genera, así será un número deudor si el capital que lo origina tiene dicho carácter.

Saldo números = suma números Haber - suma números Debe

Indirecto

Para liquidar a través del método indirecto, los pasos son los siguientes:

1. Una vez determinada la fecha valor para cada apunte, es necesario fijar otra fecha, denominada época (E), que permite calcular los días y que normalmente se hace coincidir con el vencimiento de la primera operación. El número de días de cada apunte es el tiempo transcurrido desde la época a la fecha de vencimiento correspondiente.
2. Se calculan, como ya se ha visto en el método directo, los números comerciales correspondientes, multiplicando el capital de cada apunte por los días que existen entre la época y la fecha de vencimiento.

Hamburgués

Por último, el método de liquidación hamburgués es el más utilizado en la práctica. Este método consiste en calcular los números comerciales correspondientes a cada saldo mientras no se produzca una alteración en el mismo. Los intereses producidos se liquidan antes de cerrar la cuenta, en función del saldo de números comerciales.

En este caso, para el cálculo de los días, una vez fijada la fecha valor de cada apunte, se tendrá en cuenta el tiempo transcurrido desde el vencimiento de una operación hasta la siguiente.

Así, se calcularán los números comerciales multiplicando el saldo existente en cada apunte por los días que transcurren entre el vencimiento de la operación y la siguiente.

6.3. Cálculo de intereses

La liquidación de una cuenta corriente supone el cálculo de unos intereses sobre el saldo diario de dicha cuenta. En función del tipo de saldo, se aplicarán unos intereses a favor de la entidad o a favor del titular de la cuenta.

Como ya se ha indicado, el método más utilizado en nuestro país para la liquidación de cuentas corrientes es el **hamburgués,** por lo que se verá cómo se calculan los intereses de las cuentas a través de este método. Los pasos para calcularlos son los siguientes:

1. Se parte del saldo en fecha valor del día anterior al primer día de liquidación. Los movimientos se ordenan por fecha valor y se anotan los saldos resultantes en la fecha valor en la que se producen.
2. En función de estos saldos diarios, se calculan, como se ha visto anteriormente, los números comerciales del saldo resultante en fecha valor.
3. Dichos números comerciales se totalizan por grupos, según el tipo de interés que devengue el saldo de cada día, distinguiendo entre números deudores y números acreedores.

Número comercial = [Capital (fecha valor) x días (que se mantiene dicho valor en saldo)] / 100

4. Finalmente, se calculan los intereses.

Intereses = (Suma de números comerciales x tipo de interés %) / 360

SABÍAS QUE...

Puede ser habitual que, cuando se trate de los intereses a favor de la entidad, se utilice de denominador 360; y cuando se trate de los intereses a favor del cliente, se utilice 365.

Por último, hay que tener en cuenta que sobre los intereses generados a favor del titular el banco aplicará una retención que podrá variar según la ley fiscal vigente en el momento.

EJEMPLO

La cuenta corriente de la empresa X, abierta el 1 el julio, presenta los siguientes movimientos:

- **1/07. Saldo a n/f por importe de 7.100 €.**
- **12/07. Pago factura nº 120/19 de gastos de material de oficina, mediante cheque por importe de 2.400 €. Fecha valor: 14/07.**
- **19/07. Transferencia por la compra de mercaderías, Fra. A78-15, por importe de 5.500 €.**
- **22/07 Cobro mediante pagaré, de n/fra. 23-17B por importe de 3.100 €, con la misma fecha.**

Ante la poca actividad de esta cuenta, la empresa decide cancelarla el día 31/07. Para su liquidación, pactan con la entidad financiera un tipo de interés del 9 % y se considera el año comercial.

La entidad financiera, ¿cómo liquidará la cuenta corriente si utiliza el método hamburgués?

Continúa en página siguiente >>

<< Viene de página anterior

Solución

Para liquidar la cuenta corriente por el método solicitado, la entidad financiera realizará los siguientes cálculos:

Fecha	Concepto	Valor	Capitales		Saldo	Días	Números comerciales	
			Debe	**Haber**			**Deudor**	**Acreedor**
1/07	Saldo anterior	1/07		7.100	7.100 H	13		92.300
12/07	Pago Fra. 120/9 cheque	14/07	2.400		4.700 H	5		23.500
19/07	Pago Fra. A78-15 Transferencia	19/07	5.500		800 D	3	2.400	
22/07	Cobro n/fra. 23/17B pagaré	22/07		3.100	2.300 H	9		20.700
31/07	Saldo números	31/07			2.300 H			134.100
31/07	Intereses	31/07		33,52	2.333,52 H			
31/07	Saldo Final	31/07	2.333,52					
			10.233,52	10.233,52				134.100

Intereses: I = (134.100 x 0,09) / 360 = 33,52 €

VÍDEO

A continuación, podrás visualizar un video con otro ejemplo explicativo sobre el cálculo de los intereses de una cuenta corriente utilizando el método hamburgués. Para ello accede al siguiente enlace:

Continúa en página siguiente >>

<< Viene de página anterior

https://redirectoronline.com/mf09790402

6.4. Registro de movimientos

El control de las operaciones con las entidades bancarias se realiza mediante el **Libro auxiliar de bancos.** En él se anotan todos los movimientos que tienen las cuentas bancarias, ya sean cuentas corrientes, de ahorro o de crédito.

El libro auxiliar de bancos **contiene las operaciones de cobro y pago realizadas** con cada una de las entidades bancarias con las que trabaja la empresa. Cada cuenta corriente bancaria abierta se corresponde con un libro registro propio o, como mínimo, con una hoja específica (dependiendo de la empresa).

Este libro registro es de **cumplimentación voluntaria,** aunque se aconseja para controlar la tesorería de las cuentas bancarias.

Un **formato de libro auxiliar para las cuentas corrientes,** puede ser el siguiente:

DENOMINACIÓN DE LA EMPRESA				LOGO
LIBRO AUXILIAR DE BANCOS				
ENTIDAD BANCARIA:				
DOMICILIO:				
TIPO DE CUENTA:			HOJA ____ DE ____	
N.º DE CUENTA - IBAN:			MES:	
N.º DE CUENTA CONTABLE:				
FECHA	CONCEPTO/TIPO OPERACIÓN	DEBE	HABER	SALDO

Modelo de libro auxiliar para el registro de movimientos

APLICACIÓN PRÁCTICA

La empresa Aguas Naturales S. L., realiza los siguientes movimientos bancarios en el mes de septiembre:

- **Entidad bancaria: Moral.**
- **Domicilio: Pasaje corto, 55, 27000, Lugo.**
- **IBAN: ES34 6006 2002 00 1234567890.**
- **Cuenta contable asociada: 5720012.**
- **Movimientos:**
    - **Saldo anterior: 2.196,55 €**
    - **09/09: cobro mediante transferencia, la factura nº 3030/BA del cliente One and One, por importe de 1.980,77 €.**
    - **17/09: cobro mediante domiciliación bancaria del arrendamiento del local de C/ La paz, por importe de 3.600 €.**

Continúa en página siguiente >>

<< Viene de página anterior

- **26/09: pago de la remesa de mercancías del proveedor Xiang Lu Español mediante cheque bancario nº 251, por importe de 5.980,80 €.**

El Sr. Blázquez, responsable del área financiera y comercial, necesita saber el saldo de la cuenta corriente y de la cuenta de crédito para conocer su solvencia, con detalles pormenorizados.

Solución

Para darle ese dato al Sr. Blázquez, el empleado ha decidido registrar las operaciones en el libro auxiliar de bancos y presentárselo como informe.

El libro auxiliar de bancos con los registros correspondientes sería el siguiente:

<table>
<tr><td colspan="4">AGUAS NATURALES S. L.</td><td rowspan="2">LOGO</td></tr>
<tr><td colspan="4">LIBRO AUXILIAR DE BANCOS</td></tr>
<tr><td colspan="5">ENTIDAD BANCARIA: MORAL</td></tr>
<tr><td colspan="5">DOMICILIO: Pasaje corto, 55 27000 Lugo</td></tr>
<tr><td colspan="3">TIPO DE CUENTA: Cuenta Corriente</td><td colspan="2">HOJA 1 DE 1</td></tr>
<tr><td colspan="3">N.º DE CUENTA - IBAN: ES34 6006 2002 00 1234567890</td><td colspan="2">MES:</td></tr>
<tr><td colspan="5">N.º DE CUENTA CONTABLE: 5720012</td></tr>
<tr><td>FECHA</td><td>CONCEPTO/TIPO OPERACIÓN</td><td>DEBE</td><td>HABER</td><td>SALDO</td></tr>
<tr><td></td><td>Saldo anterior</td><td></td><td></td><td>2.196,55 €</td></tr>
<tr><td>09-Sep</td><td>Transferencia a N/F fact. n.º 3030/BA. Cliente ONE&ONE</td><td>1.980,77 €</td><td></td><td>4.177,32 €</td></tr>
<tr><td>17-Sep</td><td>Cobro domiciliación arrendamiento local de C/ La paz</td><td>3.600,00 €</td><td></td><td>7.777,32 €</td></tr>
<tr><td>26-Sep</td><td>Pago cheque n.º 251. Proveedor XIANG LU ESPAÑOL</td><td></td><td>5.980,80 €</td><td>1.796,52 €</td></tr>
<tr><td></td><td></td><td></td><td></td><td></td></tr>
<tr><td></td><td></td><td></td><td></td><td></td></tr>
</table>

Registros en el libro auxiliar de bancos

TAREA 18

Los movimientos realizados en el mes de enero en una cuenta corriente de la empresa F son:

- 4/01 Apertura de la cuenta por importe de 10.000 €.
- 10/01 Pago por cuenta de la fra. n.º 100/C, por importe de 13.200 €.
- 15/01 Cobro de un cheque por importe de 7.750 € del cliente MM.
- 23/01 Pago mediante cheque de la fra. nº 121-20, por importe de 921 €.
- 29/01 Remesa de efectos con vencimiento el mismo día por importe neto de 1.310 €.

El día 3 de febrero la empresa decide cancelar la cuenta, pactando con la entidad financiera un tipo de interés del 7 % y el año comercial para los cálculos. La entidad utiliza el método hamburgués de liquidación de cuentas corrientes.

Cuentan con la siguiente hoja del libro auxiliar de bancos:

<table>
<tr><td colspan="4">DENOMINACIÓN DE LA EMPRESA</td><td rowspan="2">LOGO</td></tr>
<tr><td colspan="4">LIBRO AUXILIAR DE BANCOS</td></tr>
<tr><td colspan="5">ENTIDAD BANCARIA:</td></tr>
<tr><td colspan="5">DOMICILIO:</td></tr>
<tr><td colspan="3">TIPO DE CUENTA:</td><td colspan="2">HOJA ____ DE ____</td></tr>
<tr><td colspan="3">N.º DE CUENTA - IBAN:</td><td colspan="2">MES:</td></tr>
<tr><td colspan="5">N.º DE CUENTA CONTABLE:</td></tr>
<tr><td>FECHA</td><td>CONCEPTO/TIPO OPERACIÓN</td><td>DEBE</td><td>HABER</td><td>SALDO</td></tr>
<tr><td></td><td></td><td></td><td></td><td></td></tr>
<tr><td></td><td></td><td></td><td></td><td></td></tr>
<tr><td></td><td></td><td></td><td></td><td></td></tr>
<tr><td></td><td></td><td></td><td></td><td></td></tr>
<tr><td></td><td></td><td></td><td></td><td></td></tr>
<tr><td></td><td></td><td></td><td></td><td></td></tr>
</table>

Continúa en página siguiente >>

<< Viene de página anterior

Atendiendo a la información anterior y utilizando la hoja del libro auxiliar de bancos dada, debes:

- Cumplimentar el documento con los movimientos de la cuenta corriente.
- Realizar la liquidación de la cuenta corriente por el procedimiento especificado.

7. Cuentas de crédito

HILO CONDUCTOR

Para hacer frente a una serie de pagos previstos en los próximos meses, Pau ha tomado la decisión de abrir una cuenta de crédito, que le proporcione la liquidez que necesita.

Dentro del grupo de operaciones activas se encuadra la cuenta de crédito.

El **crédito** es una operación donde **la entidad financiera concede el derecho a su cliente de endeudarse** hasta una determinada cantidad durante un plazo de tiempo pactado, debiendo únicamente la suma dispuesta hasta alcanzar un máximo, que es el límite del crédito, llamado **principal,** de tal forma que el cliente solo paga los intereses correspondientes a la cantidad retirada.

El cliente se compromete a la **devolución de las cantidades dispuestas y los intereses** correspondientes en el plazo convenido.

Para el **pago de los intereses,** el cliente tiene diferentes opciones:

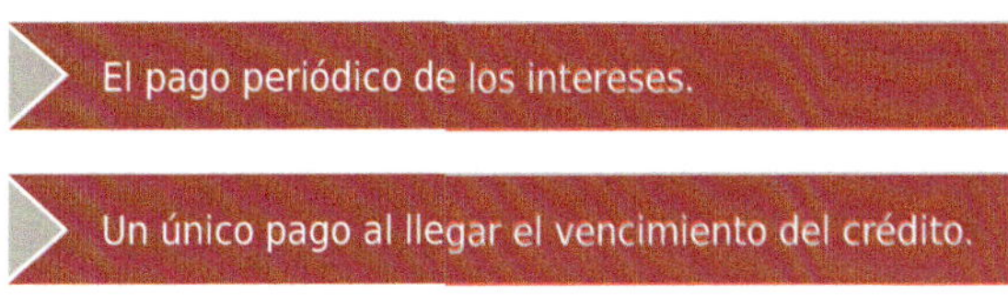

Según la clase de crédito, el cliente puede pactar con el banco una de esas opciones. Al finalizar el período pactado, el cliente debe restituir la totalidad del importe disfrutado.

7.1. Concepto

La **cuenta de crédito** es aquel contrato mediante el cual **la entidad de crédito pone a disposición del cliente un límite máximo de endeudamiento,** del que este irá disponiendo según las necesidades de cada momento. En este tipo de cuenta, al igual que en la cuenta corriente, el cliente dispondrá del dinero que necesite, pero también podrá ingresar dinero en la cuenta.

El crédito, a diferencia de las condiciones fijas del préstamo, permite disponer del dinero de acuerdo a las necesidades del solicitante, y devolverlo según sus posibilidades o al final de la vida de la operación.

Básicamente, se conforma como una cuenta corriente donde la entidad financiera transfiere la cantidad prestada y de donde el titular va disponiendo según sus necesidades. De esta forma y en función de los reintegros, la cuenta admite diferentes **magnitudes:**

Saldo dispuesto	Saldo disponible	Rebasamiento	Cuenta corriente
- Parte del límite del crédito que el deudor ha solicitado al acreedor.	- Parte del límite del crédito que el deudor todavía no ha solicitado al acreedor.	- Exceso, supuesto que se solicite y se disponga de él, de un importe superior al límite del crédito.	- Transformación de la cuenta de crédito en cuenta acreedora, por haber devuelto el deudor un importe superior al que dispuso.

Las cuentas de crédito tienen una vocación de **corto plazo** y están concebidas para ser demandadas en las siguientes situaciones:

- Costear la adquisición de existencias (mercaderías, materias primas, etc.).
- Financiar la venta a crédito a los clientes.

- Cubrir y eliminar las tensiones de tesorería ante la falta de liquidez.
- Afrontar los problemas derivados de una facturación con fuerte estacionalidad.

El gasto que conlleva la concesión de un crédito no solo es el tipo de interés aplicado a la operación, pues existen toda una serie de gastos que se pueden clasificar en función del momento en el que aparecen. Así, los **principales gastos** son:

Las particularidades de cada uno de ellos son:

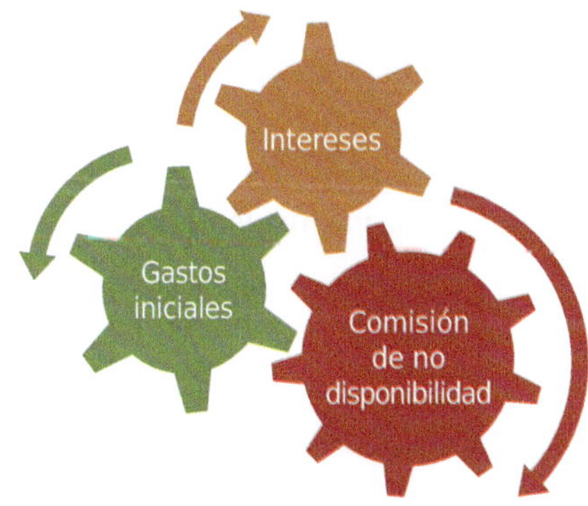

- **Gastos iniciales:** son los gastos propios de la formalización o constitución de la deuda. Entre ellos, destacan las comisiones de estudio, las de apertura, los gastos del fedatario público, los gastos del gestor, etc.
- **Intereses:** se calculan en función de la parte dispuesta durante el tiempo en que esta es utilizada.
- **Comisión de no disponibilidad:** una de las características principales de los créditos es la existencia de una comisión que penalizará aquella parte del importe concedido pero no disfrutado.

7.2. Funcionamiento: movimientos y procedimiento de liquidación

La concesión de un crédito se formaliza siempre por escrito en un documento denominado **póliza o contrato de crédito.**

Dado que el riesgo de impago persiste en este tipo de operaciones, la entidad financiera exige al solicitante de un crédito con unas **garantías,** que podrán ser:

- **Personales:** Este tipo de garantías son suficientes en créditos de pequeño importe, donde la cantidad puesta a disposición del cliente está garantizada por el patrimonio y/o los ingresos regulares del solicitante.
- **De prenda:** La garantía consiste en dejar en prenda a la entidad financiera parte del patrimonio del solicitante, para respaldar el crédito.
- **Avales:** cuando las garantías aportadas por el solicitante sean insuficientes, el banco obligará la presencia de un tercero que avale la operación y que responda en caso de impago del crédito.
- **Hipotecarias:** en este caso, el crédito está respaldado por una hipoteca sobre algún bien inmueble, que se ejecutará en caso de impago.

NOTA

La cuenta de crédito es utilizada frecuentemente por las empresas para realizar sus pagos y cobros diarios.

Los movimientos realizados en las cuentas de crédito son similares a los que se llevan a cabo en las cuentas corrientes, tales como gastos de apertura, disposición de efectivo, reintegro de efectivo, liquidación de la cuenta, etc.

Para explicar el funcionamiento de una cuenta de crédito, se plantea su procedimiento de liquidación por el **método hamburgués.**

RECUERDA

El método hamburgués se basa en la liquidación de intereses sobre el saldo dispuesto o saldo acreedor, durante el número de días en que dicho saldo no presenta variaciones. A partir de la obtención de saldos y períodos de disposición, se obtienen los números comerciales, con los cuales se puede liquidar la cuenta al tipo de interés pactado.

Al igual que ocurría con la cuenta corriente, los movimientos de la cuenta de crédito también son registrados en el **libro auxiliar de bancos,** cuyo formato puede ser el que se muestra a continuación:

DENOMINACIÓN DE LA EMPRESA				LOGO	
LIBRO AUXILIAR DE BANCOS CUENTA DE CRÉDITO					
ENTIDAD BANCARIA:					
DOMICILIO:					
TIPO DE CUENTA:			HOJA ____ DE ____		
N.º DE CUENTA - IBAN:					
N.º DE CUENTA CONTABLE:			LÍMITE DE CRÉDITO:		
FECHA	CONCEPTO/TIPO OPERACIÓN	DEBE	HABER	SALDO	
				Dispuestos	No dispuestos

Modelo de libro auxiliar de bancos para cuentas de crédito

A continuación, puedes ver un ejemplo en el que se cumplimenta el libro auxiliar de bancos.

EJEMPLO

La empresa Aguas Naturales S. L., realiza los siguientes movimientos bancarios en el mes de septiembre, en otra entidad distinta:

A. Entidad bancaria: Pacífico.

- **Domicilio: C/ Plateros, 159, 27000, Lugo.**
- **Cta. Crédito. IBAN: ES34 1404 3100 22 0987654321.**
- **Cuenta contable asociada: 5720010.**
- **Límite de crédito: 12.000 €.**
- **Movimientos:**

Continúa en página siguiente >>

<< Viene de página anterior

- **Saldo dispuesto: 2.050 €.**
- **03/09: pago de cheque n.º 123 correspondiente a los gastos por asesoramiento jurídico, por importe de 2.698,81 €.**
- **18/09: orden de transferencia a nuestro cargo, para liquidar la deuda con el proveedor Martín S. L., por importe de 6.555 €.**
- **30/09: ingreso en efectivo de 6.000 €.**

El Sr. Blázquez, responsable del área financiera, necesita saber en este caso, el saldo de la cuenta de crédito para conocer su solvencia.

Solución

De igual forma, para darle ese dato al Sr. Blázquez, registran las operaciones en el libro auxiliar de bancos y se presenta como un informe.

El libro auxiliar de bancos con los registros correspondientes sería el siguiente:

AGUAS NATURALES S. L.				LOGO	
LIBRO AUXILIAR DE BANCOS CUENTA DE CRÉDITO					
ENTIDAD BANCARIA: PACÍFICO					
DOMICILIO: C/ Plateros, 159 27000 Lugo					
TIPO DE CUENTA: Crédito			HOJA 1 DE 1		
N.º DE CUENTA - IBAN: ES34 1404 3100 22 0987654321					
N.º DE CUENTA CONTABLE: 5720010			LÍMITE DE CRÉDITO: 12.000 €		
FECHA	CONCEPTO/TIPO OPERACIÓN	DEBE	HABER	SALDO	
				Dispuestos	No dispuestos
	Saldo anterior			2.050,00 €	9.950,00 €
03-Sep	Pago cheque n.º 123 asesoramiento jurídico		2.698,81 €	4.748,81 €	7.251,19 €
18-Sep	Orden transferencia n/ cargo Prov. MARTÍN, S. L.		6.555,00 €	11.303,81 €	696,19 €
30-Sep	Ingreso en efectivo	6.000,00 €		5.303,81 €	6.696,19 €

Registros en el libro auxiliar de bancos

TAREA 19

Una empresa ha tomado la decisión de abrir una cuenta bancaria en su entidad habitual, pero no tiene claro si debe ser del tipo cuenta corriente o cuenta de crédito.

Para ayudarla, explica ambos conceptos y muestra ejemplos de su empleo en la gestión de tesorería.

8. Cálculo de intereses y de comisiones bancarias

HILO CONDUCTOR

Una vez contratada la cuenta de crédito, Pau se reúne con el gestor financiero de su entidad para que le explique y aclare cuál es el procedimiento para obtener los intereses que se le van a cobrar y las comisiones que esta tiene previsto aplicar en ese instrumento financiero.

Los **intereses** son calculados en **función de la parte dispuesta durante el tiempo en que esta es utilizada.** En general, se pagan mensualmente o trimestralmente, aunque en algunos casos también puede pactarse el pago al final de la vida del crédito. En caso de que el cliente sobrepasara el límite concedido, el banco aplica un tipo de interés adicional sobre el exceso de capital utilizado

El procedimiento de cálculo es similar al que ya se ha visto en el caso de la cuenta corriente.

En cuanto a las **comisiones,** son distintas las que las entidades financieras cobran a sus clientes por el empleo de las cuentas corrientes. Entre estas, se pueden destacar las siguientes:

- **Comisión de mantenimiento:** las acciones que justifican el cobro de esta comisión son el depósito y custodia del dinero ingresado, el derecho del titular a ordenar cargos y abonos contra el saldo existente, la realización de las operaciones básicas derivadas de la existencia de la cuenta (entregas en efectivo, cheques, recibos...), etc.

- **Comisión de administración:** el cobro de esta comisión está justificado por la existencia de cargos y abonos adicionales a los específicos y cobrados en la comisión de mantenimiento.
- **Comisión por cancelación anticipada del depósito a plazo:** aunque en los contratos de depósito se contempla la posibilidad de la cancelación anticipada, el cliente deberá compensar a la entidad bancaria mediante el pago de una comisión o penalización.
- **Comisión por gestión de retrocesos:** la entidad financiera cobrará una comisión por las órdenes de retroceso formuladas por el cliente por estar en disconformidad con la orden de cargo del emisor.
- **Comisión por establecimiento de órdenes de impago:** el establecimiento de órdenes de impago, de recibos y efectos domiciliados, a petición del titular de la cuenta, posibilitará a la entidad a repercutir sobre este una comisión.

Algunas de estas comisiones, repercutidas por una entidad financiera a sus clientes titulares de una cuenta corriente, podrían ser calculadas de la siguiente manera, aunque dependen de la entidad financiera que las aplique.

Operación	**Comisión**
Comisión de mantenimiento	3,01 €/mes
Comisión de administración	0,60 €/apunte
Comisión por gestión de retroceso	3 €/orden
Comisión por establecimiento de órdenes de impago	3 €/orden

APLICACIÓN PRÁCTICA

A principios del mes de julio, una empresa obtiene una línea de crédito de hasta 18.000 €, con un interés deudor del 4,75 %, un interés acreedor del 1 % y un interés excedido del 20 %.

La comisión de apertura es del 1 %, la de no disponibilidad del 0,60 % trimestral, y la de excedido del 0,25 % trimestral.

Continúa en página siguiente >>

<< Viene de página anterior

La fecha de liquidación es el 1 de octubre y las operaciones realizadas son las siguientes, sabiendo que para el cálculo de los días se tendrá en cuenta el tiempo transcurrido desde el vencimiento de una operación hasta la siguiente:

- **1/07, comisión de apertura - 180 € (37 días).**
- **7/08, cheque a su cargo - 15.000 € (39 días).**
- **15/09, pago factura s/f - 3.200 € (8 días).**
- **23/09, transferencia a su favor - 20.000 € (8 días).**

Con estos datos, ¿cuál será la liquidación trimestral de la cuenta de crédito?

Solución

Lo primero que hay que hacer es calcular los números comerciales, multipli cando el saldo existente en cada apunte por los días que transcurren entre el vencimiento de la operación y la siguiente. El número comercial tiene el mismo signo que el saldo de capitales que lo genera, pero diferenciando los números deudores, acreedores y excedidos.

Apuntes	Saldo	Días	Deudor.	Excedid.	Acreed.
Comisión de apertura	-180	37	66,60	-	-
Cheque a su cargo	-15.180	39	5.920,20	-	-
	(15.000 + 180)				
Pago factura s/f	-18.380	8	1.440	30,40	
	(15.180 + 3.200)				-
Transferencia a su favor	+1.620	8	-		129,60
	(20.000 - 18.380)			-	
		92	7.426,80	30,40	129,60

Los números comerciales son obtenidos a través de los siguientes cálculos:

(180 / 100) x 37 = 66,6; (15.180 / 100) x 39 = 5.920,2

Continúa en página siguiente >>

<< Viene de página anterior

(18.000 / 100) x 8 = 1.440; (18.380 - 18.000 / 100) x 8 = 30,40;
(1.620 / 100) x 8 = 129,60

Los intereses serán el cociente entre cada saldo de los números comerciales y el correspondiente divisor fijo:

Intereses deudores = [7.426,80 / (365 / 4,75)] = 96,65 €
Intereses excedidos = [30,40 / (365 / 20)] = 1,67 €
Intereses acreedores = [129,60 / (365 / 1)] = 0,36 €

Las comisiones resultarían de la siguiente manera:

Comisiones no disponibilidad = [18.000 - ((7.426,8 x 100) / 92)] x 0,6 % = 59,56 €
Comisión máximo excedido = (18.380 - 18.000) x (0,25 / 100) = 0,95 €

Finalmente, después de la liquidación, el saldo de la cuenta de crédito a 1 de octubre será:

Saldo = 1.620 - 96,65 - 1,67 + 0,36 - 59,56 - 0,95 = 1.461,53 €

VÍDEO

Como ya sabes, el método hamburgués se basa en la utilización de los números comerciales, para liquidar las cuentas de crédito. A continuación puedes visualizar un vídeo donde se desarrolla una explicación de una liquidación. Para ello puedes acceder al siguiente enlace:

https://redirectoronline.com/mf09790403

TAREA 20

Una empresa ha tomado en el mes de mayo, la decisión de obtener una línea de crédito de hasta 16.000 €, para hacer frente a sus gastos diarios. La entidad bancaria le ha concedido un interés deudor del 5,25 %, un interés acreedor del 1,5 % y un interés excedido del 23 %. La comisión de apertura es del 1,15 %, la de no disponibilidad del 1 % trimestral, y la de excedido del 0,35 % trimestral.

La fecha de liquidación es el 6 de agosto y las operaciones realizadas son las siguientes, sabiendo que para el cálculo de los días se tendrá en cuenta el tiempo transcurrido desde el vencimiento de una operación hasta la siguiente:

- 1/05, comisión de apertura - 253 € (35 días)
- 5/06, cheque a su cargo - 12.000 € (35 días)
- 10/07, pago factura s/f - 4.100 € (18 días)
- 28/07, transferencia a su favor - 17.000 € (9 días)

Cuentan con la siguiente hoja del libro auxiliar de bancos:

<table>
<tr><td colspan="5">DENOMINACIÓN DE LA EMPRESA</td><td colspan="2" rowspan="2">LOGO</td></tr>
<tr><td colspan="5">LIBRO AUXILIAR DE BANCOS
CUENTA DE CRÉDITO</td></tr>
<tr><td colspan="7">ENTIDAD BANCARIA:</td></tr>
<tr><td colspan="7">DOMICILIO:</td></tr>
<tr><td colspan="3">TIPO DE CUENTA:</td><td colspan="4">HOJA ____ DE ____</td></tr>
<tr><td colspan="7">N.º DE CUENTA - IBAN:</td></tr>
<tr><td colspan="3">N.º DE CUENTA CONTABLE:</td><td colspan="4">LÍMITE DE CRÉDITO:</td></tr>
<tr><td rowspan="2">FECHA</td><td rowspan="2">CONCEPTO/TIPO OPERACIÓN</td><td rowspan="2">DEBE</td><td rowspan="2">HABER</td><td colspan="3">SALDO</td></tr>
<tr><td>Dispuestos</td><td colspan="2">No dispuestos</td></tr>
<tr><td></td><td></td><td></td><td></td><td></td><td colspan="2"></td></tr>
<tr><td></td><td></td><td></td><td></td><td></td><td colspan="2"></td></tr>
<tr><td></td><td></td><td></td><td></td><td></td><td colspan="2"></td></tr>
<tr><td></td><td></td><td></td><td></td><td></td><td colspan="2"></td></tr>
<tr><td></td><td></td><td></td><td></td><td></td><td colspan="2"></td></tr>
</table>

Continúa en página siguiente >>

<< *Viene de página anterior*

Atendiendo a la información anterior y utilizando la hoja del libro auxiliar de bancos dada:

- Cumplimenta el documento con los movimientos de la cuenta de crédito.
- Realiza la liquidación de los intereses de la cuenta crédito.

9. Resumen

El estudio de las operaciones de cálculo financiero y comercial tiene justificada su importancia en el mantenimiento activo de un capital en el tiempo. Las funciones matemáticas que permiten obtener capitales financieros equivalentes en diferentes momentos de tiempo son las denominadas leyes financieras.

Las leyes financieras cuantifican el resultado de renunciar a un capital presente a cambio de una cantidad futura de dinero. Por ello, la consecuencia de aplicar una ley financiera para un agente económico deriva en la indiferencia a la hora de elegir cantidades monetarias (pues tienen el mismo valor financiero), en cualquier instante.

Las dos leyes financieras por excelencia son:

Ley financiera de capitalización simple	Ley financiera de capitalización compuesta

Cuando un capital se proyecta hacia delante, la resultante se denomina **valor capitalizado o montante,** estando en presencia de una **ley de capitalización.** En cambio, si el capital se proyecta hacia atrás, la resultante se denomina **valor actualizado o descontado,** hablando, del mismo modo, de una **ley de descuento o actualización.**

Entre los productos financieros más demandados a las entidades bancarias se encuentran las **cuentas corrientes y de crédito.**

Las primeras, que forman parte de las operaciones pasivas de dichas entidades, se definen como fondos depositados por los clientes y de disponibilidad inmediata.

Las cuentas de crédito, a diferencia de las anteriores, se integran en las operaciones activas de las entidades. Son operaciones de crédito con una duración predeterminada, en las cuales, al vencimiento, la parte deudora se compromete a reembolsar su deuda de una sola vez.

Ejercicios de autoevaluación Unidad de Aprendizaje 4

1. Las leyes financieras...

a. ... deben ser funciones negativas.
b. ... deben ser funciones continuas.
c. ... deben permitir solamente actualizar capitales financieros.
d. ... deben proporcionar montantes inferiores a los capitales de partida.

2. La dimensión financiera de una financiación...

a. ... es una expresión temporal de los flujos financieros correspondientes a los recursos financieros obtenidos, los dividendos e intereses pagados, y el capital devuelto.
b. ... cuantifica los recursos financieros que se necesitan en una inversión.
c. ... expresa las condiciones contractuales de la financiación conseguida por la empresa.
d. ... debe proporcionar montantes inferiores a los capitales de partida.

3. Señale la principal diferencia entre la ley de capitalización y la ley de actualización.

____

____

4. Indique si las siguientes afirmaciones son verdaderas o falsas.

a. Una operación financiera es aquella capaz de cambiar la cuantía de un capital en un período de tiempo.

- Verdadero
- Falso

b. La emisión de pagarés de empresas supone una operación financiera de inversión.

- Verdadero
- Falso

c. Las operaciones activas son aquellas operaciones donde la entidad actúa como prestataria, al recibir los fondos de sus clientes.

- Verdadero
- Falso

d. En el método indirecto de liquidación, consistente en capitalizar todos los capitales hasta la fecha de cierre o liquidación y calcular el saldo correspondiente, el primer paso es identificar cada movimiento y su saldo.

- Verdadero
- Falso

5. ¿Qué ley financiera de decrecimiento lineal puede emplearse para el descuento de efectos comerciales?

a. Ley de capitalización simple.
b. Ley de descuento simple racional.
c. Ley de descuento simple comercial.
d. Ley de descuento compuesto.

6. El tipo de interés nominal...

a. ... es un tipo de interés mensual.
b. ... es un tipo de interés anual.
c. ... debe anunciarse por indicación de la comisión nacional del mercado de valores.
d. ... recoge todo gasto soportado en una operación financiera.

7. ¿Qué es una cuenta de crédito?

____

____

____

____

8. Indique algunas de las situaciones por las que las empresas usan las cuentas de crédito.

____

____

____

____

9. El tipo de interés efectivo...

a. ... es similar a la TIR, si se calcula en capitalización simple.
b. ... es el tanto efectivo anual de la operación financiera en caso de tener en cuenta las indicaciones del Banco de España.
c. ... es empleado en el cálculo del interés asociado a las letras del Tesoro.
d. ... es una indicación del coste o rentabilidad real de una operación financiera, que incluye todo tipo de gasto.

10. Identifique un producto financiero que emplee la ley de descuento simple racional.

a. Bono de empresa.
b. Acción.
c. Pagaré de empresa.
d. Obligación del Tesoro.

Unidad de Aprendizaje 5

Medios y plazos de presentación de la documentación

Contenido

1. Introducción
2. Organismos a los que hay que presentar la documentación
3. Formas de presentar la documentación sobre cobros y pagos
4. Presentación de la documentación a través de internet
5. Descarga de programas de ayuda para la cumplimentación de documentos de pago
6. Utilización de mecanismos de pago en entidades financieras a través de internet
7. Utilización de banca *online*
8. Resumen

Objetivos

Los objetivos específicos de esta Unidad de Aprendizaje son:

→ Conocer los medios adecuados para presentar los documentos de cobro y pago generados en la actividad empresarial.

→ Identificar los organismos ante los que hay que presentar la documentación.

→ Identificar los medios para presentar la documentación.

→ Conocer las aplicaciones telemáticas necesarias para la presentación de la documentación.

→ Conocer los plazos de presentación.

1. Introducción

Organizar una empresa significa coordinar y ordenar los factores productivos disponibles bajo un conjunto de normas y principios, para la consecución de unos objetivos definidos. Esta coordinación no será posible sin la existencia de un departamento que asuma la gestión administrativa de toda la actividad de la empresa; y controle y ordene, entre otras tareas, la documentación necesaria para el ejercicio de su actividad.

Será el departamento administrativo el encargado de esta tarea, la cual consistirá en recibir y procesar la documentación remitida por los diferentes departamentos de la organización, como la gestión documental del proceso de compra y venta, reflejar contablemente las operaciones realizadas con terceros y confeccionar las cuentas anuales, controlar los costes por departamentos, etc.

En cuanto al tratamiento de la documentación generada en la actividad empresarial, será el mencionado departamento administrativo, junto al de tesorería, el encargado de elaborar y preparar toda la documentación para su posterior presentación a los organismos establecidos para ello, la Agencia Tributaria y la Seguridad Social.

Aunque todavía parte de la documentación que genera una empresa debe presentarse de forma tradicional, acudiendo a las oficinas de dichos organismos o mediante el envío postal, cada vez es más habitual que la documentación sea presentada de forma telemática, a través de las nuevas tecnologías.

Para abordar toda esta temática, nos basaremos en el caso de la empresa Blasoptical, en cuya sede de Barcelona, Pau, su gestor financiero, se encarga de llevar a cabo dichas gestiones y cumplir con las obligaciones con las diferentes administraciones.

2. Organismos a los que hay que presentar la documentación

HILO CONDUCTOR

A Pau, por circunstancias familiares le ha sido concedida una excedencia con una duración de 6 meses; por ello procede a enseñar a su compañero Javier, perteneciente al departamento laboral, sus funciones.

En primer lugar, le expone las obligaciones de la empresa en relación a los diferentes organismos de la Agencia Tributaria y la Seguridad Social.

Del ejercicio de una actividad profesional o empresarial se deriva la **obligación de presentar una serie de documentación ante la Agencia Tributaria y la Seguridad Social,** todo ello en cumplimiento de unas obligaciones fiscales y laborales.

A través de las mismas, se debe tramitar la siguiente documentación:

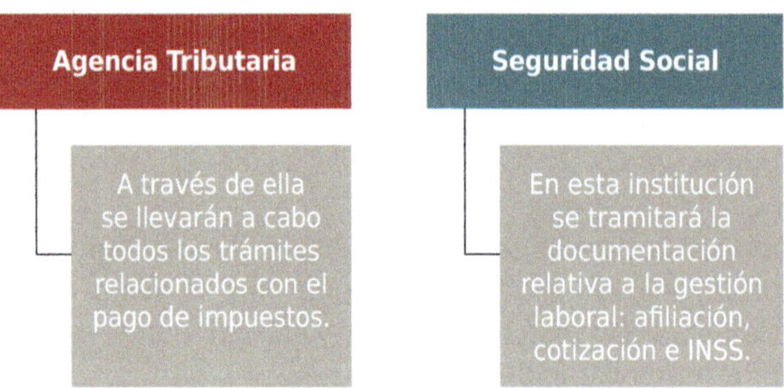

2.1. Agencia tributaria

La Agencia Tributaria se encuentra configurada como una **entidad de derecho público** con adscripción ministerial y régimen jurídico propio distinto al de la Administración General del Estado que le dota de autonomía en materia presupuestaria y de gestión de personal.

La Agencia Tributaria tiene la **obligación** de:

- Aplicar de forma efectiva el sistema tributario estatal y aduanero.
- Gestionar los recursos que provengan de otras Administraciones públicas o de la propia Unión Europea, y que se encuentre regulado así por ley o por convenio.

El objetivo de esta aplicación efectiva del sistema tributario encomendado a la Agencia Tributaria es el cumplimiento de un principio enmarcado en la Constitución, según el cual todos han de contribuir al sostenimiento de los gastos públicos de acuerdo con su capacidad económica.

La propia Agencia Tributaria enumera, a través de su página web, una serie de **actividades** que constituyen la función de **gestión integral del sistema tributario estatal y aduanero:**

1. La gestión, inspección y recaudación de los tributos de titularidad estatal: Impuesto sobre la Renta de las Personas Físicas (en adelante, IRPF), Sociedades, Impuestos sobre la Renta de No Residentes, IVA e Impuestos Especiales.
2. La realización de importantes funciones en relación con los ingresos de las Comunidades Autónomas y Ciudades Autónomas, tanto en lo que se refiere a la gestión del IRPF como a la recaudación de otros ingresos de dichas Comunidades, ya sea por disposición legal o mediante los correspondientes convenios de colaboración.
3. La recaudación de ingresos propios de la Unión Europea.
4. La gestión aduanera y la represión del contrabando.
5. La recaudación en período voluntario de las tasas del Sector Público Estatal.
6. La recaudación en vía ejecutiva de ingresos de derecho público de la Administración General del Estado y de los Organismos Públicos vinculados o dependientes de ella.
7. La colaboración en la persecución de determinados delitos, entre los que destacan los delitos contra la Hacienda Pública y los delitos de contrabando.

Con todas estas tareas, puede deducirse la misión encomendada a la Agencia Tributaria, la cual consiste en **fomentar entre todos los ciudadanos el cumplimiento de sus obligaciones fiscales.**

Para poder cumplir su misión, la Agencia Tributaria lleva a cabo dos líneas de actuación:

- En primer lugar, prestar todo tipo de **información necesaria y asistencia al contribuyente** para minimizar los costes indirectos asociados al cumplimiento de las obligaciones tributarias.
- En segundo lugar, **detectar y regularizar los incumplimientos tributarios** mediante actuaciones de control.

Alguna de la **documentación a presentar** por los ciudadanos, profesionales y empresas, en cumplimiento de sus obligaciones fiscales, son:

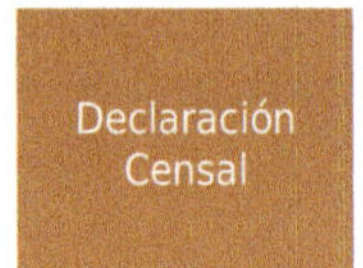

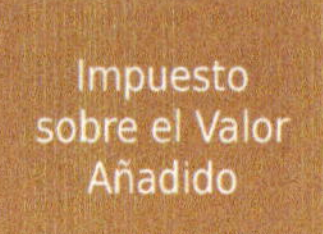

Impuesto sobre la Renta de las Personas físicas

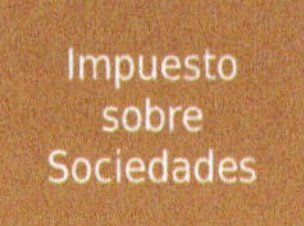

Declaración Censal (modelos: 036 y 037)

Con ellos los contribuyentes darán de alta, baja o modificarán sus obligaciones fiscales por el desarrollo de una actividad económica.

Impuesto sobre el valor añadido (IVA)

Por el desarrollo de una actividad económica con obligación a tributar por este impuesto, tendrán que realizar autoliquidaciones periódicas a través del modelo 303. Existen otros modelos de liquidaciones no periódicas, como son los modelos: 308, 309, 360, 363, etc. Además algunas empresas tendrán que realizar un resumen anual de dichas liquidaciones a través del modelo 390.

Impuesto sobre la Renta de las personas físicas (IRPF)

Con carácter general, los empresarios y profesionales, presentarán periódicamente y liquidarán a la AEAT, por el desarrollo de sus actividades, pagos fraccionados a través de:

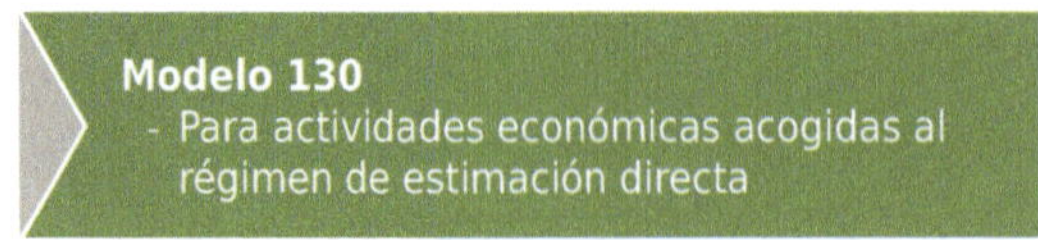

Continúa en página siguiente >>

<< Viene de página anterior

Modelo 131
- Para actividades económicas acogidas al régimen de estimación objetiva o módulos.

Modelo 111
- Para empresas, autónomos o profesionales, que tengan trabajadores a su disposición y les practiquen retenciones por IRPF. También presentarán un resumen anual del mismo, a través del modelo 190.

Modelo 115
- Para quienes desarrollen su actividad económica en un local alquilado. También presentarán un resumen anual del mismo, a través del modelo 180.

Además, al igual que el resto de ciudadanos obligados, presentarán un resumen anual del IRPF a través del Modelo 100 (generalmente, durante los meses de mayo y junio).

Impuesto sobre Sociedades (IS)

Estarán obligados a presentar la citada declaración, con carácter general, las entidades jurídicas (sociedades limitadas, anónimas, etc.) que obtengan beneficios por el desarrollo de una actividad económica a través del modelo 200. También podrán realizar pagos fraccionados, a cuenta del beneficio futuro del impuesto, a través del modelo 202.

2.2. Seguridad social

La Constitución Española, en su artículo 41, dispone lo siguiente:

> *Los poderes públicos mantendrán un régimen público de Seguridad Social para todos los ciudadanos, que garantice la asistencia y prestaciones sociales suficientes ante situaciones de necesidad, especialmente en caso de desempleo.*

La gestión del sistema de la **Seguridad Social** se atribuye a entes públicos con personalidad jurídica propia y adscripción ministerial. Entre los organismos que la componen se encuentran:

Instituto Nacional de la Seguridad Social (INSS)	Tesorería General de la Seguridad Social (TGSS)
- Representa la institución encargada de gestionar el sistema, estando entre sus competencias el reconocimiento del derecho a la asistencia sanitaria, la gestión y funcionamiento del registro de prestaciones sociales públicas, la participación en la negociación y en la ejecución de los convenios internacionales de Seguridad Social, etc.	- Es la entidad gestora de los recursos económicos y la administración financiera del sistema de la Seguridad Social, con competencias en la gestión de la afiliación de trabajadores, la gestión y control de las cotizaciones, la inscripción de empresas, etc.

Antes de iniciar la actividad y contratar a trabajadores, los empresarios tienen la obligación de solicitar a la TGSS la **inscripción de la empresa** en el correspondiente régimen del sistema de Seguridad Social.

Dicha solicitud debe realizarse en el modelo oficial existente (modelo TA.6) y se presentará en la Dirección Provincial de la Tesorería General de la Seguridad Social en cuyo ámbito radique el domicilio del empresario o esté situado el centro de trabajo.

Con la inscripción, la Seguridad Social asigna un **código de cuenta de cotización** (CCC, código numérico compuesto de 10 dígitos) a la empresa que permitirá identificarla.

Laura ha recibido la documentación de un futuro cliente que va a llevar a cabo una explotación agraria que ha heredado, y tendrá que darla de alta en la Seguridad Social. ¿Sabes cuál será el régimen de aplicación a dicha actividad?

Continúa en página siguiente >>

<< Viene de página anterior

a. Régimen general.
b. Régimen especial.

Solución

El nuevo cliente de Laura estará incluido en el Régimen General, ya que este engloba a determinados colectivos de trabajadores que por sus particularidades en materia de afiliación y cotización, se pueden calificar como regímenes especiales integrados, como es el caso de los trabajadores agrarios.

La Ley General de la Seguridad Social expone, en su artículo 9.1, que el sistema de la Seguridad Social viene integrado por los siguientes regímenes:

- **Régimen general**

  El **Régimen General** se aplica a los **trabajadores por cuenta ajena o asimilada,** que no se encuentren incluidos en ninguno de los regímenes especiales que establece la Seguridad Social, junto con otros grupos de trabajadores, entre los que cabe destacar:

  - Trabajadores españoles por cuenta ajena de la industria y los servicios.
  - El personal contratado al servicio de notarías, registro de la propiedad y demás oficinas o centros similares.
  - Trabajadores por cuenta ajena y los socios trabajadores de sociedades mercantiles capitalistas.
  - Las personas que presten servicios retribuidos en las entidades e instituciones de carácter benéfico-social.
  - Los extranjeros con permiso de residencia y de trabajo en España que trabajen por cuenta ajena y ejerzan su actividad en el territorio nacional.

  También se incluyen en el Régimen General de la Seguridad Social determinados colectivos de trabajadores con particularidades en materia de afiliación y cotización, los cuales se pueden calificar como regímenes especiales integrados, tales como: representantes de comercio, artistas y profesionales taurinos, jugadores profesionales (futbolistas, ciclistas, jugadores de baloncesto, de balonmano, y resto deportistas profesionales), trabajadores ferroviarios, trabajadores agrarios y empleados de hogar.

- **Regímenes especiales**
  Los **Regímenes Especiales** se establecerán en aquellas actividades profesionales en las que, por su naturaleza, sus **peculiares condiciones de trabajo y lugar** o por **la índole de sus procesos productivos,** se hiciere preciso tal establecimiento para la adecuada aplicación de los beneficios de la SS (son regímenes especiales los trabajadores del mar, de la minería del carbón, funcionarios públicos, civiles o militares del Estado, personal de las Fuerzas Armadas, autónomos, etc.).

La **inscripción de las empresas** a los citados regímenes, se realizará a través de los siguientes modelos:

SOLICITUD	Régimen General	Régimen Especial minería del carbón	Régimen Especial del mar	Sistema Especial empleados de hogar
Inscripción	TA-6	TA-6	TA-6	TA-6-0138-HOGAR
Solicitud de alta, baja y variación de datos	TA-7	TA-7	TA-7	TA-6-0138-HOGAR
Solicitud de cambios para trabajadores	TA-8	TA-8	TA-8	TA-6-0138-HOGAR

Una vez inscrita la empresa, ya podrá contratar al personal, surgiendo nuevas **obligaciones de comunicar las altas, las bajas y las variaciones de datos en el proceso de afiliación** a la Seguridad Social de los trabajadores que vayan a participar en la actividad de la empresa o a finalizar sus servicios en ella.

El sistema de la Seguridad Social trata de **garantizar a los sujetos protección** frente a determinadas contingencias. Para poder garantizar dicha protección, es imprescindible la contribución al sostenimiento económico del sistema por los sujetos obligados a través de las cotizaciones, tanto empresarial como del trabajador.

Por lo tanto, la contratación de trabajadores por las empresas, implicará la obligación de cotizar por estos y al mismo tiempo a los trabajadores se les restará de sus nóminas una parte correspondiente a su aportación al sistema.

Dicha cotización será pagada mensualmente por la empresa a la Seguridad Social, a través de los correspondientes modelos de cotización, tales como:

- **Recibo de Liquidación de Cotizaciones** (RLC)
- **Relación Nominal de Trabajadores** (RNT)

3. Formas de presentar la documentación sobre cobros y pagos

HILO CONDUCTOR

Pau enseña a su compañero Javier las diferentes formas de presentar la documentación, tanto del ámbito laboral como fiscal ante sus correspondientes organismos, dadas las características de la empresa.

En el normal desarrollo de su actividad, la empresa compra y vende productos o presta servicios a sus clientes de forma continuada. A esta **corriente real de bienes y servicios** le sucede, de forma inmediata, o aplazada en el tiempo, una **corriente monetaria.** Ambas van acompañadas de una documentación que registrará todas las operaciones de la empresa.

En la medida en que la entidad compra y vende, y lleva a cabo su actividad empresarial, existirán continuas salidas y entradas de tesorería en sus diferentes modalidades, ya sea en efectivo, en forma de cheque, transferencia o cualquier otro medio de pago o cobro aceptado. Todo ello generará una serie de **documentos que la empresa deberá presentar** siguiendo las normas establecidas, y pudiendo presentarse de diferentes formas:

Entre la documentación generada por la actividad de la empresa se encuentra aquella relacionada con el cumplimiento de las **obligaciones fiscales y laborales** de la empresa con las Administraciones públicas, tales como el pago de impuestos a Hacienda, la liquidación de cotizaciones a la Seguridad Social, etc.

3.1. Presencial

Las empresas, a la hora de cumplir con las obligaciones fiscales y laborales derivadas de su actividad económica, así como los ciudadanos, podrán elegir entre diversas formas de presentación de la documentación, a excepción de que se establezca la obligatoriedad de hacerlo de forma telemática, ya que últimamente, es objetivo primordial **reducir al máximo la presentación en papel** de las autoliquidaciones, declaraciones informativas, cotizaciones, etc.

En materia laboral

- Cada vez son menos los trámites que las empresas pueden realizar presencialmente, exigiéndose que se trate de empresas adscritas a regímenes concretos y cumpliendo requisitos relacionados con la plantilla. De esta forma, se podrá presentar de forma presencial determinada documentación laboral.

En materia fiscal

- Los modelos que contemplan la posibilidad de presentación en papel se van reduciendo considerablemente, dadas las ventajas que presenta la vía telemática.

SABÍAS QUE...

A través de la Orden HAP 2194/2013, de 22 de noviembre, se especifican las formas de presentación, en función de la naturaleza del obligado tributario y del resultado de la autoliquidación o de las características de la declaración informativa. Estableciendo en su art. 2 que se podrá presentar presencialmente, los modelos de autoliquidación 111, 115, 122, 130, 131, 136 y 309, cuya generación se realice en papel impreso generado exclusivamente mediante la utilización del servicio de impresión desarrollado a estos efectos por la Agencia Tributaria en su página web.

3.2. Telemática

La mayoría de la documentación o impuestos que deben presentar las empresas, se tiene que realizar obligatoriamente mediante una presentación telemática, aunque en la actualidad todavía es compatible, para algunos casos, la presentación de la misma de forma presencial con dicha presentación telemática.

IMPORTANTE

Es indispensable que las empresas dispongan de un software específico para llevar a cabo las tareas propias de su gestión (impuestos, nóminas de trabajadores, seguros sociales...), y a través de internet, además de tramitar cierta documentación, las empresas pueden acceder a determinada información sobre su gestión, siendo este acceso instantáneo, actualizado, más rápido y más cómodo, debido a que no ocupa espacio físico.

En **materia laboral**, se establece que están obligadas a presentar telemáticamente, a través de Sistema RED, los procesos de **afiliación** (alta, baja o variación de datos de trabajadores), **cotización** (RLC o RNT) y situaciones de **incapacidad laboral**, las empresas, agrupaciones de empresas y los sujetos con obligación de cotizar (independientemente del número de trabajadores en plantilla y del régimen al que estén adscritos).

PARA SABER MÁS

La Sede electrónica de la Seguridad Social es un portal donde se presentan diversos servicios estructurados por temáticas. Para consultar el apartado de Empresas en dicha sede electrónica puedes acceder al siguiente enlace:

https://redirectoronline.com/mf09790501

Mientras que en **materia fiscal**, en el art. 3 de la Orden HAP 2194/2013, establece que será de presentación telemática para aquellos obligados tributarios que tengan el carácter de:

- Administración Pública.
- Se encuentren inscritos en el Registro de Grandes Empresas (art. 3.5 del Real Decreto 1065/2007).

También establece que serán de presentación electrónica por internet las autoliquidaciones de:

- **IVA** (**Modelo 303**) de aquellos obligados tributarios cuyo período de liquidación coincida con el mes natural.
- **IRPF** (**modelo 100**) cuando la persona física tenga que realizar el Impuesto sobre el Patrimonio.

La tramitación telemática de las diferentes gestiones de una empresa presenta una serie de ventajas. Sin embargo, también existen inconvenientes.

Ventajas	Inconvenientes
- Es posible acceder desde cualquier lugar y en cualquier momento del día. Solo es necesaria una conexión a internet y una **firma digital** (en algunos casos). - Ahorro de tiempo y espacio. - Disponible en la red todo tipo de información necesaria para la resolución de conflictos, así como buzones electrónicos para consulta de dudas. - Garantía de seguridad y privacidad en las operaciones realizadas por las empresas a través de internet. - Mínimo gasto en equipamiento informático.	- Colapso que puede sufrir el sistema en momentos puntuales. - Necesidad de adaptarse al manejo de los medios informáticos para poder utilizar los servicios telemáticamente. - Exigencia del cambio de mentalidad en la forma de trabajar de la empresa, con respecto al empleo de medios electrónicos.

DEFINICIÓN

Firma digital

Es un mecanismo creado para las operaciones realizadas a través de la red, cuyo objetivo es demostrar la autenticidad de un documento electrónico. La finalidad de las firmas digitales es detectar la posible falsificación y manipulación que pueda darse en transacciones financieras, envío de documentación, distribución de *software*, etc. Cada firma está asociada a una persona física o jurídica.

4. Presentación de la documentación a través de internet

HILO CONDUCTOR

Pau indica a su compañero Javier que la empresa, dadas sus características, cumple con sus obligaciones fiscales y laborales por vía telemática, y para ello debe saber qué es el certificado de usuario.

Continúa en página siguiente >>

<< Viene de página anterior

También le facilita información sobre los plazos de pago de la documentación y cómo obtener información de los mismos en las páginas web de las Administraciones públicas para evitar incumplimientos en la materia y le enseña cómo registrar documentación a través de internet.

La imponente aparición de las nuevas tecnologías ha provocado un fuerte impacto en la sociedad y en la forma de actuar de esta. Dentro del ámbito empresarial, la manera de gestionar las relaciones laborales ha sido influenciada enormemente por dicha innovación.

Así, en la actualidad, la mayoría de los trámites que deben llevar a cabo las empresas con la Administración se realizan a través de soporte electrónico, mediante diferentes aplicaciones telemáticas puestas a disposición por dicha Administración a las empresas.

En relación a la Seguridad Social, en los diferentes trámites a gestionar ante la misma, las empresas requieren de algunos **soportes electrónicos,** tales como: Sistema RED, Contrat@ y Sistema Delt@. Dichos soportes tienen las siguientes **funciones:**

Sistema RED	Contrat@	Sistema Delt@
- Es un servicio que la TGSS ofrece a empresas y profesionales colegiados para facilitar el intercambio de información y documentos entre ambas para la gestión de la cotización empresarial, para la afiliación y para la remisión de partes de alta y baja de trabajadores.	- Es un servicio a disposición de empresarios y profesionales, en este caso ofrecido por el Servicio Público de Empleo Estatal (SEPE), permite a dichos usuarios comunicar el contenido de la contratación laboral.	- Es un servicio que permite la tramitación de los accidentes de trabajo.

Para tener accesos a ellos, las empresas **necesitan los certificados de usuario.**

4.1. Certificado de usuario

La Seguridad Social y la Agencia Tributaria, posibilitan la realización de trámites y consultas sin desplazamientos ni esperas a través de su Sede Electrónica, para ello se necesita de un certificado electrónico de acceso a los servicios de dichas administraciones en internet.

NOTA

La Ley 6/2020, de 11 de noviembre junto con el Reglamento (UE) 910/2014, del Parlamento Europeo y del Consejo, de 23 de julio de 2014, regulan determinados aspectos de los servicios electrónicos de confianza y el marco jurídico para las firmas electrónicas, los sellos electrónicos y los documentos electrónicos.

El certificado de usuario tiene como finalidad **autentificar y garantizar la confidencialidad de las comunicaciones de los ciudadanos** con las administraciones públicas a través de internet e incluso con entidades privadas. Con ello, se garantiza que únicamente el interesado pueda acceder a la información, evitando suplantaciones.

Este certificado, expedido por la Fábrica Nacional de Moneda y Timbre (FNMT), vincula a la persona física que lo solicita con los datos que verifican su firma y su identidad. También se conoce como **Certificado digital FNMT de Persona Física o Certificado de Ciudadano** y los requisitos para solicitarlo son ser español o extranjero, ser mayor de edad o menor emancipado y poseer DNI o NIE.

Existen dos vías para obtener el certificado de usuario:

- Mediante un **certificado software de usuario:** su procedimiento consta de varias fases que se deben seguir en este orden:
  - Configuración previa del ordenador donde se va a instalar.
  - Solicitud del propio certificado a través de la página web de la FNMT.
  - Acreditación de la identidad mediante el código de solicitud obtenido en la fase anterior.
  - Descarga del certificado de usuario.

- A través del **certificado con DNI electrónico (DNIe):** su procedimiento es similar al anterior aunque solo consta de tres fases. No se requiere acreditación de la identidad ya que es requisito indispensable que el solicitante tenga DNI válido, no revocado y disponga de lector de DNIe.

Además del certificado de usuario la FNMT también emite, entre otros, los **certificados empresa,** que pueden ser:

Para administrador único o solidario	Para persona jurídica	Para entidad sin personalidad jurídica

Para una gestión automatizada de la Seguridad Social, la Autoridad de Certificación de la Gerencia de Informática de la Seguridad Social (ACGISS), emite certificados electrónicos válidos y reconocidos por el Reglamento (UE) 910/2014, del Parlamento Europeo. Estos certificados se emiten únicamente en el ámbito interno de la Seguridad Social.

PARA SABER MÁS

Si quieres conocer cómo se obtiene un certificado digital y obtener información sobre los certificados admitidos en la Seguridad Social y en la Agencia tributaria, accede a los siguientes enlaces:

Fábrica Nacional de Moneda y Timbre - Real Casa de la Moneda

https://redirectoronline.com/mf09790505

Continúa en página siguiente >>

<< Viene de página anterior

Seguridad Social	Agencia tributaria

https://redirectoronline.com/uf09790502	https://redirectoronline.com/mf09790503

4.2. Plazos para la presentación del pago

Todas las empresas deben cumplir con las obligaciones pecuniarias derivadas de su actividad, y, evidentemente, con respecto a las obligaciones provenientes de las instituciones públicas, deben cumplir con un calendario de pagos establecido por estas.

El **cumplimiento de las obligaciones tributarias estatales,** periódicas y no periódicas a lo largo de un año, variará dependiendo del tipo de impuesto y del tipo de entidad.

NOTA

Cada empresa, dependiendo de sus características y del tipo de impuesto a pagar, debe atender a un calendario de pagos impuesto por la Administración.

De esta forma, habrá empresas que presenten sus impuestos de forma trimestral y las que los presentarán mensualmente. A continuación se detallan cada una de estas modalidades de presentación:

Trimestral

Entre las que se encuentran los empresarios individuales y los profesionales en el método de Estimación Objetiva (modelo 131) o en Estimación Directa (modelo 130), así como las sociedades y los entes sin personalidad jurídica, en general.

Por lo tanto, los **impuestos trimestrales** se liquidarán:

Periodo liquidado	Fecha liquidación
Enero, febrero, marzo	1-20 abril
Abril, mayo, junio	1-20 julio
Julio, agosto, septiembre	1-20 octubre
Octubre, noviembre, diciembre	1-30 enero

DEFINICIÓN

Método de Estimación Objetiva
Es el régimen de estimación donde el rendimiento neto de la actividad se determina mediante la aplicación de indicadores objetivos (establecidos por Hacienda). Podrán emplear este método empresarios y profesionales cuya actividad esté incluida en la Orden Ministerial que desarrolle el método, tengan un volumen de rendimientos que no exceda de 450.000 € para el conjunto de las actividades, que el volumen de compras no sea superior a los 300.000 € anuales, que la actividad no se desarrolle fuera del ámbito de aplicación del impuesto, y siempre que no hayan renunciado a la aplicación de la estimación objetiva.

Método de Estimación Directa
Es el régimen para determinar los rendimientos de las actividades económicas en el IRPF, el cual podrá ser utilizado por los empresarios y profesionales cuyo importe neto de la cifra de negocios del conjunto de sus actividades sea superior a 600.000 € anuales, y siempre que hayan renunciado a la estimación directa simplificada.

Mensual

Presentarán los impuestos **mensualmente:** aquellas empresas (autónomos, profesionales, sociedades y entes sin personalidad jurídica) cuyo volumen de operaciones haya superado en el año anterior la cifra de 6.010.121,04 €, conocidas como grandes empresas; los sujetos pasivos del IVA que lleven obligatoriamente los libros registro mediante la página web de la AEAT; y las Administraciones públicas (inclusive la Seguridad Social).

Por tanto, los **impuestos mensuales** se presentarán y liquidarán en los 20 primeros días naturales del mes siguiente al correspondiente período de liquidación.

NOTA

Se deberá tener en cuenta que en la liquidación de impuestos, con resultado a pagar y cuyo importe sea domiciliado, su presentación se realizará con carácter previo a la fecha límite de liquidación, tal como se podrá comprobar en el calendario fiscal aprobado anualmente por la Agencia Tributaria.

En cuanto a las **liquidaciones de las cotizaciones de la Seguridad Social,** el calendario presenta las siguientes características:

- Se podrán **presentar declaraciones** desde el primer día del mes siguiente al que se refiera la liquidación hasta el penúltimo día. Si el pago es domiciliado, será hasta el día 20.
- Se podrán **ingresar las cotizaciones** desde que se generen los documentos de pago hasta el último día del mes siguiente al que corresponda la liquidación. Si el pago es domiciliado, el cargo siempre se hará el último día del mes.

En la liquidación de las cotizaciones de forma telemática, se podrá **elegir** que el **pago** de los **recibos de liquidación de cotizaciones** (RLC) se realice por cualquiera de los siguientes medios:

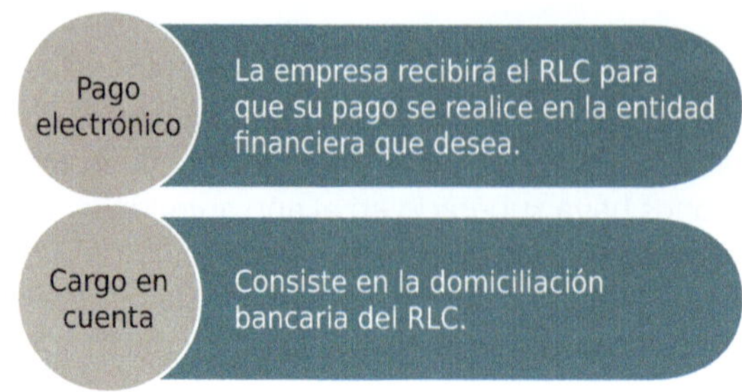

Dependiendo del sistema de liquidación utilizado, es decir, RED Internet, RED Directo o SLD (Sistema de Liquidación Directa), los plazos serán los siguientes:

a. En **RED Internet,** el último día para el cargo en cuenta es el día 22 del mes, y para el envío del pago electrónico, el día 31.
b. En **RED Directo** y en **SLD,** los plazos máximos serán:
    a. El día 22 del mes, el envío del cargo en cuenta.
    b. El día 24 o 28 del mes, la autoconfirmación de oficio de la TGSS.
    c. El día 30 del mes, el envío del pago electrónico.
    d. El día 31 del mes, el pago de los seguros sociales.

NOTA

Los plazos de envío y pago en los meses de febrero y diciembre presentan algunas diferencias respecto al resto de meses. En diciembre solo cambia el día de envío del cargo en cuenta, que se pasa al día 20 del mes. En febrero, sin embargo, serán: el día 20, el envío del cargo en cuenta; el día 26, la autoconfirmación de oficio; el día 27 y 28, el envío del pago electrónico.

4.3. Búsqueda de información sobre plazos de presentación en las páginas web de Hacienda y de la Seguridad Social

Como es sabido, una de las principales obligaciones de todo contribuyente es cumplir con sus obligaciones de pago, establecidas por la Agencia Tributaria. Para ello, además de seguir el procedimiento establecido, a través de los modelos de presentación, será necesario **adecuarse a un calendario de pagos impuesto por la Administración.**

El desarrollo de la sociedad de la información y la difusión de los efectos positivos que de ella se derivan han provocado que **toda la información necesaria para los contribuyentes pueda ser consultada de forma telemática,** a través de internet.

Para ello, hay que acceder a las páginas web de las instituciones, y seguir los pasos que se citan a continuación.

AEAT

La AEAT pone cada año a disposición del contribuyente, en su página web toda la información necesaria para la correcta cumplimentación y entrega de los modelos de presentación derivados de las obligaciones tributarias. Entre dicha información disponible se encuentra el calendario del contribuyente anual, donde se encuentra toda la información relativa a los plazos de presentación de los modelos.

Para ello, se accede al módulo **Presentación de declaraciones. Calendario del contribuyente.**

Página principal de la Agencia Tributaria

Una vez en la página de **iCalendar** existe la posibilidad de:

- Visualizar el calendario tipo que incluye el plazo de todas las obligaciones tributarias (enlace, **Acceder a Google Calendar).**
- Suscribirse al calendario del contribuyente de la AEAT (enlace, **Instrucciones para integrar un calendario en su gestor de calendario personal**) y así personalizar un calendario propio.

Seguridad Social

En cuanto a la búsqueda de información de liquidación y plazos de presentación de las cotizaciones a la Seguridad Social, se accederá a su correspondiente página web.

Seguidamente se accederá a la ruta de **Trabajadores → Cotización/Recaudación de Trabajadores → Área informativa,** donde se tendrá acceso a diversos apartados con información variada sobre la cotización, tal como se muestra en la siguiente ventana:

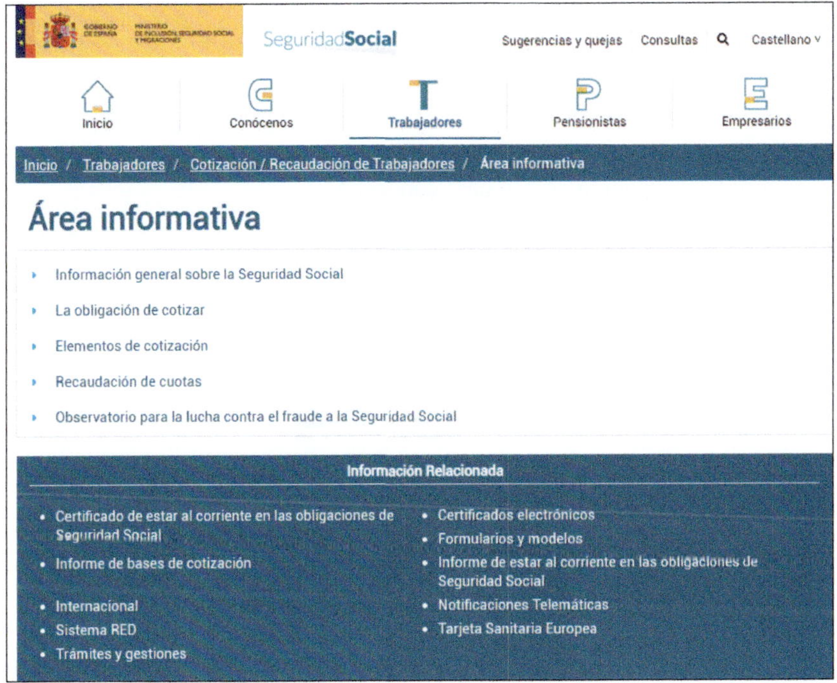

Sección Trabajadores de la página web de la Seguridad Social

Con la selección de la opción de **Recaudación de cuotas,** se tendrá acceso a información sobre la forma y plazo de liquidación de cuotas.

4.4. Registro a través de internet

El envío electrónico de documentos a la Administración pública como respuesta a una notificación o cumpliendo una obligación se puede realizar mediante el **Registro Electrónico General de la Administración General del Estado** (**REG-AGE**) o a través de los **registros electrónicos propios** de los organismos como, por ejemplo, el de la AEAT.

El **REG-AGE o Registro electrónico** es una herramienta que permite el envío de comunicaciones, escritos o notificaciones de forma electrónica, a cualquier órgano de la Administración pública, cumpliendo una serie de requisitos y siempre que no exista un régimen especial con un procedimiento propio de registro.

PARA SABER MÁS

El registro electrónico general cuenta con una página web sencilla, útil e intuitiva. Accede al siguiente enlace para conocerla:

https://redirectoronline.com/mf09790404

Las principales **características** de este registro son las siguientes:

- Puede ser utilizado tanto por personas físicas como jurídicas, pero nunca entre administraciones públicas.
- Es un servicio permanentemente disponible para su uso.
- El organismo al que va dirigido el registro ha de estar adherido al Sistema de Interconexión de Registros (SIR).
- Es posible adjuntar hasta cinco documentos con un tamaño máximo total no superior a 15 Mb o a 10 Mb, si es por documento de forma individual.
- Para el envío del registro se necesita un certificado electrónico o DNIe, Cl@ve PIN o Cl@ve permanente.

El **acceso al registro** depende de lo que el usuario quiera realizar:

- Para acceder al registro de forma general, se hace clic en el botón **Accede con Cl@ve.**
- Para crear un nuevo registro, se hace clic en el apartado **Nuevo registro.**
- Para consultar registros ya enviados, se hace clic en el apartado **Mis registros.**

Aunque existen diferentes formas de acceder al registro, la ventana donde se introduce la Cl@ve para iniciar sesión es la misma y tiene esta apariencia:

Ventana para acceder al apartado Nuevo registro

Una vez se ha iniciado la sesión en el registro, los siguientes **pasos** que dar en el procedimiento son:

1. **Identificación.** En este paso el usuario se identificará como interesado o como representante. En el primer caso aparecerán los datos del usuario que ha iniciado sesión y en el segundo caso los del representante. Se deberán introducir los datos que vaya solicitando el sistema.
2. **Solicitud.** Se corresponde con los datos de la solicitud relacionados con el asunto, lo que se expone y lo que se solicita; y el organismo de la Administración pública al que va dirigido, que puede ser localizado a través del asistente de búsqueda de organismos y entidades.
3. **Documentos.** Para adjuntar los documentos al registro se pueden buscar en las carpetas del usuario o arrastrar directamente desde su destino a la ventana habilitada para ello. Es importante tener en cuenta los formatos permitidos (docx, txt, odt, pdf, xlsx, jpeg, png y xml, entre otros) y el tamaño máximo autorizado (15 Mb o 10 Mb).
4. **Firma.** Como paso previo a la firma, el sistema devuelve un resumen de la solicitud que registrar. Cuando se comprueba que todo está correcto, es necesario marcar la casilla **Confirmo que los datos del presente formulario son correctos y manifiesto la voluntad de firmarlo digitalmente y presentarlo en el Registro.** Seguidamente se pulsará el botón **Firmar** que permite utilizar una firma no criptográfica, si se elige la opción **Firma;** o, una firma con certificado electrónico, si se elige la opción del mismo nombre.

Una vez que se ha realizado el registro, el sistema envía un recibo firmado electrónicamente con un número de registro, la fecha y hora de la presentación, una copia del documento presentado y la enumeración y nombre de los documentos adjuntados, si es el caso.

El portal del Registro electrónico general permite también cumplimentar un cuestionario para aportar propuestas o mejoras al servicio, accediendo al apartado **Envía tus sugerencias.**

ACTIVIDAD COMPLEMENTARIA

8. Si un usuario requiere un justificante de un registro ya presentado en el REG con anterioridad, ¿es posible obtenerlo? En caso afirmativo explica brevemente cómo se haría.

Si un contribuyente necesita presentar documentación requerida por la Agencia Tributaria o responder a una notificación recibida, este organismo cuenta con su propio registro electrónico.

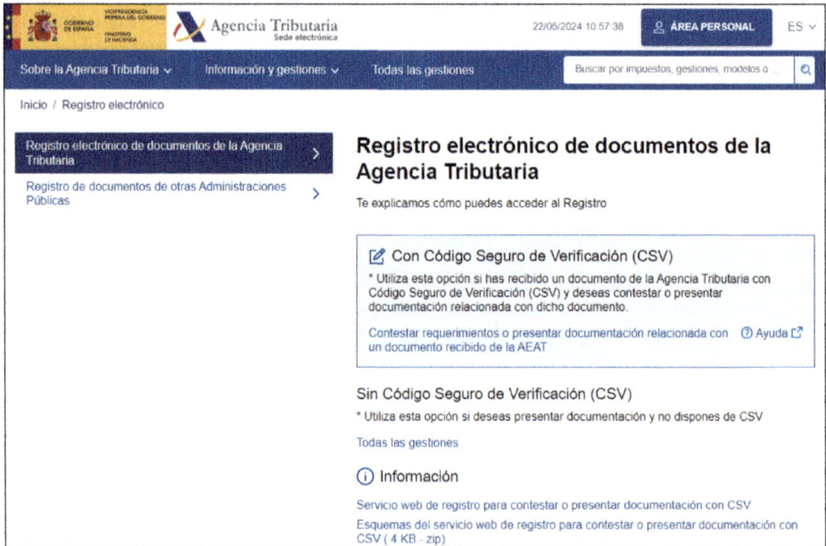

Página de inicio del registro electrónico de la Agencia tributaria

El trámite de registro depende de la existencia o no de CSV (Código Seguro de Verificación) en el documento enviado por la Agencia. Así:

- **Con CSV:** el registro se realiza de forma directa en el enlace habilitado para ello en la página web.
- **Sin CSV:** el enlace se redirigirá a un listado de gestiones propias de la Agencia Tributaria para elegir la más adecuada.

Las empresas en cumplimiento de sus obligaciones fiscales, deberán presentar y liquidar sus correspondientes modelos tributarios. Desde la página de inicio de la Agencia Tributaria el contribuyente puede acceder al apartado del impuesto y comenzar su cumplimentación para su posterior presentación.

Tal es el caso del modelo 303 de IVA que se desarrolla a continuación.

Generar el modelo 303

Para generar el modelo 303 se accede al módulo **IVA** del apartado **Información y gestiones**. Su estructura facilita el acceso a la presentación del impuesto, así como a herramientas e información adicional.

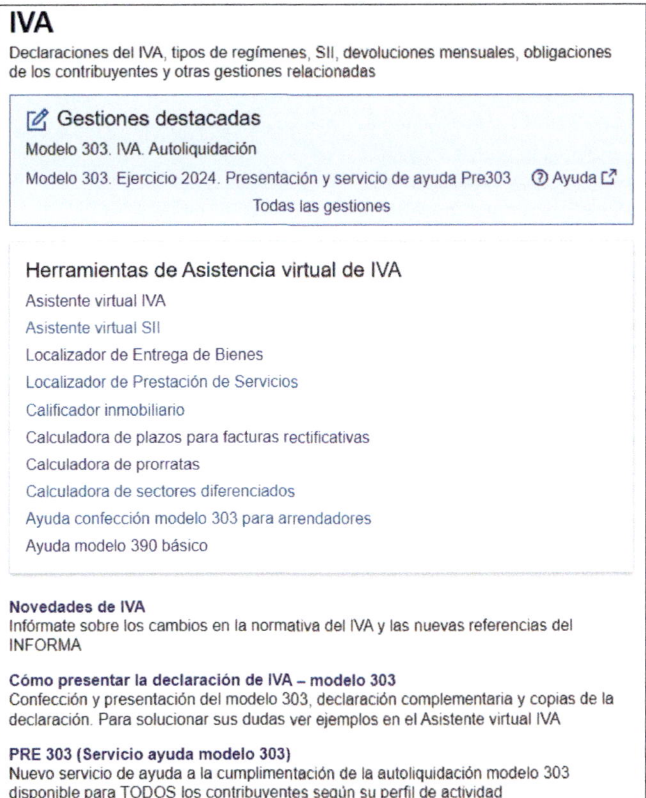

Al hacer clic en **Todas las gestiones,** se accederá a la pantalla donde se pueden realizar, entre otros trámites, la creación y presentación del modelo de forma telemática, la realización de una simulación de la autoliquidación o la validación de los Libros Registro.

En este caso se va a simular la autoliquidación del modelo 303, siguiendo los pasos que se exponen a continuación.

Paso 1

Se elegirá la opción Modelo 303. Ejercicio xxxx. Simulador 303 (OPEN), se introducirá el periodo al que corresponde la autoliquidación (que puede ser mensual o trimestral, según el tipo de empresa) y a continuación se incluirá información identificativa del contribuyente o se importará un fichero con todos los datos o se cargarán los datos de trabajo.

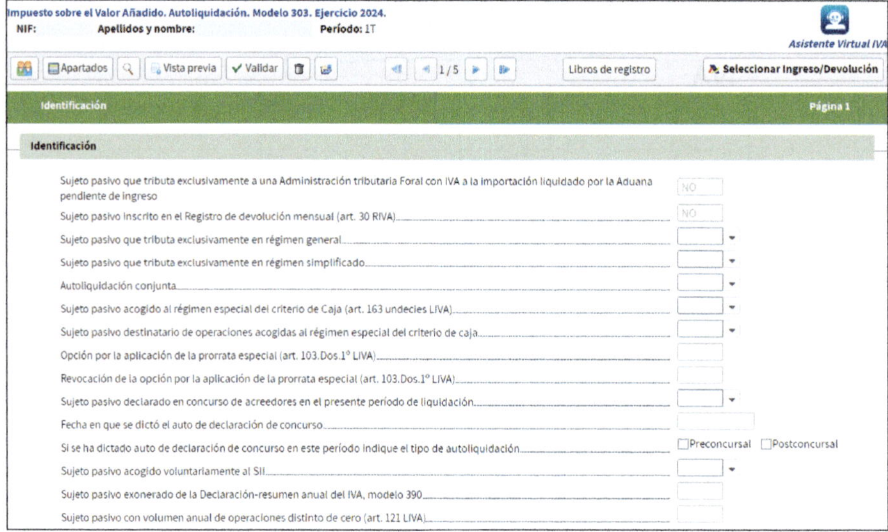

Impuesto sobre el Valor Añadido. Autoliquidación. Modelo 303. Ejercicio 2024.
NIF: Apellidos y nombre: Período: 1T
Asistente Virtual IVA
Apartados | Vista previa | Validar | 1 / 5 | Libros de registro | Seleccionar Ingreso/Devolución

Identificación — Página 1

Identificación

- Sujeto pasivo que tributa exclusivamente a una Administración tributaria Foral con IVA a la importación liquidado por la Aduana pendiente de ingreso: NO
- Sujeto pasivo inscrito en el Registro de devolución mensual (art. 30 RIVA): NO
- Sujeto pasivo que tributa exclusivamente en régimen general
- Sujeto pasivo que tributa exclusivamente en régimen simplificado
- Autoliquidación conjunta
- Sujeto pasivo acogido al régimen especial del criterio de Caja (art. 163 undecies LIVA)
- Sujeto pasivo destinatario de operaciones acogidas al régimen especial del criterio de caja
- Opción por la aplicación de la prorrata especial (art. 103.Dos.1º LIVA)
- Revocación de la opción por la aplicación de la prorrata especial (art. 103.Dos.1º LIVA)
- Sujeto pasivo declarado en concurso de acreedores en el presente período de liquidación
- Fecha en que se dictó el auto de declaración de concurso
- Si se ha dictado auto de declaración de concurso en este período indique el tipo de autoliquidación: Preconcursal / Postconcursal
- Sujeto pasivo acogido voluntariamente al SII
- Sujeto pasivo exonerado de la Declaración-resumen anual del IVA, modelo 390
- Sujeto pasivo con volumen anual de operaciones distinto de cero (art. 121 LIVA)

Paso 2

Una vez introducidos los datos identificativos del obligado tributario, el periodo a liquidar y el régimen aplicable se cumplimentarán las **bases imponibles, tipos y cuotas,** de las facturas de ingresos y gastos del periodo, tal como se muestra:

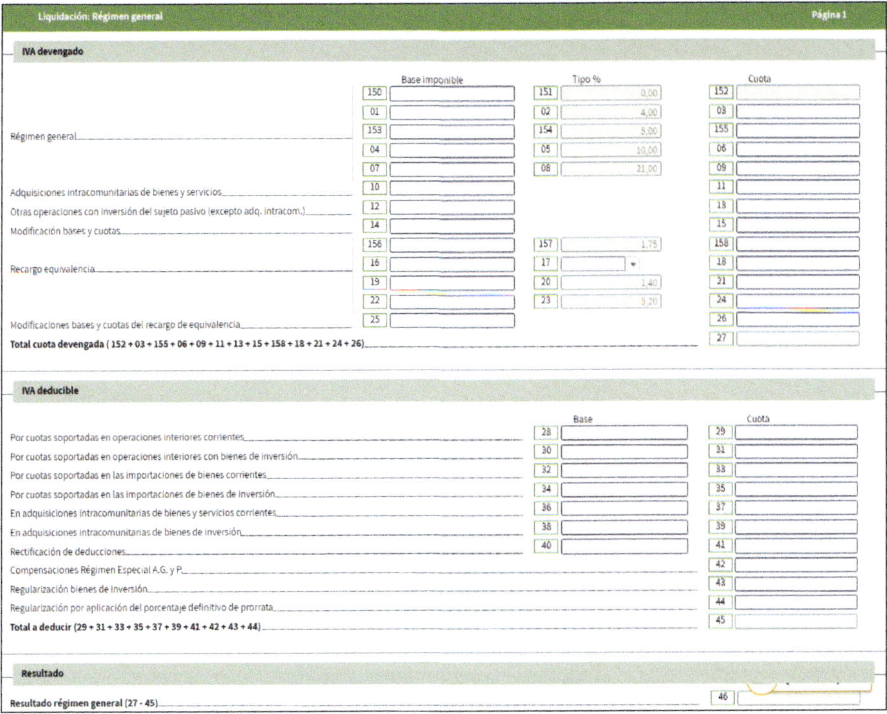

Liquidación: Régimen general — Página 1

IVA devengado

	Base imponible	Tipo %	Cuota
Régimen general	150	151 0,00	152
	01	02 4,00	03
	153	154 5,00	155
	04	05 10,00	06
	07	08 21,00	09
Adquisiciones intracomunitarias de bienes y servicios	10		11
Otras operaciones con inversión del sujeto pasivo (excepto adq. intracom.)	12		13
Modificación bases y cuotas	14		15
Recargo equivalencia	156	157 1,75	158
	16	17	18
	19	20 1,40	21
	22	23 5,20	24
Modificaciones bases y cuotas del recargo de equivalencia	25		26
Total cuota devengada (152 + 03 + 155 + 06 + 09 + 11 + 13 + 15 + 158 + 18 + 21 + 24 + 26)			27

IVA deducible

	Base	Cuota
Por cuotas soportadas en operaciones interiores corrientes	28	29
Por cuotas soportadas en operaciones interiores con bienes de inversión	30	31
Por cuotas soportadas en las importaciones de bienes corrientes	32	33
Por cuotas soportadas en las importaciones de bienes de inversión	34	35
En adquisiciones intracomunitarias de bienes y servicios corrientes	36	37
En adquisiciones intracomunitarias de bienes de inversión	38	39
Rectificación de deducciones	40	41
Compensaciones Régimen Especial A.G. y P.		42
Regularización bienes de inversión		43
Regularización por aplicación del porcentaje definitivo de prorrata		44
Total a deducir (29 + 31 + 33 + 35 + 37 + 39 + 41 + 42 + 43 + 44)		45

Resultado

Resultado régimen general (27 - 45)	46

Paso 3

En esta página se cumplimentará la información relacionada con el sistema simplificado de las actividades agrícolas, ganaderas y forestales, permitiendo tantos registros como actividades se declaren.

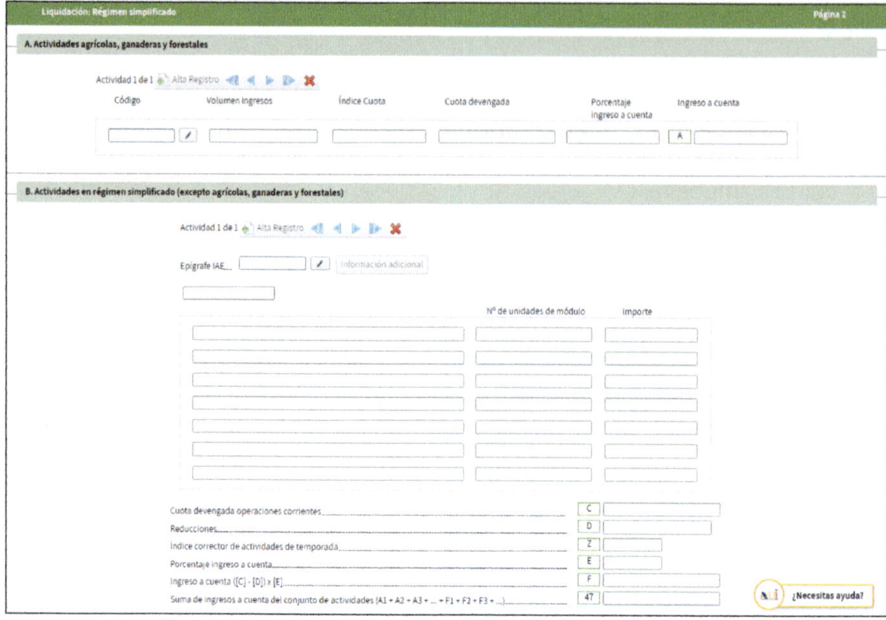
Liquidación: Régimen simplificado
Página 2

A. Actividades agrícolas, ganaderas y forestales

Actividad 1 de 1 Alta Registro

Código	Volumen Ingresos	Índice Cuota	Cuota devengada	Porcentaje ingreso a cuenta	Ingreso a cuenta
					A

B. Actividades en régimen simplificado (excepto agrícolas, ganaderas y forestales)

Actividad 1 de 1 Alta Registro

Epígrafe IAE... Información adicional

	Nº de unidades de módulo	Importe

Cuota devengada operaciones corrientes — C
Reducciones — D
Índice corrector de actividades de temporada — Z
Porcentaje ingreso a cuenta — E
Ingreso a cuenta ([C] - [D]) x [E] — F
Suma de ingresos a cuenta del conjunto de actividades (A1 + A2 + A3 + ... + F1 + F2 + F3 + ...) — 47

¿Necesitas ayuda?

Paso 4

Se cumplimentará **información adicional** referente a entregas intracomunitarias de bienes y servicios, exportaciones y operaciones con inversión del sujeto pasivo. Así mismo, existe un apartado para los sujetos pasivos que están acogidos al régimen especial del criterio de caja:

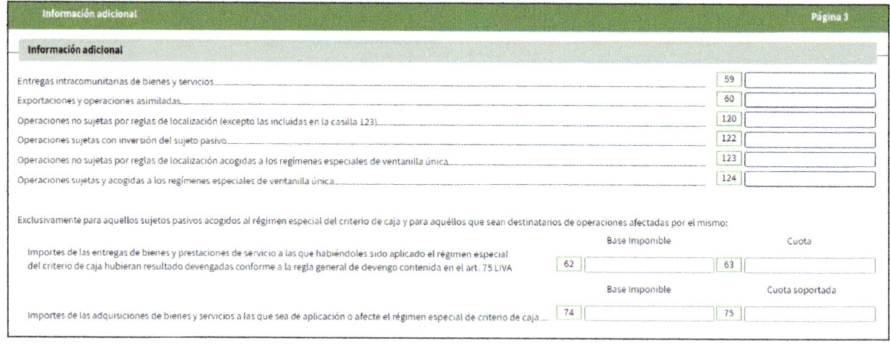
Información adicional
Página 3

Información adicional

Entregas intracomunitarias de bienes y servicios — 59
Exportaciones y operaciones asimiladas — 60
Operaciones no sujetas por reglas de localización (excepto las incluidas en la casilla 123) — 120
Operaciones sujetas con inversión del sujeto pasivo — 122
Operaciones no sujetas por reglas de localización acogidas a los regímenes especiales de ventanilla única — 123
Operaciones sujetas y acogidas a los regímenes especiales de ventanilla única — 124

Exclusivamente para aquellos sujetos pasivos acogidos al régimen especial del criterio de caja y para aquéllos que sean destinatarios de operaciones afectadas por el mismo:

	Base Imponible	Cuota
Importes de las entregas de bienes y prestaciones de servicio a las que habiéndoles sido aplicado el régimen especial del criterio de caja hubieran resultado devengadas conforme a la regla general de devengo contenida en el art. 75 LIVA	62	63

	Base Imponible	Cuota soportada
Importes de las adquisiciones de bienes y servicios a las que sea de aplicación o afecte el régimen especial de criterio de caja	74	75

Paso 5

En la parte superior de la ventana se mostrará de forma automática el **resultado de la liquidación,** pudiéndose incluir, en caso necesario, las cuotas negativas de periodos anteriores pendientes de compensar. Finalmente, dependiendo del resultado se mostrará la opción para su ingreso cuando la declaración sea positiva, o para cumplimentar la cuenta bancaria o compensar el importe en caso de declaraciones negativas.

Una vez finalizado el proceso se validará el resultado y se generará el borrador de la autoliquidación en pdf.

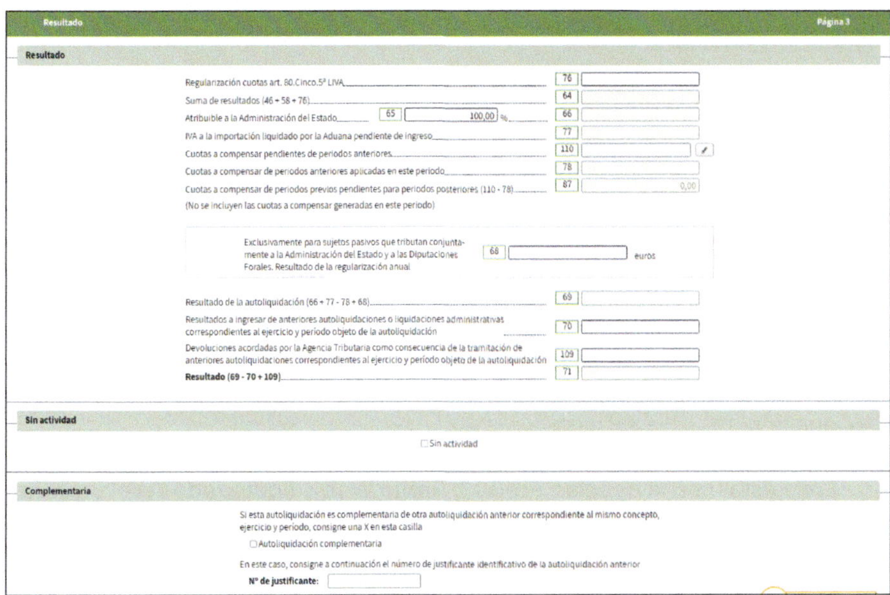

Resultado — Página 3

Resultado

Concepto	Casilla	Importe
Regularización cuotas art. 80.Cinco.5ª LIVA	76	
Suma de resultados (46 + 58 + 76)	64	
Atribuible a la Administración del Estado [65] 100,00 %	66	
IVA a la importación liquidado por la Aduana pendiente de ingreso	77	
Cuotas a compensar pendientes de periodos anteriores	110	
Cuotas a compensar de periodos anteriores aplicadas en este periodo	78	
Cuotas a compensar de periodos previos pendientes para periodos posteriores (110 - 78) (No se incluyen las cuotas a compensar generadas en este periodo)	87	0,00
Exclusivamente para sujetos pasivos que tributan conjuntamente a la Administración del Estado y a las Diputaciones Forales. Resultado de la regularización anual	68	euros
Resultado de la autoliquidación (66 + 77 - 78 + 68)	69	
Resultados a ingresar de anteriores autoliquidaciones o liquidaciones administrativas correspondientes al ejercicio y período objeto de la autoliquidación	70	
Devoluciones acordadas por la Agencia Tributaria como consecuencia de la tramitación de anteriores autoliquidaciones correspondientes al ejercicio y período objeto de la autoliquidación	109	
Resultado (69 - 70 + 109)	71	

Sin actividad

☐ Sin actividad

Complementaria

Si esta autoliquidación es complementaria de otra autoliquidación anterior correspondiente al mismo concepto, ejercicio y período, consigne una X en esta casilla

☐ Autoliquidación complementaria

En este caso, consigne a continuación el número de justificante identificativo de la autoliquidación anterior

Nº de justificante:

5. Descarga de programas de ayuda para la cumplimentación de documentos de pago

HILO CONDUCTOR

Aunque Blasoptical cuenta con sus programas de gestión del departamento financiero, Pau decide enseñar a su compañero Javier cómo utilizar los programas de ayuda para la cumplimentación de los documentos o modelos de pago.

En los módulos que tratan el IRPF y el Impuesto sobre Sociedades están disponibles los Manuales prácticos, tanto del periodo impositivo a declarar como de periodos anteriores. La completa información que suministran estos manuales sirve de apoyo para la cumplimentación y presentación de las distintas declaraciones fiscales, asegurándose así el contribuyente una correcta tributación.

NOTA

Todos los manuales prácticos que la Agencia Tributaria pone a disposición del contribuyente, ya sea en formato pdf o web, se encuentran en la parte inferior de la página web en el apartado, Ayuda / Manuales, vídeos y folletos.

En la página web de la Agencia Tributaria existen una serie de **servicios web** cuya función es guiar al contribuyente en todo momento en la cumplimentación y presentación de las declaraciones de determinados impuestos.

Entre estos servicios están **Pre303, Renta Web** y **Sociedades Web,** que facilitan y agilizan la presentación del modelo 303 de IVA, del Impuesto sobre la Renta de las Personas Físicas y del Impuesto sobre Sociedades, respectivamente.

Tomando como muestra el Manual de ayuda de IRPF, el formato que presenta permite tanto su visualización directa en la web, como su generación posterior en pdf. Una vez se accede al manual su estructura está formada por tantos enlaces como unidades, apartados y subapartados lo componen. Su apariencia es la que se muestra en la siguiente imagen:

NOTA

Para utilizar los servicios web, puestos a disposición del obligado tributario en la página Web de la AEAT, es necesario acceder al apartado específico donde se encuentre ubicado el impuesto que se quiere cumplimentar y presentar.

6. Utilización de mecanismos de pago en entidades financieras a través de internet

HILO CONDUCTOR

Pau, durante todo el proceso de enseñanza de su compañero Javier, le ha mostrado las ventajas de utilizar diferentes aplicaciones informáticas *online*,

Continúa en página siguiente >>

<< Viene de página anterior

entre ellas, con la Seguridad Social, la Agencia Tributaria y la gestión de cobros y pagos con la Banca *online*. Por ello, le facilita más información sobre otros servicios de la Banca *online* no vistos hasta el momento, tales como comprobar saldo de las cuentas bancarias, los movimientos, etc.

Además de los medios dispuestos por la Agencia Estatal de la Administración Tributaria para la presentación de la documentación, se pone a disposición por la Seguridad Social un novedoso mecanismo de pago a través de internet, que se une al ya existente y de sobra conocido, de "domiciliación en cuenta": el **pago electrónico.**

NOTA

La domiciliación en cuenta es un medio de pago cómodo y sencillo, a través del cual será posible abonar las cuotas de la Seguridad Social domiciliando su pago en la entidad y cuenta que desee el contribuyente. Gracias a este sistema, la persona interesada no necesitará desplazarse a la entidad financiera para presentar el boletín de cotización (RLC) y realizar el pago.

El pago electrónico es una **modalidad de ingreso implantada en el sistema RED,** basado en la emisión de un Recibo de Liquidación de Cotizaciones, que indica el cálculo de las cotizaciones que la Tesorería General de la Seguridad Social realiza a empresas y profesionales. En el documento generado constarán aquellos datos electrónicos que permitirán realizar el pago (el ingreso de sus cuotas) mediante cualquiera de los canales disponibles para ello, tales como cajeros automáticos, banca telefónica o banca *online*.

SABÍAS QUE...

La Tesorería General de la Seguridad Social creó el Sistema de Liquidación Directa, para simplificar el cumplimiento de las obligaciones sociales, facilitando la liquidación y cálculo de las cuotas sociales de los trabajadores.

El **pago electrónico** junto con el **cargo en cuenta** son admitidos como forma de pago en las liquidaciones ordinarias del Régimen General de la Seguridad Social (mediante el Recibo de Liquidación de Cotizaciones, RLC), liquidadas en su plazo establecido; así como para las liquidaciones complementarias L02 (salarios de tramitación), L03 (abono de salarios con carácter retroactivo), L09 (nuevos trabajadores o tramos y aumento de bases de tramos presentados), L13 (vacaciones devengadas y no disfrutadas), que se encuentren tanto dentro como fuera de plazo, entre otras.

El RLC generado por la Seguridad Social se puede liquidar en los **cajeros automáticos,** mediante la **banca telefónica** o mediante la **banca online.**

Sin embargo, no solo la Administración pública facilita que sus pagos se hagan a través de medios informáticos, ya que también las entidades financieras han creado mecanismos de pago a través de internet. Con ellos, los clientes obtienen una mayor comodidad y facilidad de uso, así como una mayor seguridad, ya que supone no tener que llevar dinero en efectivo para efectuar los pagos.

Los mecanismos de pago utilizados a través de internet y dispuestos a sus clientes por las entidades financieras son las **transferencias y las tarjetas bancarias.** Ambos medios de pago constituyen los mecanismos más aceptados para efectuar los pagos y compras por internet.

SABÍAS QUE...

Deben utilizarse obligatoriamente, desde el 01-08-2014, los instrumentos de pago SEPA como estándar europeo para realizar domiciliaciones y transferencias. También es necesario conocer el código IBAN (número de identificación internacional para las cuentas bancarias) con el fin de poder realizar transacciones de cobro o pago, tanto nacionales como internacionales.

Las **tarjetas bancarias** se han convertido hoy en día en un instrumento casi fundamental para muchos de los pagos que se realizan. De hecho, hay servicios como el alquiler de vehículos, la compra de billetes de avión o la reserva de hoteles que no son posibles si no se realizan a través de una tarjeta bancaria.

RECUERDA

La tarjeta bancaria es un medio de pago que ha alcanzado un elevadísimo grado de utilización en la última década. Esto es debido a que prescinde del trasiego de efectivo, implicando un importante ahorro de costes de manipulación para las distintas entidades y una mayor seguridad para sus usuarios.

Existen dos tipos de tarjetas, las de débito y las de crédito. La única diferencia entre ambas es que en las de débito, el cargo en la cuenta, una vez utilizada en un pago, es automático, no existiendo la posibilidad del descubierto en la cuenta asociada. En cambio, en las tarjetas de crédito el cargo es aplazado, pudiéndose alcanzar un determinado importe de descubierto, previamente pactado.

TAREA 21

Fran ha sido contratado como administrativo-contable por una gran empresa dedicada a la fabricación de contenedores y, en su primer día de trabajo, tiene varias tareas que realizar:

- Hacerse cargo del pago de impuestos fiscales del IVA y las retenciones por IRPF.
- Domiciliar el pago de dos recibos que la empresa abona mensualmente a una compañía, y domiciliar los recibos de liquidación de cotizaciones.
- Dar de alta a dos nuevos trabajadores en la empresa, que son recién titulados, por lo que es el primer empleo que obtienen.
- Comunicar la baja de tres trabajadores.

Indica ante qué organismos, públicos o privados, debe tramitar Fran la documentación requerida para realizar cada tarea, y el proceso que deberá seguir para llevarlas a cabo.

7. Utilización de banca *online*

El sector bancario ha sufrido en las últimas décadas numerosas e importantes transformaciones que han modificado de forma sustancial su manera de actuar y el papel desempeñado por los agentes que en él operan.

Se ha pasado de una banca tradicional de captación de ahorro y su canalización hasta los demandantes de dinero, a una banca considerada como una auténtica unidad de servicios, en los que los usuarios pueden acceder a ellos de forma rápida y sencilla, a través de las nuevas tecnologías, sin necesidad de salir de casa, tan solo con un clic.

Junto a esta **innovación tecnológica** imparable, la **competencia creciente** entre las diferentes entidades financieras a nivel mundial ha contribuido enormemente al desarrollo acelerado de la nueva **forma de operar de la banca.**

El nacimiento de la Banca *online* o electrónica ha cambiado los hábitos de los usuarios, que cada vez con más asiduidad hacen uso de la tecnología para realizar operaciones que hasta hace pocos años eran impensables de hacer fuera de la oficina bancaria.

SABÍAS QUE...

La banca electrónica o banca *online* apareció en España a mediados de 1995 de la mano de Banesto y del Banco Central Hispano. Esta hace referencia al tipo de banca que se realiza a través de medios electrónicos como pueden ser los cajeros electrónicos, el teléfono móvil u otras redes de comunicación. En la actualidad, es precisamente el teléfono móvil uno de los medios más usados por los usuarios de la banca electrónica, ya que incorpora numerosos servicios del sistema financiero, pudiendo acceder a ellos de forma rápida y sencilla.

A continuación se exponen las **actividades** que, entre otras, se pueden realizar hoy en día **a través de la banca electrónica:**

BANCA *ONLINE*	
- Consulta de saldo de las cuentas. - Consulta de movimientos de las cuentas. - Consulta de operaciones con valores negociables. - Consulta de movimientos de tarjeta. - Consulta de operaciones con divisas. - Transferencias. - Traspasos entre cuentas propias.	- Operaciones de descuento y gestión de cobro de efectos. - Operativa de valores. - Operativa con moneda extranjera. - Consulta y simulación de préstamos. - Recepción de extractos. - Domiciliaciones. - Pago de facturas.

TAREA 22

Fran tiene que realizar las correspondientes liquidaciones de impuestos del segundo trimestre del año ante la correspondiente administración. Para ello, ha introducido en el programa de contabilidad todas las facturas de las ventas y de los gastos del trimestre y ha obtenido diversos listados de datos para la confección, comunicación, registro y pago de los modelos tributarios correspondientes. Dichos datos son:

- Listado libro factura emitida o de ingresos, arroja una base imponible de 57.500 € (IVA 21 %).
- Listado libro facturas recibidas o de gastos, arroja una base imponible de 16.840 € (IVA 21 %).

Además, Fran ha recibido de su compañero del departamento laboral un fichero para la comunicación y liquidación de las retenciones de IRPF de los 3 trabajadores de la plantilla de la empresa.

A partir del supuesto dado, analiza y realiza cada una de las siguientes tareas:

- Describe los procesos de presentación de la liquidación que deben llevarse a cabo.
- Procede a la descarga del modelo de liquidación del IVA de la página web, y cumpliméntalo para su posterior obtención en PDF. Describe las acciones llevadas a cabo para la obtención de dicho modelo, realizando capturas de las acciones realizadas si lo consideras necesario.
- Describe el proceso de registro del modelo de liquidación de las retenciones de los trabajadores, a través del fichero facilitado por el departamento laboral.

Continúa en página siguiente >>

<< Viene de página anterior

- Identifica los diferentes mecanismos de pago de los modelos anteriores en la entidad financiera.
- Indica el plazo de presentación legal con el que cuenta para su liquidación.

8. Resumen

En la actualidad, el imparable avance de la innovación y el desarrollo de las nuevas tecnologías ha provocado que la mayoría de los pagos que realizan tanto empresas como ciudadanos se efectúen a través de medios telemáticos.

La forma de pago de modo presencial está desapareciendo poco a poco, y llegará un momento en que será obligatorio que todos los pagos se realicen a través de internet.

Tanto las entidades financieras como las diferentes Administraciones de la Agencia Tributaria y de la Tesorería General de la Seguridad Social ponen a disposición de sus clientes y usuarios medios de pago y de presentación de documentación para realizarlos a través de internet.

Estos mecanismos reducen enormemente la tarea administrativa de las Administraciones públicas, empresas y resto de ciudadanos, reduciendo el tiempo empleado y suprimiendo la necesidad de desplazarse para realizar las operaciones.

En el caso de la Administración, esta pone a disposición de los contribuyentes una serie de herramientas y aplicaciones para facilitar la tarea de presentación de documentación y cumplimiento de los pagos a través de Internet, como son, entre otros:

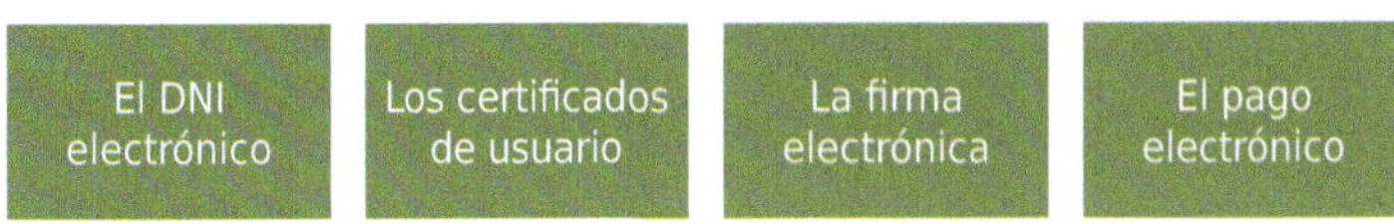

Además, para poder utilizarlos sin dificultades, pone también a su disposición programas de ayuda y páginas informativas sobre plazos de presentación.

Ejercicios de autoevaluación Unidad de Aprendizaje 5

1. Enumere cuatro ventajas de la tramitación telemática de la documentación.

____

____

____

____

____

____

____

2. ¿Qué es la firma digital?

____

____

____

____

3. Indique si las siguientes afirmaciones son verdaderas o falsas.

a. Solo las empresas están obligadas al pago de una serie de impuestos y otros tributos a las Administraciones públicas.

- Verdadero
- Falso

b. Es indispensable que las empresas dispongan de un *software* específico para llevar a cabo las tareas propias de su gestión laboral.

- Verdadero
- Falso

c. A través de internet, las empresas solo pueden acceder a determinada información sobre su gestión laboral.

- Verdadero
- Falso

d. A pesar de las ventajas que presenta la tramitación telemática, también pueden existir inconvenientes, como el colapso que puede sufrir el sistema en momentos puntuales.

- Verdadero
- Falso

4. Los obligados tributarios que estén inscritos en el Registro de Grandes empresas, presentarán sus declaraciones informativas:

a. De forma electrónica por internet, mediante el sistema de firma con clave de acceso en un registro previo como usuario.
b. Mediante el envío de un mensaje SMS.
c. A través de presentación telemática.
d. En soporte directamente legible por ordenador.

5. ¿A qué organismo público hay que presentar la documentación para el desarrollo de la actividad?

a. A la Agencia Tributaria.
b. A la Tesorería General de la Seguridad Social.
c. Unas empresas a uno y otras al otro.
d. A ambos organismos.

6. ¿De qué organismo u organismos es competencia la aplicación efectiva de la contribución ciudadana al sostenimiento de los gastos públicos, de acuerdo con la situación económica personal?

a. De las entidades financieras.
b. De la Agencia Tributaria.
c. De la Tesorería General de la Seguridad Social.
d. De la Agencia Tributaria y de la Tesorería General de la Seguridad Social.

7. Indique, al menos, cuatro de las actividades que constituyen la función de gestión integral del sistema tributario estatal y aduanero.

8. Señale los diferentes soportes electrónicos dispuestos por la Administración a las empresas para el trámite de su documentación laboral.

9. Establezca la diferencia entre el método de estimación directa y el método de estimación objetiva.

10. Indique cuáles son los pasos que hay que dar para registrar un escrito en el REG.

Glosario

Acción de regreso
Es la acción por la cual se exige judicialmente el pago del cheque impagado, contra la persona que lo expide, así como los endosantes y avalistas si los tuviera.

Activo corriente (circulante)
Son todos aquellos derechos, bienes materiales o créditos, destinados o procedentes de una operación mercantil, y susceptibles de transformación hasta que se materializan en dinero efectivo. Son activos vinculados al ciclo normal de explotación de la empresa que, con carácter general, no exceden de un año.

Arqueo de caja
Análisis efectuado sobre las transacciones en efectivo realizadas durante un período de tiempo determinado para verificar que todas las operaciones están contabilizadas y registradas por sus importes correctos, buscando con ello que coincida el recuento con el saldo del libro de caja.

ASNEF
Es un fichero de morosos cuya finalidad es la puesta a disposición de información a las entidades autorizadas, sobre el estado de morosidad de una empresa o persona.

Aval
El que se compromete a hacer frente a las obligaciones que tiene el que contrajo la deuda si este no hace frente a la misma.

Avalado
Es la persona que debe hacer el pago.

Avalista
Es la persona que garantizará el pago la deuda si no lo hace efectivo el principal obligado.

Banca *online*
Es el medio que utiliza internet como instrumento de comercialización y comunicación con el usuario.

Cash-flow
Son los flujos de caja o flujo de fondos, representa un importante indicador de la liquidez de una empresa. Los flujos de caja representan la acumulación neta de activos líquidos en un periodo determinado, es decir, el flujo de entradas y salidas de efectivo.

Cheque
Título formal que da orden de pago a un banco o entidad de crédito a favor de un tercero.

Cliente
Es la empresa o persona que recibe un producto o servicio por parte de otra vendedora.

Comercio minorista
Es el comerciante que compra a otros empresarios bienes, y vende estos productos al consumidor final. Ejemplos: un kiosco, una tienda de fruta, bisutería, etc.

Comisión bancaria
Importe fijo o variable que reciben los intermediarios financieros por la prestación de sus servicios.

Comisión Nacional del Mercado de Valores (CNMV)
Es el organismo encargado de la supervisión e inspección de los mercados de valores españoles y de la actividad de cuantos intervienen en los mismos. Su finalidad es velar por la transparencia de los mercados de valores españoles y la correcta formación de precios, así como la protección de los inversores.

Conciliación bancaria
Es el proceso de comparación de los registros de los libros auxiliares que la empresa tiene de sus cuentas bancarias con los que la entidad bancaria proporciona en sus extractos.

Confirming
Es un contrato por el cual una entidad financiera gestiona los pagos a los proveedores de una empresa, ofreciendo cobrar antes sus facturas con el descuento comercial oportuno.

Contrato mercantil
Es un acto de empresa, un acto jurídico que se realiza por un empresario con el objeto de servir o realizar la finalidad propia de la empresa.

Contrato
Acuerdo entre dos o más partes, en el que cada una de ellas se compromete a una serie de obligaciones, y estas deberán ser cumplidas según los requisitos o cláusulas establecidos.

Crédito
Cantidad de dinero, o cosa equivalente, que alguien debe a una persona o entidad, y que el acreedor tiene derecho de exigir y cobrar.

Cuenta corriente bancaria
Es el contrato por medio del cual las partes integrantes del mismo, siendo una de ellas una entidad de crédito, mantienen relaciones comerciales mediante el uso de una cuenta, siendo la otra parte del contrato el titular de la misma.

Declaración equivalente
Consiste en la cumplimentación, por parte de la entidad financiera que pretende cobrar la letra de cambio, de la anotación en el reverso del mismo con el impago producido.

Derecho real de garantía
Es un derecho real que faculta a su titular a la enajenación de un bien y la obtención del valor del mismo. Se considera un derecho accesorio porque no conlleva el disfrute de la cosa gravada y puede provocar la extinción de la propiedad.

Descuento
Operación financiera que consiste en la sustitución de un capital futuro por otro capital con vencimiento presente. Es la operación inversa a la capitalización simple.

Documento Nacional de Identidad electrónico
Es un instrumento capaz de acreditar la identidad de cada interviniente en las comunicaciones electrónicas y asegurar la procedencia y la integridad de los mensajes intercambiados. A través de esta herramienta, nacida como

respuesta a la necesidad de otorgar identidad personal a los ciudadanos para sus comunicaciones en la nueva sociedad de la información, estos podrán realizar múltiples gestiones de forma segura a través de medios telemáticos, asegurando dicha identidad.

Efecto

Documento que acredita el pago de una determinada cantidad de dinero.

Empresa

Es la organización o institución encargada de ofrecer una serie de bienes y/o servicios para obtener un beneficio a cambio, normalmente en forma de dinero.

Endosante

Es el tenedor o tomador del cheque, que mediante declaración expresa incorporada en el documento, se establece que el pago deberá hacerse a favor del endosatario.

Endosatario

Es quien recibe el cheque mediante endoso del endosante.

Endoso

Traspasar los derechos de cobro de un documento de crédito.

Existencias

Son aquellas mercancías de la empresa que, estando agrupadas, tienen como fin su aplicación empresarial en procesos de producción o de comercialización.

Extracto bancario

Documento facilitado por la entidad bancaria, donde figuran las operaciones realizadas durante un intervalo de tiempo determinado. Por lo tanto, la empresa podrá verificar, gracias a dicho documento, si el saldo contable registrado en las cuentas de la empresa coincide con el saldo real.

Factoring

Es un contrato por el cual una empresa deja en favor de otra el cobro de futuras ventas, obteniendo el dinero de ellas al momento, pero con un descuento.

Factura

Es el documento mercantil que detalla y da valor legal a una operación de compraventa.

Fecha valor
Es el momento a partir del cual una suma empieza a generar intereses.

Financiar
Disponer de fondos en un negocio para su desarrollo, o bien realizar inversiones con dichos fondos.

Firma digital
Es un mecanismo creado para las operaciones realizadas a través de la red, cuyo objetivo es demostrar la autenticidad de un documento electrónico, siendo su finalidad detectar la posible falsificación y manipulación que puedan darse en transacciones financieras, envío de documentación, distribución de *software*, etc.

Float
Es el tiempo que transcurre desde que se inicia el pago o cobro hasta que este es cargado o abonado en cuenta.

Giro
Es el acto por el que la letra de cambio se pone en circulación. También se denomina libramiento.

Hecho imponible
Suceso a partir del cual se devenga la obligación tributaria.

Impuesto sobre el Valor Añadido (IVA)
Es un impuesto indirecto que recae sobre el consumo de bienes y servicios, las adquisiciones intracomunitarias de bienes y las importaciones de bienes en todo el territorio español, excepto Ceuta, Melilla y Canarias.

Insolvencia
Es aquella situación jurídica en la que la empresa no puede hacer frente a sus obligaciones de pago.

Instrumentos financieros
Activos comercializables establecidos mediante contratos, cuyo nacimiento da lugar a un activo financiero en una empresa y, simultáneamente, a un pasivo financiero en otra empresa.

Interés compuesto
Hace referencia al conjunto de intereses que se han generado en un período determinado por un capital inicial, pero cuando los obtenidos al final de cada período de inversión no se retiran sino que se reinvierten.

Interés simple

Es el que se obtiene de una inversión financiera o de capital cuando los intereses se deben solo al capital inicial, porque los beneficios o intereses se retiran al vencimiento de cada uno de los periodos.

Inventario

Es la anotación de la relación y valoración de todos los bienes físicos que permanecen en el almacén en un momento determinado.

Leasing

Es un contrato por el cual una empresa arrenda un bien con opción de compra.

Letra de cambio

Es un documento de pago negociable emitido por una persona (librador) que manda a otra persona o entidad (librado) que, en una fecha determinada, al vencimiento, pague una cantidad de dinero a la persona o entidad indicada en la letra de cambio (tenedor).

Leyes financieras

Son aquellas mediante las cuales las partes deudora y acreedora regulan sus mutuos derechos y obligaciones, y los materializan en una corriente de cobros y pagos, y que, en suma, representan dinámicamente a la operación financiera correspondiente.

Librado

Entidad bancaria donde está contratada la cuenta librada y obligada al pago del cheque en el momento de su correcta presentación al cobro.

Librador

Persona legitimada para firmar el cheque y domiciliar el pago del mismo en la cuenta librada.

Libro de bancos

Se considera como el libro auxiliar donde se registran todas las operaciones que supongan una entrada (cargo) o salida (abono) de recursos de las diferentes cuentas de ahorros, corrientes y de crédito, disponibles por la empresa en las entidades financieras.

Libro de caja

Es aquel donde se recoge diariamente todas las anotaciones de entradas y salidas de dinero en efectivo, incluso los cheques, que provisionalmente permanecen en la caja física hasta su ingreso.

Liquidez
Mide su capacidad para hacer frente a sus deudas a corto plazo mediante la conversión de sus activos en medios líquidos.

Método de estimación directa
Es el régimen para determinar los rendimientos de las actividades económicas en el IRPF, el cual podrá ser utilizado por los empresarios y profesionales cuyo importe neto de la cifra de negocios del conjunto de sus actividades sea superior a 600.000 € anuales, y siempre que hayan renunciado a la estimación directa simplificada.

Método de estimación objetiva
Es el régimen de estimación donde el rendimiento neto de la actividad se determina mediante la aplicación de indicadores objetivos (establecidos por Hacienda). Podrán emplear este método empresarios y profesionales cuyo volumen de rendimientos no exceda de 450.000 € para el conjunto de las actividades, que el volumen de compras no sea superior a los 300.000 € anuales, que la actividad no se desarrolle fuera del ámbito de aplicación del impuesto, y siempre que no hayan renunciado a la aplicación de la estimación objetiva.

Montante
Es la cantidad final de una operación financiera.

Números comerciales
En una liquidación de cuenta bancaria, es el producto que se obtiene de multiplicar, en el contexto del cálculo de intereses, los días por el saldo.

Operaciones activas
Son todas aquellas que para el banco representan la cesión de recursos y conllevan una posición acreedora con respecto a sus clientes.

Operaciones financieras
Son aquellas capaces de cambiar la cuantía de un capital en un período de tiempo, aplicando una determinada ley financiera.

Pagaré
Es un documento que consiste en el compromiso de pagar una determinada cantidad de dinero al beneficiario el día de su vencimiento.

Planificar
Confeccionar los objetivos que desea alcanzar la empresa, considerando la situación del entorno que la rodeará en el futuro.

Precio de venta
Es el precio al que una empresa ofrece sus artículos o servicios.

Prestamista
Acreedor de la operación financiera, es decir, la persona que presta el capital.

Préstamo
Contrato en virtud del cual la entidad financiera entrega al cliente (puede tratarse de un particular o una empresa) una cantidad de dinero, obligándose este último a devolverlo según el calendario de amortización fijado, así como a pagar los intereses y los gastos de la operación pactados.

Prestatario
Deudor de la operación financiera, es decir, la persona que recibe el capital.

Presupuesto
Es el documento en el que la empresa muestra de una forma ordenada una previsión de gastos e ingresos para la consecución de una actividad, proyecto o meta prevista.

Protesto notarial
Es un acto notarial en el que se indica que el cheque se ha puesto al cobro en la fecha específica, pero no se ha logrado cobrar.

RAI
Es un registro de incumplimientos de obligaciones dinerarias de titularidad privada cuyo objetivo es contribuir al saneamiento del sistema financiero y mejora del tráfico mercantil, informando, a través de sistemas informáticos centralizados, de los incumplimientos de pago.

Remesa
Conjunto de efectos que se llevan al banco para obtener su cobro o negociarlos.

Rentabilidad
Mide el rendimiento que producen los capitales utilizados en un determinado periodo de tiempo.

Rentabilidad financiera
Relaciona el beneficio de la empresa con el capital de los inversores.

Renting
Es un contrato por el cual una empresa arrenda un bien sin opción de compra final.

Seguros
Son una contraprestación que ofrece una tercera empresa de modo que, a cambio de una prima o precio, se hace cargo de los posibles daños, retrasos, etc., que pueda sufrir la mercancía.

Solvencia
Capacidad de una empresa para hacer frente a las obligaciones contraídas.

Sujeto pasivo
Es el empresario o profesional que realiza la entrega de bienes o servicios y, en consecuencia, quien expide la factura o documento justificativo.

TAE
Es la tasa anual de equivalencia.

Tantos equivalentes
Aquellos que, al ser aplicados a un mismo capital, producen idénticos resultados en el mismo período de tiempo, aunque se refieran a períodos fraccionados de año o a frecuencias de capitalización distintas de la anual.

Tarjeta de crédito
Es aquella por la que la entidad bancaria permite disponer a su titular de unos fondos monetarios que realmente no posee en su cuenta bancaria en el momento de la operación.

Tarjeta de débito
Es aquella en la que el cargo por la disposición de los fondos que tiene el titular en la entidad financiera, se hace de manera instantánea.

Tenedor
Persona legitimada para exigir el cobro del cheque contra la cuenta del librador en la entidad librada.

Tipo impositivo
Es el porcentaje que se aplica sobre la base imponible para obtener así la cuota.

Tomador
Persona que tiene el derecho a cobrar, ya que es designada por el firmante para ello.

Valor actual

Valor que tiene el capital en el momento presente.

Valor final

Valor que tiene el capital cuando se aplaza su vencimiento.

Venta

Es aquel proceso en el que el vendedor identifica, anima y satisface las necesidades y expectativas del comprador, con el consiguiente beneficio mutuo.

Bibliografía

Monografías

- DE MIGUEL Seco, J. M. y DE MIGUEL Seco, A.: *Matemáticas financieras. Problemas resueltos*. Madrid. Editorial Tébar Flores, 2020.

  Manual que proporciona problemas prácticos sobre las finanzas empresariales.

- GIL Saldaña, A.: *Sistema financiero español. Manual práctico*. Madrid. Civitas, 2020.

  Manual en el que se realiza un estudio pormenorizado de los intermediarios financieros, sus mercados monetarios y de capitales, y sus medios, como pilares fundamentales del sistema financiero Español.

- VALLS Martínez, Mª del Carmen y CRUZ Rambaud, Salvador: *Introducción a las matemáticas financieras*. Madrid: Ediciones Pirámide. 2014.

  Manual en el que se proporcionan conceptos teóricos y ejercicios prácticos relevantes para la toma de decisiones sobre las finanzas empresariales.

- MONTAÑO Hormigo, F. J.: *Gestión y control del presupuesto de tesorería*. Antequera: IC Editorial, 2018.

  Manual ajustado a certificado de profesionalidad que permite conocer las herramientas adecuadas para la realización de previsiones de tesorería, así como aplicaciones informáticas específicas de gestión de tesorería.

- VILLATE, J. J.: *Gestión de la tesorería en la empresa. Curso práctico*. Madrid: RA-MA S. A. Editorial y Publicaciones, 2023.

  Libro en el que se desarrollan pautas para una gestión de tesorería eficaz.

- PARTAL Ureña, A.: *Introducción a las finanzas empresariales*. Madrid: Pirámide, 2020.

  Manual en el que se proporcionan conocimientos básicos sobre gestión empresarial en el ámbito financiero.

→ VV. AA.: *Operaciones auxiliares de Gestión de Tesorería*. Madrid: Editorial Editex, 2023.

Manual en el que se describen todas las gestiones que se realizan en un departamento de tesorería, tales como los métodos de control de tesorería, cálculos financieros básicos, etc.

→ MACHIN Moreno, M.: *Introducción a las matemáticas financieras*. Madrid: Centros de Estudios Financieros. 2018.

Manual en el que se proporcionan conceptos teóricos y ejercicios prácticos relevantes para la toma de decisiones sobre las finanzas empresariales.

Textos electrónicos, bases de datos y programas informáticos

→ Página web de la Agencia Española de Protección de Datos (AEPD). Disponible en: https://www.aepd.es/es

Página web donde se proporciona información sobre las obligaciones de las empresas en materia de protección de datos personales.

→ Página web de la Agencia Tributaria. Disponible en: https://sede.agenciatributaria.gob.es/Sede/inicio.html

Página web de la Agencia Tributaria, en la que se obtiene, entre otra, información en materia de obligaciones fiscales, descarga de modelos, etc.

→ Página web de la Asociación Española de Financieros de Empresa (ASSET). Disponible en: http://www.asset.es/

Página web que integra a los Directores Financieros, Tesoreros y a todos aquellos profesionales del área de las finanzas pertenecientes tanto a empresas como entes públicos.

→ Página web de la Seguridad Social. Disponible en: http://www.seg-social.es

Página web de la Seguridad Social, en el que se obtiene, entre otra, información en materia de afiliación, cotización, Sistema RED, etc.

→ Página web de la Fábrica Nacional de Moneda y Timbre. Disponible en: https://www.sede.fnmt.gob.es/

Página web de la Fábrica Nacional de Moneda y Timbre en la que se proporciona información sobre la utilización y obtención de los certificados electrónicos.

Legislación y Normativa

→ Reglamento (UE) 2016/679 del Parlamento Europeo y del Consejo, de 27 de abril de 2016, relativo a la protección de las personas físicas en lo que respecta al tratamiento de datos personales y a la libre circulación de estos datos y por el que se deroga la Directiva 95/46/CE (Reglamento general de protección de datos), de: <https://www.boe.es/buscar/doc.php?id=DOUE-L-2016-80807>

- Real Decreto Legislativo 8/2015, de 30 de octubre, por el que se aprueba el texto refundido de la Ley General de la Seguridad Social, de: <https://www.boe.es/buscar/act.php?id=BOE-A-2015-11724>

- Ley Orgánica 3/2018, de 5 de diciembre, de Protección de Datos Personales y garantía de los derechos digitales, de: <https://www.boe.es/buscar/act.php?id=BOE-A-2018-16673>

- Ley 20/2015, de 14 de julio, de ordenación, supervisión y solvencia de las entidades aseguradoras y reaseguradoras, de: <https://www.boe.es/buscar/act.php?id=BOE-A-2015-7897>

- Ley 27/2014, de 27 de noviembre, del Impuesto sobre Sociedades, de: <https://www.boe.es/buscar/act.php?id=BOE-A-2014-12328>

- Ley 35/2006, de 28 de noviembre, del Impuesto sobre la Renta de las Personas Físicas y de modificación parcial de las leyes de los Impuestos sobre Sociedades, sobre la Renta de no Residentes y sobre el Patrimonio, de: <https://www.boe.es/buscar/act.php?id=BOE-A-2006-20764>

- Ley 37/1992, de 28 de diciembre, del Impuesto sobre el Valor añadido, de: <https://www.boe.es/buscar/act.php?id=BOE-A-1992-28740>

- Ley 19/1985, de 16 de julio, Cambiaria y del cheque, de: <https://www.boe.es/buscar/act.php?id=BOE-A-1985-14880>